高校秘书学专业系列教材　总主编◎杨剑宇

涉外秘书实务

杨剑宇◎主编

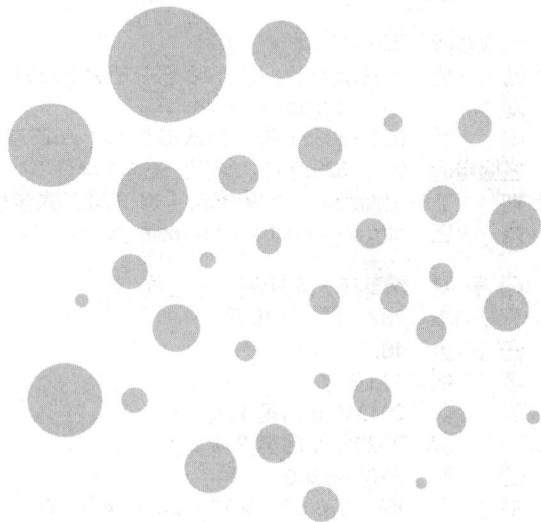

华东师范大学出版社

图书在版编目(CIP)数据

涉外秘书实务/杨剑宇主编. —上海:华东师范大学出版社,2013.3
高校涉外秘书专业系列教材
ISBN 978-7-5675-0400-4

Ⅰ.①涉… Ⅱ.①杨… Ⅲ.①秘书学—高等学校—教材 Ⅳ.①C931.46

中国版本图书馆CIP数据核字(2013)第043692号

涉外秘书实务

主　　编　杨剑宇
项目编辑　范耀华
审读编辑　李玮慧
责任校对　王　卫
装帧设计　卢晓红

出版发行　华东师范大学出版社
社　　址　上海市中山北路3663号　邮编200062
网　　址　www.ecnupress.com.cn
电　　话　021-60821666　行政传真021-62572105
客服电话　021-62865537　门市(邮购)电话021-62869887
地　　址　上海市中山北路3663号华东师范大学校内先锋路口
网　　店　http://hdsdcbs.tmall.com

印 刷 者　常熟市大宏印刷有限公司
开　　本　787×1092　16开
印　　张　18.75
字　　数　413千字
版　　次　2013年5月第1版
印　　次　2020年2月第3次
印　　数　5201-6300
书　　号　ISBN 978-7-5675-0400-4/I·947
定　　价　36.00元

出 版 人　朱杰人

总　　序

涉外秘书是指在我国三资企业、外国驻华机构、我国涉外单位和部门等供职，辅助上司实施涉外经济活动或涉外事务管理的专门人才，是改革开放后产生的新型的外向型秘书。

涉外秘书要求能精通外语、操作办公自动化设备，懂经济、法律，掌握秘书工作理论和技能，了解和适应不同的中外文化环境，具有国际眼光，熟悉国际市场游戏规则，适应国际竞争的需要。

我国高校的秘书专业诞生于1980年。1984年起，在广东、上海、北京先后产生了涉外秘书专业。当时，有的称中英文秘书，有的称现代秘书等等。1996年，教育部高等教育自学考试办公室将涉外秘书作为一个独立的自考专业设置。同时，在成人高校也设立了涉外秘书专业，先是专科，后发展的既有专科、也有本科。众多高校也设置了涉外秘书专业的本科方向。2012年，秘书学专业被教育部列入本科目录，涉外秘书专业迎来又一个发展高潮。

专业建设，教材领先。我从上世纪80年代中期起在上海任教涉外秘书专业课程，教材是自编的讲义。从90年代起的一二十年中，先后应华侨出版社、湖北科技出版社、上海人民出版社之约，在讲义的基础上修改补充，弃旧增新，出版了几批涉外秘书专业的教材，包括全国自考统考的涉外秘书专业教材。计有《涉外秘书概论》、《涉外秘书实务》、《秘书和公共关系》、《涉外秘书礼仪》、《涉外秘书英语》、《秘书英语》等。这些教材满足了高校师生教学的急需。但是，由于这几批教材是在讲义基础上产生的，难免存在局限性。尤其，涉外秘书专业的根本特性是涉外性，外语是涉外秘书的基本功，而这些教材除《涉外秘书英语》、《秘书英语》外，全是中文写的。所以，我一直计划组织编写一套以英语为主的，更加适合实际需要的涉外秘书专业教材。

在华东师范大学出版社和上海建桥学院的支持下，这一计划得以实现。我们组织了从事涉外秘书专业教学多年、具有丰富经验的一线教师，编写成了这套教材，计有7册：《涉外秘书导论》、《涉外秘书实务》、《涉外秘书英语综合》、《涉外秘书英语阅读》、《涉外秘书英语写作》、《涉外秘书英语听说》、《涉外商务单证》。除《涉外秘书导论》、《涉外秘书实务》是用中文写的外，其余均用英语撰写。

掌握一门外语，是担任涉外秘书的基本条件。由于英语在世界上最为流行，因此，涉外秘书应当熟练地掌握英语。熟练地掌握英语，包括准确地听懂，流利地说清，快速地阅读，熟练地书写和翻译。涉外秘书工作的实践证明，仅学习、掌握普通英语是不够的。要胜任涉外秘书工作，还必须学习、掌握涉外秘书工作的职业英语。为此，我们针对涉外秘书工作的实际需要，在调查了解涉外秘书实际工作的基础上，编写了本系列教材，以满足师生的需要。

本系列教材的编写，遵循三个原则：实用；由浅入深；训练听、说、读、写、译能力。

实用是指本书内容紧紧围绕涉外秘书的主要业务，如接听电话、接待来访、安排上司工作日程和商务旅行、筹办会议以及处理邮件、传真，拟写社交书信、贸易信函、经济合同等，具有直接的指导作用。

由浅入深是指本系列教材的布局先从最简单的运用英语接听电话等开始，继而逐步深入，做到由易到难，循序渐进。

训练听、说、读、写、译能力，指本书内容既有接听电话、接待来访等以训练听说能力为主的单元，也有电传和传真、拟写社交书信、贸易信函、经济合同等以训练读写译为主的单元，还有筹办会议、应聘等综合训练听、说、读、写、译能力的单元。

同时，我们还组织编写了秘书学本科专业系列教材，其中的《文书处理和档案管理》、《秘书应用写作》、《管理学原理》、《秘书公关原理与实务》、《中国秘书史》、《秘书心理学》等教材，涉外秘书专业可以通用。这样，这套教材实际上共有13册，是至今最完整的名副其实的涉外秘书专业本科系列教材。

在本系列教材的出版过程中，华东师范大学出版社的李恒平、范耀华和姚望三位编辑给予了很大帮助，在此谨表谢意。

我们付出了努力，希望把这套教材尽可能编得好些。但是，由于涉外秘书尚是发展中的专业，加之我们水平有限，本系列教材不足之处在所难免，敬请广大读者指正。

本系列教材得到上海市扶持基金项目资助。

杨剑宇

2013年2月

目录

绪　论

一、《涉外秘书实务》的适用对象

本书是高校涉外秘书专业教材，适用对象如下：

1. 秘书学专业（涉外方向）；
2. 英语、日语、法语等外国语专业（涉外秘书方向）；
3. 商务秘书专业；
4. 自学考试中涉外秘书本科专业；
5. 涉外文秘、商务文秘专科专业可根据需要，选择使用；
6. 也可供在职的广大涉外秘书、有志于应聘涉外秘书岗位的人员作为职业指导书用。

二、《涉外秘书实务》和《秘书实务》的不同

（一）两者的区别

《涉外秘书实务》不同于《秘书实务》，《秘书实务》不能替代《涉外秘书实务》。

《秘书实务》主要介绍党政机关、事业单位中秘书工作各项主要业务的要求、程序、方法；《涉外秘书实务》则主要介绍外商独资企业、中外合资企业、中外合作企业和外国驻华机构中各项主要业务的要求、程序、方法。两者有很大的不同，甚至是针锋相对的不同。如党政机关、事业单位中的秘书，往往被要求承担参谋咨询、提供预案、辅助决策、督促检查等职责；而涉外秘书恰恰相反，没有这些职责，只是从事具体事务性工作。如谁要主动参谋咨询、提供预案、辅助决策，轻则受上司训斥，重则被辞退。

又如党政机关、事业单位中都设有秘书部门，有多名秘书，他们被编制在办公室内，受办公室主任的管辖，分干各方面秘书工作，为整个领导群体服务。而外商独资企业、外国驻华机构和多数中外合资企业、中外合作企业中，不设秘书部门，采取每位上司配备一名专职秘书或文员的"一对一"模式，专职秘书或文员只听从该上司的直接指挥，为该上司的工作服务，承担该上司的所有辅助性事务。

由于所在单位性质不同，所服务的对象不同，管理模式不同，涉外秘书的工作内容、范围、要求、方式方法和党政机关、事业单位中的秘书虽有共性之处，但是，更多方面是存在明显区别的。

因此，对涉外秘书专业学生讲授一大套参谋咨询、提供预案、辅助决策、督促检查等职责，讲秘书部门的建设、任务、管理、考核，既脱离了外商独资企业、外国驻华机构和多数中外合资企业、中外合作企业的实际状况，是空对空的白讲，又浪费课时，学了无用，令学生生厌。

多年来，在秘书专业未被列入教育部本科目录的情况下，在自学考试和夜大学中已经被教育部批准设立有涉外秘书本科专业，它已经独立开设有涉外秘书实务课程，使用不同于《秘书实务》的教材。

据此，本书不罗列介绍这些职责，而是针对外商独资企业、外国驻华机构和多数中外合资企业、中外合作企业中的秘书或文员的实际工作，集中介绍他们应承担的各项主要业务的要求、程序、方法。

（二）涉外秘书实务课程的特色

涉外秘书和党政机关秘书的上述区别，涉外秘书所处的以生产经营为主的环境、从事具体事务性工作的岗位职责，使涉外秘书实务课程形成了自己的两大特色。

第一，应用性、事务性强

涉外秘书专业是适应我国外向型经济和社会发展需要的专业，要解决的是“涉外秘书应该做什么”、“怎样才能做好”等实际问题，应用性很强；涉外秘书是从事具体事务性工作的管理人员，事务性很强。

第二，综合性强

涉外秘书常规业务达二十多项，其中大多数业务有很强的专业性，从事这些业务需要一定的理论指导和业务训练。但是，不可能（也不必要）给每一项业务都单独设立课程，涉外秘书实务就是介绍各项秘书业务的综合性课程。而涉外秘书一对一配置，独立承担上司全部辅助性事务的岗位特点，要求涉外秘书熟悉和胜任上司的全部辅助性事务，凡接打电话、接待来访、处理邮件、安排上司工作日程、会议安排、文书档案处理、办理出入境事务、上传下达、各级沟通、协助处理社交事宜、信息处理、协助谈判、调查研究等事务，均须一人承担，使其工作具有很强的综合性。

涉外秘书实务课程的综合性还表现在：要掌握各项秘书工作的规律和方法，往往会涉及其他许多学科的知识，例如要探讨调查研究的规律就必然要涉及社会学的具体知识，要探讨信息工作的规律就必然要涉及信息科学的具体知识等等。

应用性、事务性强和综合性强这两大特点，决定了涉外秘书岗位头绪多、事务杂、工作忙。涉外秘书对此要有思想准备。

综上所述，鉴于《秘书实务》和《涉外秘书实务》虽然有共性之处，但存在诸多区别。所以，《秘书实务》不能替代《涉外秘书实务》。

三、涉外秘书实务课程的现状

20 世纪 80 年代中期，涉外秘书专业（或涉外秘书方向）诞生，设置有涉外秘书实务课程。目前，涉外秘书实务课程的设置有四种状况。

（一）高职高专院校中的涉外秘书实务课程

高职高专院校中的涉外秘书专业，有的设有实务课程，有的不设这门课程，而是将实务中的主要内容分设成一门门课程，如接待、礼仪、办公室日常事务、文档整理、会议、会展等等；或者运用任务训练的形式，先让学生完成任务，再以小组为单位用 PPT 形式汇报，然后学生评论打分，最后老师点评；有的根据用人单位的要求，订单式地设置相应的课程；有的把实务与概论合二为一，成为一本教材、一门课程，混淆不清，不少内容和案例其实是秘书学概论的内容和案例。

（二）本科院校涉外秘书方向中的实务课程

本科院校涉外秘书方向大都设在外国语言文学专业之下，如英语（涉外秘书）、日语（涉外秘书），也有的设在汉语言文学专业或管理学之下，加秘书学概论、秘书实务、秘书写作三门课程，有的只加秘书学概论、秘书写作两门课程，连秘书实务课程也不设，就算是涉外秘书方向了。

（三）文秘教育专业的实务课程

文秘教育本科专业（试办），有的设有秘书实务课程。但该专业的培养目标是以为中等职业教育学校输送秘书专业的师资为主。培养目标不同，内容也不同。有的没有开设秘书实务课程，开设的是“秘书实训”课，主要采用情景模拟的方式，根据课程内容给学生设定情景进行实训，内容有会议、接待、礼仪、办公室日常事务、文档整理等。关于秘书实务的一些内容，则另外开设了专门课程，比如会议与会展、社会调查、办公室管理与实践等课程。

（四）自考秘书专业中的涉外秘书实务课程

高等教育自学考试涉外秘书专科或本科中设有涉外秘书实务课程，但一是本科和专科的实务课程区别不大，层次不分明；二是自考和全日制普通高校在教学方法、内容含量、学分、难易程度、考试方式、要求方面都不一样，自成体系。

这就是当前涉外秘书实务课程的现状。其设置、教材、内容、课时均各唱各的调，各走各的道，五花八门，不完整、不规范、不统一。

四、涉外秘书实务课程的地位

秘书学专业的秘书学板块课程，即专业主干课程，在 2011 年 11 月杭州举行的全国高校秘书学专业建设研讨会上，经与会人员讨论，认定了七门课程。其中，秘书学概论和中国秘书史为专业基础理论课程，秘书实务、秘书写作、秘书文档管理、秘书公关和礼仪、管理学原理为应用性的课程，由此组成秘书学专业的主干课程。

涉外秘书本科专业由于上述与党政机关秘书的区别的原因，宜以涉外秘书概论、涉外秘书实务、秘书公关和礼仪、秘书写作、秘书文档管理、中国秘书史、管理学原理为秘书学核心课群。

在这一课程体系中，涉外秘书概论和涉外秘书实务是最重要的两门主干课程。它们的共同点是都具有明显的综合性，而差别则在于“概论”侧重于涉外秘书工作的理论阐述，而“实务”侧重于各项具体秘书业务的介绍。二者是纲与目、总与分、虚与实的关系。

秘书学专业是培养秘书人才的，是一门应用性专业，要解决的是“秘书要做些什么工作”和“怎样做好”、“秘书怎样为领导工作服务”等问题，涉外秘书实务正是解决这些具体问题的最主要课程。其教学目的就是使学生掌握各项涉外秘书业务的主要内容、一般规律、操作规范、实施程序、具体要求以及注意事项等，以培养学生从事涉外秘书工作的实际能力，适应社会的需要。所以，它是主干课程中的最核心课程，实际教学中，概论尚可没有，实务必须有。其重要地位，可概括为：一门新课程，一门培养学生核心能力的课程，一门最受学生欢迎的课程。

（一）一门新课程

从两方面来说，涉外秘书本科专业中的实务课程，都是一门新课程。

第一，因为是新专业，所以是新课程。

秘书学是培养社会各行各业所需要的秘书人才的专业，是被教育部列入本科目录的新专业，它属于应用文科。在它的课程体系中，秘书实务是最重要的核心课程。

根据上述课程现状中的四种情况，可以看出，这四种模式都不完整，都不能机械照搬。新设立的秘书学本科专业中的涉外秘书实务课程，要和上述四种模式划清界限，区别开来。

一是划清和汉语言文学专业等文秘方向的界限；

二是划清和秘书专科的界限；

三是划清和文秘教育本科的界限；

四是划清和自考本科的界限。

也就是要另起炉灶，吸取其合理部分，锻造出一门新课程来。

从这一意义上说，作为新专业中的本科阶段的涉外秘书实务课程，是一门新课程。

第二，反映大量新内容的新课程。

随着社会的进步、科学技术的发展，办公室自动化设备不断更新，涉外秘书工作的要求不断提高，手段不断演进。如以往秘书的收发工作，经手的都是纸质的邮件和文书，如今，无纸化办公逐渐普及，大量纸质的邮件和文书都通过电子邮件来收发，会议通知、通告等文书电子化。秘书必须熟练掌握电子邮件的收发技巧和约定俗成的规则。又如各种电化会议等，使会议筹办出现了全新的形式、全新的要求；各地，尤其是经济发达地区，会展事务日益增多，新出现的网络秘书、钟点秘书、秘书事务所等各有其工作内容和特点。秘书实务课程应当加入这些内容，让学生尽可能掌握最新的工作内容和工作手段，以适应现实的秘书工作，而不能脱离实际，把已经陈旧的内容传授给学生。

从这一意义上说，秘书实务课程也是一门新课程。

（二）一门培养学生核心能力的课程

涉外秘书实务课程是最能反映秘书学专业是一门应用性专业的课程。其作用是使学生：

1. 掌握各项秘书工作的基本知识；

2. 形成胜任秘书工作的基本能力；

3. 培养从事秘书工作的基本素质；

4. 提升个人适应人才市场竞争的综合素质。

近年来，高职高专院校的就业率高于本科院校，在秘书学科中也有此情况。这说明，动手操作能力是秘书专业的核心能力，高职高专高度重视培养学生的这种能力，而有些本科院校自以为本科应当以理论为主，轻视并削弱了培养学生的动手操作能力，造成学生不如高职高专生受社会欢迎的状况。所以，本科涉外秘书实务课程，不但仍然要重视培养学生的动手操作能力，还要加强和提高层次。

（三）一门最受学生欢迎的课程

该课程内容既实用又具体，对学生和考生有三方面的直接作用：

第一，寻找实习单位时很受欢迎；

第二，应聘求职时大大增加了竞争力；

第三，在公务员考试中受益明显，因为考卷的近四成内容能在该门课程中找到，如办公室的设置管理、接听电话、接待来客、筹办会议、文书处理、档案保管等。

学生感到上这门课，学有所得，学能致用。所以，该课程甚受各校各专业学生欢迎。

五、涉外秘书实务课程的教学设计和教学方法

（一）详略得当，有取有舍

涉外秘书实务课程中的文书处理、档案管理、文字写作等部分，在本科专业教学计划中都设有独立的课程，如公文处理课程、档案管理课程、公文写作课程、秘书写作课程等，所以，在涉外秘书实务课程讲授中可以简略带过。

有些党政机关、事业单位秘书普遍存在的业务，外资企业秘书却不存在。如信访接待，在外资企业中，产品质量的投诉由售后服务部门或维修部处理，对公司的意见由公关部处理，员工的工资待遇找人力资源部反映等等。因此，涉外秘书基本没有信访接待业务，偶尔接到投诉电话，也只需转给相关职能部门就行了。所以，信访接待之类的业务，在涉外秘书实务课程中可以省略。

而未设有独立课程的内容，如日常值班、接打电话、接待来访、上传下达、会议安排、各级沟通、信息处理、协助谈判、调查研究等部分则应详细讲解。有取有舍，有详有略。

（二）补充新内容以适应社会需求

生活是活水，秘书工作是活水，涉外秘书实务也应是活水。讲义要每学期有所更新，既不能多年按一本教材照本宣科，也不能闭门造车，要调查研究，了解现实秘书工作中的新理念、新动态、新方法、新经验，从实践第一线选取新颖的内容，有针对性地对讲义进行补充和增加。如新办公设备使用，会展事务，电子邮件和电子文件，新出现的网络秘书、钟点秘书、秘书事务所的工作内容和特点等，使之反映出现实中真实的秘书工作。

（三）讲授由简入繁，由易入难

各种秘书实务教材，少则罗列了十几项秘书工作内容，多则二十几项，有简单，有复杂，有容易，有繁难。讲授时应由简入繁，由易入难效果较好。

秘书的工作大致包括“三办”——办文、办会、办事，秘书辅助领导的职能是通过办文、办会、办事来实现的。“三办”是秘书最基本、最大量的工作，也是秘书的重要基本功。

第一部分，办公室日常事务。

指领导机构中由秘书处理的专业性不强、但是需要依靠经验和责任心才能办好的具体事务，包括时间管理、领导日程安排、差旅服务、值班工作、通信联络、印信管理、保密工作、公务接待等。

这是相对比较简单的事务，也是各行各业、各级各类所有秘书都得干的事务。

第二部分，传统业务。

指由秘书承担的传统业务，需要有一定的专业知识和技能才能胜任。它是有较强专业性质的业务工作，包括文书工作、档案工作、会务工作、信访工作、谈判事务、公关工作等。其中有一些是市场经济下出现的秘书业务，如谈判事务和公关工作等。

这是难度中等的业务，也是各行各业、各级各类大多数秘书都得干的业务。

第三部分，辅助决策业务。

这是指直接为上司决策提供的综合性服务工作。内容主要包括沟通协调、信息工作、调查研究、参谋咨询、提供预案、督查工作等，其中信息工作、调查研究主要是决策制定前的准备工作，而沟通协调和督查工作则主要是决策实施过程中的辅助工作，参谋咨询和文字工作渗透于领导决策的各个阶段，提供预案是辅助决策。

这些是要求和难度最高的秘书业务。

在一个由多名秘书组成的秘书部门中，不是每位秘书都参与这部分工作，只有其中高层次的秘书才会参与。

这三部分内容，自低到高，组成了如下一个金字塔：

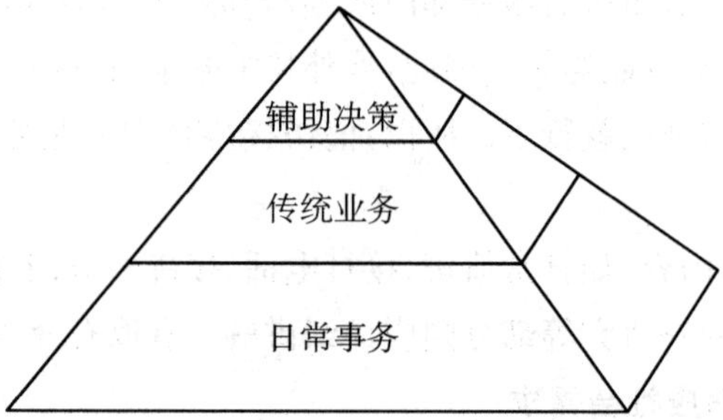

据此，根据涉外秘书应用性、事务性和综合性强的特点，涉外秘书本科专业的实务课程，宜先详细讲授第一部分——办公室日常事务，再详细讲授第二部分——传统业务。而第三部分，由于涉外秘书一般没有辅助决策的职责、业务，所以，参谋咨询、提供预案、督查工作可以省略不讲，而只讲沟通协调、信息工作、调查研究。如此由简入繁、由易入难、循序渐进地讲授，效果较好。

本教材的章次顺序就按照这三个层次排列。

本科涉外秘书实务课程的重点，是会务工作、文字工作、文档管理、调查研究、信息工作，即宝塔型中的中层部分。

（四）运用直观性教具

秘书实务课程如仅由教师口语讲述，学生听了后自行想象，结果会各不相同，而运用直观性教具，则能展示事物真相，是辅助口语讲述的有效教学方法。直观性教具有实物、图片、照片、投影、录像、碟片等。

（五）注重课堂提问和练习

课堂提问和练习能促使学生积极思考，增加兴趣，活跃气氛，促进师生互动，增强效果。教师要多举案例，让学生来分析解答。案例可以是正面的，也可以是反面的，即错误的，让学生来找出错误，纠正错误。这种“纠误”式的案例，往往更吸引学生，激发他们的兴趣，鼓励他们积极思考，效果更好。

（六）注重实训实习

涉外秘书实务要解决的是涉外秘书“做什么”和“怎样做”等问题。所以，其教学决不能闭门造车，纸上谈兵，必须改变“述而不作”的满堂灌的传统教学法，注重实训实习。

多年来，同行们在秘书实务课程的教学中，提出了各种各样的教学方法，如行动导向教学法、问题驱动教学法、情景模拟教学法、角色演练法、案例教学法、案例移植法、仿真教学法、网络教学法、群体自学法、综合实训法等等。

归纳起来，无非是案例教学法和情景模拟教学法两种基本方法，只是提法不同而已。

案例教学法是围绕一定的培训目的，把实际中真实的情景加以典型化，编成案例，供学生思考分析和决断，通过独立研究和相互讨论的方式，来提高学生的分析问题和解决问题的能力的一种教学方法。它突出体现了课程教学中的实践性、操作性，在教学互动、理论与实践相结合上有力地弥补了传统教学方法的不足，在当今世界的教育和培训中被广泛应用。

情景模拟教学法，是让学生以组为单位，在一定时间内运用所学的秘书实务知识和操作方法进行演练，演练完后，由同学对模拟中的问题分析和指正，最后由老师和专家点评。它是一种有助于学生掌握实际能力的学习方法。其操作规程如下：编写方案、分组、排练、演练、同学讨论、分析指正、老师点评。

作为应用文科中直接指导操作的实务课程，这两种教学法是必须的，同行们自觉不自觉地都在讲授中运用它们。我们应当归纳总结，提炼升华。

第一章　办公室管理

办公室是涉外秘书的工作场所，是涉外秘书最重要的工作小环境。一个安静、整洁、实用、方便、美观、舒适的办公室，既有利于提高涉外秘书的工作效率，也有益于涉外秘书的身心健康。

办公室的美化、管理是一项具有艺术性的工作，也是涉外秘书工作管理科学化的内容之一。所以，涉外秘书应当协助上司，科学地设计布置办公室，并进行日常整理，为大家，也为自己营造一个良好的工作小环境。

第一节　办公室的种类

我们可将办公室粗略划分为传统和现代两大类型。本节着重介绍现代流行的办公室，包括格子间小办公室、各种大办公室、秘书办公室，以及它们各自的特点。

一、办公室的布局

（一）封闭式布局（也称小办公室）

1. 传统小办公室

即将分工不同的各职能部门（如人事部、财务部）独立地安排于一间或一套房间内，组成一个个小办公室，里面敞开式地摆放若干张办公桌，各部门办公室一般集中于一栋楼内，或一层楼内。

凡与社会接触较多的部门，如收发室、传达室等，应设在人员进出的地方；综合、秘书等部门，应设在办公楼的中心地点；打字、计算机房、财务等办公室，应设在办公楼一端；关系密切的处室应相互接近。

这种模式类似于国内机关、企业办公室的布局，在我国涉外单位、国内投资比例大的“三资”企业中常见。

这种布局的优点是：有利于保持环境安静，便于实行分级管理。其缺点是：各部门之间信息沟通不及时，工作协调不够灵便，也不便于监督检查，且占用的房间多。下图为某一中型合资公司的办公室布局：

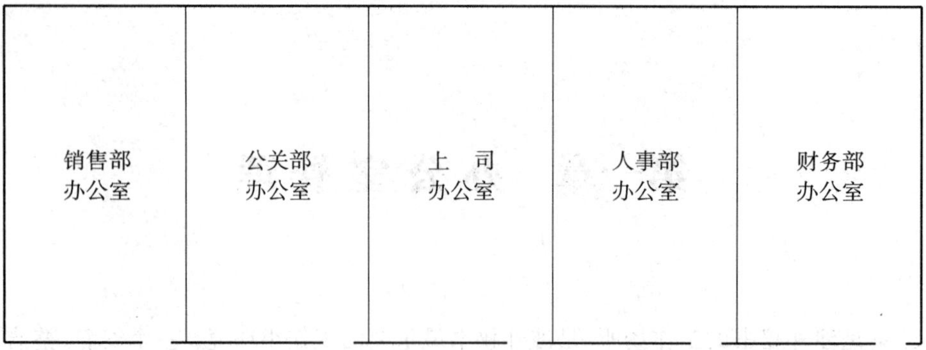

2. 格子间小办公室

即在传统小办公室基础上加以改进的部门办公室，与传统小办公室不同之处在于在办公室内用建筑材料分隔成一个个小间(俗称格子间)，每个职员一间，内有办公桌、电脑等办公用具、用品，以避免相互干扰。如下图某单位人事部办公室：

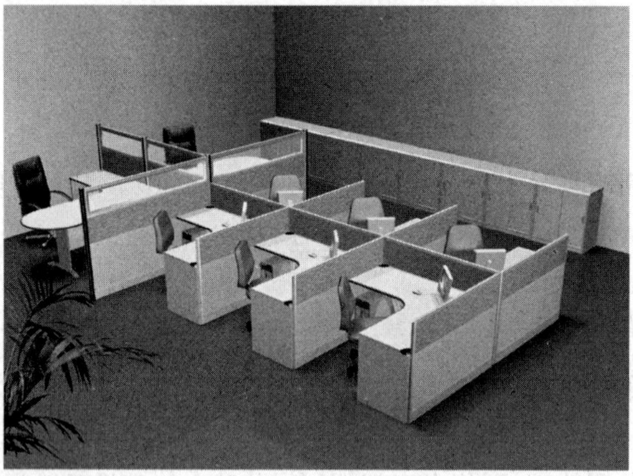

(二) 开放式布局(也称大办公室)

1. 传统大办公室

开放式布局即将各职能部门的所有管理人员，常包括总经理在内，全都集中于一间大办公室内一起办公，并按工作程序排列办公桌，室内一侧安放几张沙发，作接待会客之用。

这种模式在国外被普遍采用。我国相当多的“三资”企业，尤其在外商独资企业中，都采用这种布局。

这种布局的优点很多：

第一，办事效率甚高。由于所有职能部门都集中于一处，相互之间信息交流及时，协调、合作灵便。凡是涉及几个部门的事情，只要走过几张桌子，就能商量、解决，杜绝了扯皮、拖拉、推诿、公文兜圈子的官僚主义作风，大大节省了时间，提高了办事效率。

第二，有利于相互监督。大家集中于一处办公，客观上相互监督，杜绝了上班闲聊吹牛、干私事的现象。

第三，节省了办公用房和办公经费。

这种布局存在的缺点是：人一多，办公室内显得较为嘈杂，容易相互干扰。

典型的开放式布局的办公室如下图所示：

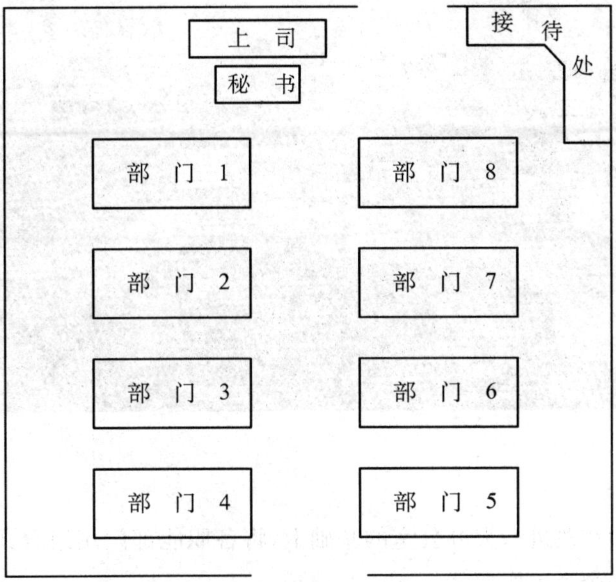

2. 改进型大办公室

有的大办公室将总经理和秘书的办公处用玻璃圈起来，俗称金鱼缸。这样，既能看到大办公室全貌，又相对而言避免了总经理工作时受嘈杂干扰，是对大办公室的局部改进。如下图所示：

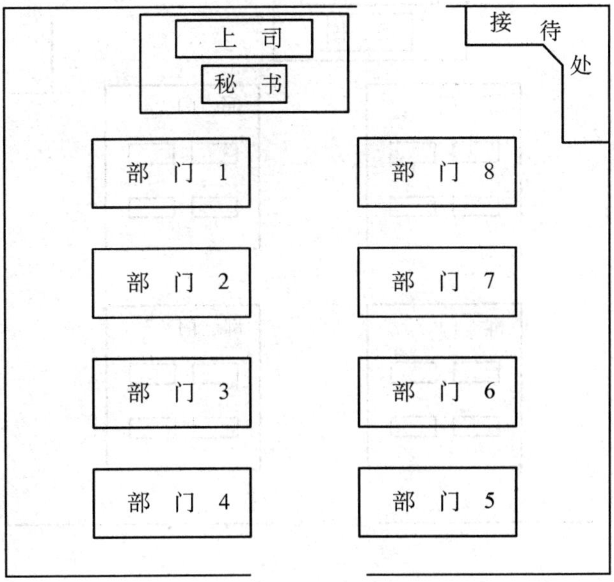

3. 新型大办公室

新型大办公室即在改进型大办公室的基础上，将各职能部门用组合式办公用具或其他材料(如玻璃)分隔成一个个工作单元。

这种布局既保留了开放式布局的优点，并使各部门相对集中，又弥补了其缺点，避免了相互干扰。所以，尽管它的花费较多，还是被众多“三资”企业采用，成为目前最为科学合理的办公室布局。其布局如下图：

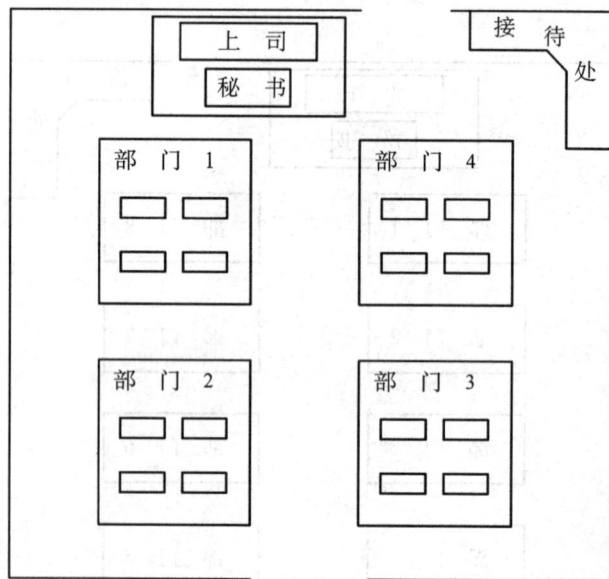

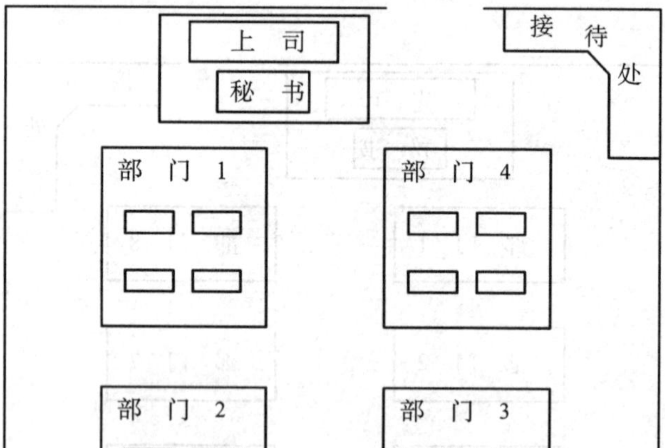

二、涉外秘书的办公室

涉外秘书是最贴近上司的重要助手，其办公室或工作位置的确定，应当遵循以下原则：便于为上司服务，便于发挥涉外秘书的枢纽作用，便于和各方面联系、沟通。

据此，涉外秘书的办公室和上司办公室应当位于办公楼的中心位置，涉外秘书的办公室应当紧挨上司办公室，如和上司在同一间办公室，则其工作位置应当既接近上司，又位于门侧，以便接待来客，为上司挡驾，阻止不速之客闯入，干扰工作和会议。从目前"三资"企业的现状来看，涉外秘书的办公室或工作位置主要有如下几种设置方法：

(一) 一室型

即秘书和上司同处一室办公，上司在室内内侧办公，秘书在同室的外侧办公，有的在上司办公桌和秘书办公桌之间用板材等分隔，形成类似于两室型的格局。这种设置方法多见于办公场所较为窄小的中小"三资"企业、外国驻华机构。

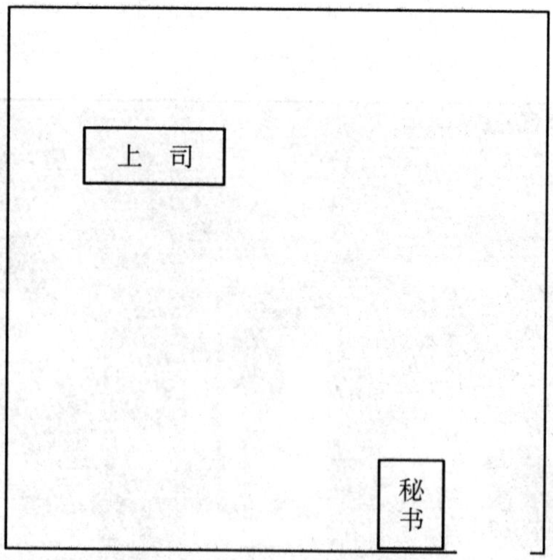

（二）两室型

如果上司的办公室是由两间房间组成的套间，其中一间是上司专用办公室，则紧邻上司办公室的外间就是涉外秘书的办公室，涉外秘书的办公桌应安放于此间的门旁，倘若有数位秘书，此室也就安放数张办公桌，成为秘书们的共同办公场所。这种设置方法在“三资”企业、外国驻华机构中较为常见。

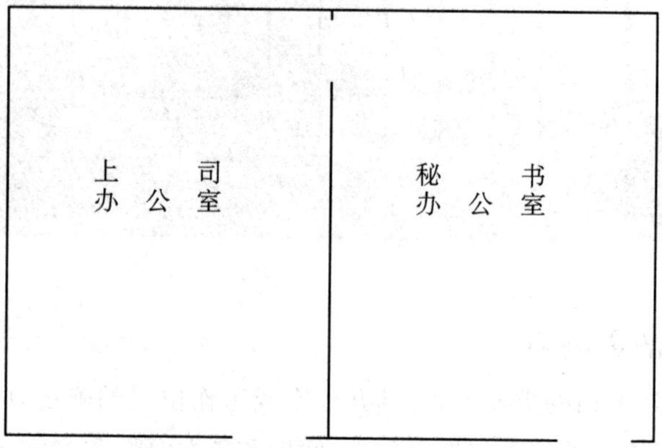

（三）三室型

即一套间有三个办公室，内间为上司办公室，两个外间分别为秘书办公室和会客室。

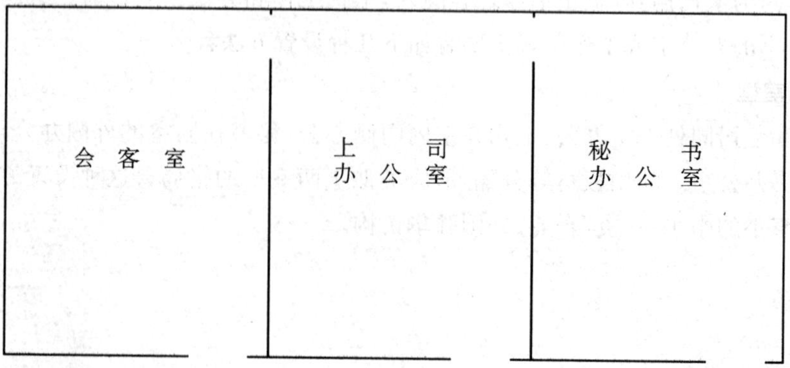

(四) 位于上司办公桌旁

在开放式或混合式的大办公室内，涉外秘书的办公处位于上司办公桌旁。见开放式办公室图。

对于上述几种类型，涉外秘书可以根据客观条件、上司意愿、涉外秘书工作的特点进行选择。

第二节　办公室的布置

办公室的布置是一门科学，小到选用什么样的办公桌，大到老板的“单间”离员工的“统间”应该有多少距离、公共走廊该有多宽，都有讲究。一间布置科学合理的办公室，最起码的一点，就是要让员工觉得便利，如果文件没合适的地方放，电线缠绕得乱七八糟，复印要跑几层楼，走来走去几乎迎头撞上，这样的办公室实在缺乏设计。

一、办公室布置要领

办公室的布置有如下要领：

第一，有利于提高工作效率

办公室的布局应该力求方便省时。如相关的部门及设备应尽可能安排在相邻的地方，以避免不必要的穿插迂回，便于相互间的联系交流和沟通协调，有利于提高工作效率。

第二，健康安全

布置办公室时要考虑安全，如电器的电源、电线及器物的摆放是否存在对人身的安全隐患；注意防火，了解灭火器和火警电话的使用方法，以及火灾发生时的撤离路径，并确保能取走文件；注意纸质文件、存储在计算机里的资料等机密的保密安全；注意办公室内公私财物的安全，保管好钥匙，防止丢失等。

第三，舒适整洁

无论是办公室、办公桌椅，还是抽屉等，都不要放置与办公无关的东西。办公文具的摆放要井然有序。

第四，和谐统一

办公桌椅、文件柜、办公自动化设备的大小、格式、颜色等要协调统一，这不仅能增加办公室的美观，而且能强化成员之间的平等观念，创造出和谐一致的工作环境。

二、涉外秘书办公桌的选择

办公室的布置除了室内必要的装饰和办公设施外，主要指办公桌椅的选择和排列，这关系到办公室内工作流程的方便，关系到相互间既能独立工作不受干扰，又便于相互沟通。

目前，涉外秘书常用的办公桌主要有如下几种：

(一) 标准写字台

即国内的标准办公桌，是高 80 厘米、宽 60 厘米、长 120 厘米的写字台。

由于涉外秘书不少时间是坐着工作的，这时的人体活动范围小，所以，使用这种办公桌时，要尽可能让工作空间小些，可以将常用的办公设备和文具放置于随手即可取到、接触到的地方，并根据自己的习惯放在适当位置，使自己无须离开座椅和办公桌，就能拿到需要的用品，以节省时间、提高工作效率。

有经验的涉外秘书，会坐在办公桌前，伸直双手，合掌，然后，以游泳的姿势，慢慢分开双手，在桌面上划出一个半圆，这半圆的范围内，就是放置常用文具的最佳位置。

（二）手枪型办公桌

不少单位的涉外秘书使用手枪型的办公桌，它有两个平面，容量大于标准写字台。使用时，可以正面放置电话、文具盒、纸笔、文件篓，以便随时提听筒接打电话并进行记录；将电脑置于另一侧平面，稍作转身即可操作电脑。

（三）多功能工作台

目前，不少“三资”企业，尤其是外商独资企业内，秘书都使用半封闭型的工作台。这种工作台容量更大，功能多样，又设置有安放电脑等办公用品的位置，相当方便，是目前最先进的秘书办公桌。如下图所示：

涉外秘书的座椅应选用半圆形等转椅，以便于前后左右转动操作各种设备，使用凹型和半封闭型工作台时，更得使用转椅。座椅的高度、大小、样式应与工作台相匹配，并与秘书的身材相适应，以坐着舒服、灵便、能提高工作效率为准。有条件的可采用自动升降办公椅，以适应工作人员的身高。

同时，应根据需要，设置垂直式档案柜、旋转式卡片架和来往式档槽，以便存放资料、文件和卡片等，便于随时翻捡。这些设备应装置滑轮，便于移动，平时置于一隅，用时推至身边，轻快实用。

三、办公室的管理

（一）办公家具的布置

传统小办公室内办公家具的布置，要注意以下几点：

第一，同室工作人员宜朝同一个方向办公，不面面相对，以免相互干扰。

第二，各座位间通道要适宜，应以事就人，不以人就事，以免往返浪费时间。各办公桌间的来往走道至少应当有三四英尺宽，桌与桌的距离应留三英尺左右。

第三，领导者应位于后方，既便于指挥监督，又可避免因领导者接洽工作而转移或分散工作人员的视线和精力。

涉外秘书的办公室内，办公用具面积一般宜占办公室的10%左右，因为秘书办公室也是接待中心，要考虑人流（来客和工作交往者）的因素，以留出能容纳来客的尽可能多的空间。所以，涉外秘书的办公室内，除了放置必需的办公桌、文件柜、计算机、打字机、传真机等办公家具和设备外，凡不需要的家具物品不宜放置在办公室内。

放置常用文件、档案、资料的文件柜，宜安放于秘书的身后，沿墙放置，既不挡住光线，又节省空间，秘书只要转身即可取用文件，很方便。一切文件都应存放在文件柜或抽屉内，既能保密，又便于查找。

大办公室内办公桌的排列应按照直线对称的原则和工作程序的顺序，其线路以最接近直线为佳，防止逆流与交叉现象，尽量减少重复，以节省走动时间，简化办事程序，提高工作效率。

（二）办公室的整理

为了让上司和自己有一个舒适的办公环境，并愉快地接待来客，秘书要注意自己办公室、上司办公室、会客室或接待室的整理，保持其整洁，要留意：

桌子和椅子是否歪斜？

椅子扶手和靠背上的套子脏不脏？有无皱折？

窗帘脏吗？窗帘的轨道是否正常？

杯子是否洗干净了？

废纸篓是否空了？

日历翻得是否对？

钟表走得准吗？

物品和电话上有否灰尘？

镜框悬挂得是否端正？

花瓶里的花有没有枯的、断的？

报刊摆放得整齐吗？

这一些，秘书都应该督促后勤人员做好。

秘书尤其要注意会客室的整洁，要做到任何时候都能接待来客。

有经验的涉外秘书会提前十五分钟左右到公司，把办公室的窗帘拉起，窗户打开，桌面的文件按照柜架上贴的标签分类码放，把电脑下纠结的电线梳理清楚，把上司到公司就要审阅的重要文件放在办公桌中间。然后，用酒精擦拭办公桌上的电话话筒和传真机磁头，清洁自己办公区域的地面、桌面、柜台的卫生，整理保管的各类文件。再把接待室书架上供阅览的宣传品放回原处，摆放整齐。使办公室整洁干净地迎接上司的到来，开始一天的工作。

（三）日常办公室物品的管理

日常办公物品指在办公过程中需要用到的各种办公耗件和小型设备，一般包括如下几类：

1. 纸簿类：包括信封、信签、复印纸、标签纸、复写纸、笔记本、收据本等；
2. 笔尺类：包括各类笔、橡皮、尺子、修正液等；
3. 装订类：包括订书器、剪刀、胶带、大头针、曲别针等；
4. 归档类：包括文件夹、档案袋、资料架、收件日期戳等；
5. 小型设备及耗材类：包括电话机、传真机、碎纸机、硒鼓、墨盒等。

秘书要负责管理好办公室、会客室、接待室的物品，具体要求是：

器具、物品要入账，记录购入时间、修理经过。

器具、物品如脏了、坏了，要找有关部门修理或更换。

上司办公桌上的各种文具用品要一一检查，不能缺少，并摆放整齐。

以下文具要随时补充，因为它们消耗很快：

第一，便笺、文具、记录纸；

第二，预备两三支铅笔，每天早晨削好；

第三，印盒里的印泥凹下去时，要随时填平。

第三节 办公室的美化

办公室环境需要美化。办公室环境是指办公室中影响工作人员的心理、态度、行为以及工作效率的各种要素的总和。它可分为硬环境和软环境。硬环境包括办公室所在地，建筑设计，室内空气、光线、颜色，办公设备及办公室的布置等外在客观条件。软环境包括办公室的工作气氛、工作人员的个人素养、团体凝聚力等社会环境。此处讲述硬环境中的要素。

一、办公室环境的科学标准

办公室环境与办公人员的工作效率和身心健康颇有关系，在物质文明越来越发达的当今社会，人们除了注意办公室面积的大小和室内设施的完备以外，越来越注重办公室环境的科学标准，这一科学标准由光线、色彩、声音、温度、湿度、空气等要素组成。

（一）光线和色彩

充足而稳定的光线，对涉外秘书的工作是颇为重要的，它可以使秘书看清物件、字迹，减少和防止视觉疲劳，有助于增强记忆，提高逻辑思维能力，使情绪稳定、愉快。

科学测试证明，充足而稳定的光线，能使人的工作效率提高 10%—15%。相反，光线不足，人们需要反复盯视、辨认，造成视觉疲劳，导致眼睛畏光、胀痛、视力下降，甚至导致眼出血、头疼等疾病。如光线过强，则会引起眩目。过弱过强或不稳定的光线，都会使人烦躁不安，影响工作。

如果从门窗射入办公室的阳光、自然光已经足够，则应当尽量利用。因为这种自然光明亮、柔和，对人体有益。所以，办公桌应安置于靠窗处，并使光线由左边射入，以便顺光写字办公。

如自然光不足，可运用灯具发射的人工光。灯具最好选用日光灯，因为它的光亮强度既接近自然光，又较为经济。

根据我国为企业制定的《房间的照度标准》规定，办公室的最低照度是：距地 80 厘米的水平面上须有 50 勒克斯。

对涉外秘书来说，除了保证办公室内照度不低于 50 勒克斯以外，在书写、打字时，还可使用台灯等灯具，增加局部照明亮度。

办公室内墙、天花板的色彩，不但对室内光线会有影响，对人的情绪也会有影响，颜色具有很强的感染力和吸引力，可直接影响人的心理活动和工作行为，如明色给人以轻快感，暗色给人以沉重感，冷色则给人以严肃感等。

办公室的颜色，可根据不同地区及办公室的不同用途，采用不同的颜色。气温高、天气热的地区，办公室内墙宜采用冷色，如绿、蓝、白、浅灰等；气温较低的地区，宜用暖色，如橙、黄、红等。按工作性质，研究、思考问题的办公室，宜用冷色；会议室、会客室宜用暖色。天花板一般用白色，以保持较高的光线反射率，地板大都采用棕色，不易污染。

人们还可以利用颜色的配色原理，调制出最适合本地区、本部门的颜色，但必须遵循一条总的原则，即适用、美观、高效，有益于工作人员的身心愉快和健康。

(二) 声音

办公室对声音的要求，主要是排除、降低噪音。噪音是使人自我感觉不良和恶化的声响，它使人注意力分散，记忆力减退，思维能力下降，产生烦躁、焦虑、厌恶等情绪，严重或长时间的噪音，还会使人的植物神经受损，出现头疼、头晕、乏力、心悸、恶心、惊慌等症状。

中国科学院声学研究所制定的《环境噪声标准》规定，办公室的噪音，白天(7时—21时)应在45分贝以下，晚间则应在35分贝以下。

如果不能达到此标准，可以采取以下方法降低噪音：

第一，让办公室尽可能远离车间、机器设备等噪声源，或在办公室和噪声源之间种植绿化树木。

第二，办公室装修时，墙壁、天花板使用隔音、吸音材料，安装双层窗，铺设地毯。这些都能有效地降低噪音。墙壁隔音标准是指声音通过墙壁时被"阻挡"掉的数量(不包括门窗等其他设施)，目前，我国对此的要求分为三个等级：50分贝(一级标准)、45分贝(二级标准)和40分贝(三级标准)。比如，办公室外的噪音白天有90分贝，办公室墙壁的隔音等级为一级，那么，噪音通过墙壁后只剩下40分贝。

办公室最理想的噪声(声强值)为20—30分贝，在这个声强范围内工作，人会感到轻松愉快，不易疲劳。

办公室的声音，还包括音乐。音乐能调剂身心，使人心情舒畅，减轻疲劳，工作时感到愉快。研究表明，上午10:00—下午3:30，大多数人的精力处于低潮。这时播放轻快的音乐，能振奋人的精神，提高工作效率。

(三) 温度和湿度

温度对人体的影响显而易见，过高的温度会使人频频出汗，体内热量不能及时散出，感到烦躁不安，引起困倦，影响思维能力，降低工作效率，还容易出差错；过低的温度使人动作迟缓。而适当的温度则会使人心情舒畅，精力集中，思维流畅。办公室的温度一般冬天在20℃—22℃，夏天在23℃—25℃为宜。近年来，由于节电的需要，我国办公室夏天大都将空调温度调至26℃。湿度是空气中水蒸气的含量。湿度过高使人不适，过低则使人感到干燥。适宜的湿度是创造理想工作环境的一个重要参数。据研究表明，在正常温度下，办公室理想的相对湿度在40%—60%之间。在这个湿度范围内工作，人会感觉清凉、爽快、精神振作。

(四) 空气

办公室应当有清新、流通的空气。

空气的清新、流通表示空气的清洁度，即空气的新鲜程度和洁净程度高，也就是空气中氧的比例正常。例如，许多人在一个封闭的屋子里开会，时间一久，就会有胸闷或压抑的感觉。在这种情况下，必须打开门窗，透透空气；开启排风扇或空调，以调节室内的空气。因此，办公室空气新鲜与否，与工作人员的身体健康有着密切的关系。新鲜的空气使人精神焕发，工作效率高；污浊的空气则使人身体不适，影响情绪，降低效率。

一般来说，在室温为22℃左右的情况下，空气的流速在0.25米/秒时最为标准，这时，人体能保持正常的散热，并有一种微风拂面之感，感到舒适，精神振作。常开窗能起到换气、使空气对流的作用。

由于现代办公楼大量使用化工产品作为建筑材料，加上以空调作为调节室内温度的主要手段，致使办公室空气质量下降，使办公室人员出现疲劳、头疼等症状，环境医学专家称之为办公大楼综合征。这一现象已引起世界各国环境保护专家的关注。我国于2003年3月1日起实施的《室内空气质量标准》明确提出"室内空气应无毒、无害、无异常嗅味"的要求。其中规定的控制项目不仅有化学性污染，还有物理性、生物性和放射性污染。化学性污染物质中不仅有人们熟悉的甲醛、苯、氨、氡等污染物质，还有可吸入颗粒物、二氧化碳、二氧化硫等13项化学性污染物质。为了改善办公室空气，可以采取以下一些措施：

第一，采用无毒无害或少毒少害的绿色建筑材料。并注意适时开窗，增加室内空气的新鲜度。

第二，安装空气清新器，定期检查、维修空调等设备，及时更换其部件，防止其副作用。

第三，不在办公室吸烟而污染空气。

第四，绿化办公室内外环境。如在室外植树、种花、铺植草地等。办公室的绿化是不能忽视的。外部环境应绿树成荫、芳草铺地、花木繁茂。它不仅能点缀美化环境，而且是调节周围小气候的有效方式。因为植物通过光合作用，能吸收对人体有害的二氧化碳，同时放出氧气。调查表明，绿化周围环境，能增加生气，丰富色彩。因为植物大都绿叶繁茂，人一看到绿色，便会产生一种视觉效应，这种感觉是微妙的。绿色象征和平与生机，使人产生安全感，并使人奋发向上。因此，办公室绿化，不但能调节小气候，而且有助于提高工作效率。

室内也宜绿化，可合理地放置花草，所占空间不大，但会给室内增光添辉。有人把室内绿化誉为"无声音乐"，可使人心旷神怡。另外，很多花卉都有其宜人的馨香，易使人的嗅觉得到某种良性刺激，促使大脑皮层兴奋，从而影响人的心理、情绪和行为举止。

二、办公室环境的美化

对于办公族来说，每天至少有8小时待在办公室里，也就是说，在他们一生的工作期间，有三分之一以上的时间是在办公室内度过的。如今的不少办公大楼、商务楼，外观气派威严，大厅金碧辉煌，然而，一间间办公室内却拥挤、逼仄、凌乱、嘈杂，空气浑浊，颜色单调呆板，办公家具冷冰冰，当渴了、困了、心情不好时，连个像样的休息处也没有。也有的办公室头顶上的灯光昏暗不堪，脚下的布线有如千头万绪，大大小小的科室封闭分割；无论走进哪一间，总是坛坛罐罐，杂处一室；一边密不透风，另一边却疏可走马；上司办公室常常位于走廊的幽幽尽头，给人一种高深莫测的感觉。这样的办公室明显缺乏合理的设计美化，不符合安静、整洁、实用、方便、舒适、美观的要求，不符合以人为本的原则。在这样的小环境中工作，办公族除了要承受紧张的工作、竞争、人事、加班等压力外，还得额外承受生理和心理上的双重压力，导致"办公室环境综合征"，疲倦、压抑、头疼、萎靡，降低工作效率。因此，有条件的单位首先应当使办公室环境达到科学标准，进而美化之。

美化办公室环境的意义已不言而喻。如今许多办公室达不到美化的要求，一是经济原因，办公室环境的美化属于温饱后的"小康"和"发达"阶段，自然要以经济实力为后盾；二是观念原因，上到老板，下到员工，往往认为办公室只是干活的地方，没必要弄得那么漂亮。欧美经济发达国家的办公室也经历过逼仄和刻板的“欠发达阶段”，直到上世纪六七十年代，实力雄厚的大公司才开始重视企业形象和企业文化，出现了办公室环境设计的概念，开始重视办公室的“软装潢”，即美化办公室环境。这样的办公室，墙壁上挂着图画，走道的转角处摆放着植物，墙角布置着小雕塑品，有供人休息的长短沙发，在离办公室不远处还设有咖啡间（Coffee Break），让员工疲劳时喝上一杯咖啡提提神。这种人性化的办公室，整洁、方便、宽敞、明亮，窗外的阳光温暖地洒在米色的办公桌上，空气中飘荡着浓郁的咖啡香，疲倦了在几米外就能找到柔软的沙发。在这样的小环境中工作，员工自然能提高工作效率。

思考题

1. 什么是格子间小办公室？
2. 什么是传统大办公室？有何优点？
3. 涉外秘书的办公室有哪些种类？
4. 办公室的布置有哪些要领？
5. 办公室环境的科学标准包括哪些要素？

第二章　接打电话的艺术

电话是秘书身边最亲密的伙伴，是处理日常事务最常用的工具，凡上司指示、下级部门的汇报、业务联系、询问咨询、人际交往等，常常通过电话来进行。因此，接打电话成为涉外秘书最普遍的日常工作，必须掌握接打电话的艺术。

第一节　接打电话的要领

美国秘书工作指南书《韦氏秘书手册》写道："正确使用电话能提高工作效率，创造友好气氛，可能使人留下对你公司的最好印象，提高你的办公室在上司心目中的地位。"

涉外秘书正确接打电话的要领包括礼貌、准确、高效。

一、礼貌

电话往往是公司和外单位接触的第一渠道。

电话虽然是机械，只能传声，不能传情。但是，"言为心声"，对方根据秘书的声调、语气，能判断出你公司人员的素质、有否诚意，决定着他对你公司是产生好感还是反感，愿意交往还是疏远。

因此，讲究接打电话的礼貌颇为重要，应注意如下几点：

（一）微笑接听

美国贝尔电话公司向25万话务小姐提出了"带着微笑接听电话"、"以电话赢得友谊"的职业要求。广州花园酒店也要求话务小姐"微笑接听"，多用"您好"、"对不起"、"我可以帮您做什么?"、"您是否需要留言?"等亲切热情的"微笑语言"，效果皆良好。

一个说话得体、彬彬有礼、声音甜美柔和的电话，可以促成一笔生意；相反，一个态度生硬、音调呆板的电话，可能使一笔生意砸锅。因此，通话时，要态度和蔼、声音清楚、语气亲切，要微笑着对话筒，只有心情愉快，面带笑容才能显得热情有礼。

当你遇到不如意之事导致心情不愉快时，须使自己心情平静下来再通话，别让怨气通过话筒传给对方。

接打电话时还应注意姿势，端庄的姿势会使你有良好的心境。

（二）开头的礼貌语

电话接通后，不宜开口就呼"喂，喂！"或"Hello! Hello!"，这显得不礼貌，应当以"您好！"或"Good morning!"、"Good afternoon!"、"Good evening !"等问候语代替"喂，喂！"，紧接着自

报家门。

接听的一方宜这样开头：

“Good morning, Smith Company.”(“早上好，这里是史密斯公司。”)

打出的一方在听到对方问候语和自报家门后，也应问候和自报家门，并得报出自己的姓名和身份，如：

“Good morning, Robinson Company. My name is Mary, secretary. May I speak to Mr. John, please?”(“早上好，我是罗宾逊公司的秘书玛丽，我可以请约翰先生听电话吗?”)

(三) 呼应

通话中对方讲话时，你如长时间的沉默，会使对方猜疑你没注意听，甚至走开了。因此，你应当适时应声附和，使对方感到你是在专注地听。附和语常用的有：

“是。”或“Yes.”

“很好。”或“Very well.”

“请继续说。”或“Go ahead, please.”

“是啊，我还在听。”或“Yes, I'm listening.”等。

(四) 电话中断时

正在通话时，如果电话突然中断，打入的一方应当立即重新拨号打入，并说：

“对不起，刚才正讲着的电话被挂断了。”或说：“I am sorry. We were disconnected while talking. I didn't hang up on you.”

通话中，如果你有急事须处理，应向对方道歉，请对方稍等，随即用手捂住话筒去处理急事，处理完毕后再通话。如果急事处理的时间较长，则应当约对方事后再继续通话，不能让对方久等。

通话中如遇另一部电话铃响，应礼貌地请后者稍等或过会儿再打来。

(五) 接错或打错电话时

如果是对方拨错了号，秘书不应生硬地说“你打错了!”就挂断电话，而应当礼貌地说：“这里是××公司，电话号码是×××，您要打的电话号码是多少?”这样做，不会使对方难堪，又能显示你和公司的素质，赢得对方的好感。

如果自己打错了电话，应向对方道歉：“对不起，我打错了。”或“Sorry, I've got the wrong number.”

(六) 对方激动时

通话中，对方说着说着，有时会感情冲动起来，尤其是投诉电话，言辞激愤。此时，秘书不能与对方争吵，仍应礼貌相待，保持冷静，理智平静地对答，可以采取如下几种方法：

第一，以柔克刚，让对方将话说完，然后平静地表述自己的意见。如：“您购买的产品出现了问题，请到本公司的维修中心去维修，它的地址是×××，电话号码是×××。”

第二，沉默是金。当对方骂人时，秘书宜用停顿、沉默相待，只听对方叫骂，自己不随声附和，不反驳，也不打断对方的叫骂，让他发泄完。

第三，冷处理。如听完后说：“您的意见，我可向上司反映。有了结果，我会马上给您打电话。”

（七）结束通话时的礼节

通话结束时一般说：“再见！”或“Good bye.”

“谢谢您了。”或“Thank you.”

“谢谢您的帮助。”或“Thank you for helping me.”

秘书在一般情况下，要等对方挂断电话，才轻轻放下话筒，尤其对方是长辈、上司时更应如此。

二、准确

（一）电话记录

电话记录是接话人不在或不能接电话时，由秘书所做的记录，它保证了准确接收对方的信息。秘书接听电话时，要随手带好笔和记录本，或电话记录表，记录内容包括来电日期、时间，来电人姓名、单位、地址、电话号码，来电内容和处理方法。记录时对要点要问清楚，记录后应向对方复述一遍，以确保记录准确无误，然后将记录放在接话人办公桌上，让他一回来就能见到。

电话记录表可以自己制作，如：

××公司电话记录表

时间：　　　　年　　月　　日　　时　　分

单位：　　　　　　姓名：　　　　　　电话号码：

来电内容：

1.

2.

处理情况：

1. 请交________处理
2. 请________回电
3. 约于________再来电话
4. 其他：____________________

接话人：

（二）内容清楚

不管是接听或打出电话，其内容都要做到“六何”清楚，即：

何人（姓名）	Who	何时（日期）	When
何地（场所）	Where	何事（内容）	What

何因(理由)　　Why　　如何做(方法)　　How

此“六何”在英文中可称为“5W + How”。

接听电话时,要记下“六何”,并一一与对方校对,写入电话记录表;打出电话时,先按“六何”酝酿好要点,一一讲清,以免遗漏,保证准确。

(三) 通话突出重点

通话时讲话速度要比平时稍慢些,言辞简明扼要,突出重点,句子要短,要点和容易误解之处可重复,或请对方复述,以便核对。

用英语通话,尤其要注意:

第一,口齿清楚(Speak clearly);

第二,讲慢些(Speak slowly);

第三,别吞吞吐吐(Don't hesitate to speak);

第四,记录要点(Write down the message)。

(四) 语音适中

通话中语音要适中,以使对方听清,保证准确性。如电话有问题,对方听不清或声音小时,不宜喊叫,越喊叫,对方越听不清楚,因为大喊时,电话阻值变化受到抑制,信号出现削顶,失真很大。

三、高效

(一) 马上接听

听到电话铃响,应放下手头工作,立即接听,最多不得超过三遍铃响。不然,对方可能不再打,而找另一家公司、厂家联系,你方就可能失去一次成交买卖的好机会。商场如战场,不能让电话老是响着不接。

如果铃响三遍后才接听,则必须先向对方道歉才转入正题。

(二) 一次打出电话

秘书一天中要打出几个、十几个,甚至几十个电话。为了提高工作效率,应计划好要打的电话,可按轻重缓急排列,一一查出电话号码,写清“六何”要点,然后,尽可能一次将电话打出。

(三) 为对方考虑

秘书应为对方着想,尽可能在对方方便的时间内打电话,不宜在深夜或对方休息时打扰别人。

如属长途电话,须弄清时差,查明对方所在地的时间,并考虑收费情况,做到在对方方便而收费又较低廉时打电话。

第二节　处理打给上司的电话

秘书每天接听的找上司的电话很多,如果全转给上司,会花费上司许多时间和精力,影响其工作，为此，秘书对这类电话必须分流处理。

一、挡驾

如果对方提出的问题属秘书有权处理的，则应自己处理。可以用如下礼貌语应对：

“史密斯先生正忙着，这事是否可由我来代办？”或说：“I am afraid Mr. Smith is engaged right now. Perhaps I can help you. May I deal with that for him?”

遇到陌生人打来的电话，更不能直接转给上司，应询问清楚对方的单位、身份、姓名，事后再判断决定。

对上司交代不愿接的电话，秘书接听后宜以善意的谎言挡驾，如说：“总经理外出了，请问有什么紧要事，能否让我转告他？”如对方盯问，你可对答：“他去什么地方和何时回来没有关照。”

对方提出的问题，如属下属职能部门解决的，秘书可请对方直接和下属部门通话联系。经过如此过滤，只有少数重要的、必须由上司亲自决定的电话才转给上司。对这类电话，一是应迅速转接；二是转给上司时，要先将对方的姓名、单位、身份向上司作简要介绍。

二、上司正在开会、外出时的电话

上司正在开会、会客时，有电话来找上司是常有的事，除非是约好的、上司特地交代的，一般不便于接听。对这类电话，秘书有以下几种处理方法：

第一，告诉对方上司正在忙，能否在会议结束后再来电话，或者请对方留下电话号码。让上司届时打电话给他。

第二，如果对方谈的是急事，秘书可请对方稍等，或说：“十分钟后我给您来电话。”挂断电话后，立即用便条向上司请示，而不宜闯入会议室或会客室，贴着上司的耳朵说话，这对上司和客人、与会者都显得不尊重。

上司外出时，有来电找他，秘书应说明上司不在的原因和回来的时间，请他届时打来，或留下电话号码，让上司回来后同他联系。如果对方要求留言，秘书应做好详细的电话记录，并向对方复述，加以核实。

三、其他注意事项

(一) 保密

对方在电话中问及和谈到属于机密的问题，如公司业务、技术成果、人事变动等，秘书须注意保密、回避，可以说：“很抱歉，这问题我不知道。”如对方盯着问，则可以说：“这类问题似乎不适宜在电话里谈，您说是吗？”

(二) 别不懂装懂

秘书分配到具体单位工作后，对单位的专门业务不可能全懂，如涉及这类电话，可请对方稍等，然后请内行的同事来接听。

(三) 常用的国际电话种类

涉外秘书经常要拨打国际长途电话，和国外公司进行业务联系，所以应当了解国际电话的种类，掌握它们的用法。国际长途电话有叫号电话（号码电话）、叫人电话、对方付费电话、信用卡电话（Credit Card Call）、直拨电话（Direct Dialing Call）和 E-mail。直拨电话如今已经成为全世界大多数国家通讯联络的主要方式，信用卡电话、E-mail 也被广泛运用。但是，前几种国际电话还在被运用，所以，涉外秘书也应当了解并学会使用。

号码电话，也称叫号电话（Station to Station Call）

这是指定对方的电话号码所打的国际电话，从对方接听起计费，类似国内的长途电话。

指名电话，也称叫人电话（Personal to Personal Call）

即指定通话人接听的国际电话。打这类电话首先得告诉话务员是 Personal to Personal Call，然后告知对方的电话号码和姓名。话务员替你叫人时不计费，如对方不在，可免费取消这次电话；如对方接听电话，则从接听时开始计费，并加付叫人费用。所以，打这类电话比打叫号电话要贵些。

对方付费电话（Collect Call）

即由接听方支付电话费的国际电话。打这类电话先得告诉话务员，这是 Collect Call，然后告知对方的电话号码和姓名。话务员要得到对方承诺付费后才予以接通。这类电话对出国访问、考察、旅游者打电话给家里或单位提供了方便。

第三节　用英语接打电话

涉外秘书大多处于“三资”企业和涉外单位内，要经常用英语和外国上司、同事、客户通电话，本节介绍不同场合下涉外秘书用英文接打电话的方法。

一、接答电话

（一）接答熟人打来的电话

Secretary(S)：Good morning，Mr. Brown's office，Li Ying is speaking.

Jackson(J)：Good morning，this is William Jackson. Can I speak to Mr. Brown for a moment，please?

S：Morning，Mr. Jackson. Just a moment and I'll connect you.

（转内线）Mr. Brown，Mr. Jackson is on the line.

Brown：All right.

（二）接答陌生人打来的电话

S：Good morning，BBK Company，Li Ying is speaking.

Ford：Good morning，I'd like to speak to Mr. Brown，please?

S：Who shall I say is calling，please?

Ford：My name is Hugo Ford and I work for SSE Company of Shenzhen.

S：Can you tell me what you wish to speak to him about?

Ford：We want to import computer into China，and we want to know if you are interested in?

S:　I see, Thank you very much, Mr. Ford. Just a moment, please.

(转内线) Mr. Brown, Mr. Ford of SSE Company is calling. He says he want to know if you are interested in importing computer into China.

Brown: I see. Put him in.

S:　Yes, Mr. Brown. (To Mr. Ford) Mr. Ford, I'am very sorry to have kept you waiting. I'll connect you with Mr. Brown.

(三) 转接电话

S:　Good morning, BBK Company, Li Ying is speaking.

Mack: Good morning, this is Shanghai YHE Company. I am calling about that your company can supply us tin.

S:　The tin is handled by the Sales Department. Shall I transfer your call?

Mack: Yes, please.

S:　May I know Who is calling, please?

Mack: My name is Karl Mack.

S:　Thank you very much, Mr. Mack. One moment, please.

(告诉总机) Please transfer this call to the Sales Department, Mr. Mack of Shanghai YHE Company is calling about the tin.

(四) 安排约见的电话

S:　Good morning, BBK Company, Li Ying is speaking.

Cabell: Good morning, my name is Cabell and I work for FEH Company of Beijing. I'd like to speak to Mr. Brown.

S:　I am sorry. I'm afraid Mr. Brown is not here at the moment. Can I help you or would you like to speak to someone else in the office?

Cabell: I'd like to make an appointment to see Mr. Brown sometime next week.

S:　Just a moment. I'll just check Mr. Brown's diary and see if I can arrange an appointment for you. Yes, Mr. Brown does not seem to be busy on Tuesday afternoon, Wendesday morning and Thursday afternoon.

Cabell: Could I make an appointment for Thursday affternoon, please?

S:　Would 2:30 be convenient?

Cabell: Yes, that will be fine.

S:　I'll make a note of that. Would you like me to confirm the appointment?

Cabell: Yes, please, you can contact me any day at Shanghai phone number 66385429.

S:　Fine, I'll do that.

Cabell: Thank you very much. Goodbye.

S:　Goodbye.

二、上司不在或为上司挡驾的电话

例一：

S:　Good morning, BBK Company, Li Ying is speaking.

Mass: Good morning, Ms. Li, My name is Mass. Can I speak to Mr. Brown, please?

S:　I'm sorry, I'm afraid Mr. Brown is at a meeting now. Could you tell me what you wish to speak to him about?

Mass: I want to speak to Mr. Brown.

S:　I'm sorry, Mr. Brown is tied up at the moment. Would you like to talk to someone else in the same section?

Mass: I only want to speak to Mr. Brown.

S:　I'm sorry, Mr. Mass, the meeting is scheduled to end at 11:30 a. m. May I ask Mr. Brown to call you as soon as the meeting is over? May I have your phone number, or may I take a message so that he can call you?

Mass: The telephone number here is 64897367. Thank you, Ms. Li. Goodbye.

S:　Goodbye.

例二：

S:　Good morning, BBK Company, Li Ying is speaking.

Nathan: Good morning, my name is Nathan and work for HSH Company. I'd like to speak to Mr. Brown, please?

S:　I'm sorry, Mr. Brown is tied up at the moment. Could you tell me what you wish to speak to him about?

Nathan: About an urgent matter.

S:　I'm sorry, Mr. Brown is on another line. Would you please hold the line for a moment, or shall I have him call you as soon as he is through?

Nathan: Well, the telephone number here is 65487935, thank you. Bye-bye.

例三：

S:　Good morning, BBK Company, Li Ying is speaking.

Bill: I'd like to speak to Mr. Brown, please?

S:　May I ask who is speaking there?

Bill: . . .

S:　Would you tell me your company's name, please?

Bill: . . .

S:　Mr. Brown is being occupied at this moment. Could you tell me what you'd like to speaking to him about?

Bill: I want to speak to Mr. Brown.

S: I'm sorry, sir, Mr. Brown has someone with him at this moment. If you can not tell me who is calling, it might be best for you to write him a letter and make it personal. I'll bring it to his attention at once.

三、电话记录和留言

电话留言是当接话人不在或不能接电话时，由秘书予以记录。记录内容包括来电日期、时间，来电人姓名、单位、地址、电话号码，来电内容和处理方法。记录时对要点要问清楚，记录后应向对方复述一遍，以确保记录准确无误，然后将记录放在接话人办公桌上，让他一回来就能见到。

（一）电话留言

S: Good morning, BBK Company, Li Ying is speaking.

Robinson(R): Good morning, my name is Robinson and work for YAN Company. I'd like to speak to Mr. Brown, please?

S: I'm sorry. Mr. Brown is out right now, but he should be back in the office by 4:30 p. m. Can I take a message?

R: Yes. Please ask him to call me as soon as he get in, please.

S: Certainly. May I have your full name?

R: Back Robinson.

S: Sorry, I didn't get that, would you please repeat that?

R: Back Robinson.

S: Thank you, your name spelt B-A-N-K?

R: No, B-A-C-K.

S: Did you say you work for YAH Company?

R: Yes.

S: Can I have your telephone number, please?

R: It's 84679365.

S: I'm sorry, but I didn't catch what your said, would you please repeat that?

R: 8-4-6-7-9-3-6-5.

S: Thank you, Mr. Robinson, now shall I say again so that you can check and see if I'v got it right?

R: Go ahead, please.

S: Mr. Back Robinson of YAH Company, telephone number is 84679365?

R: All right! I'll be expecting his call.

S: Of course, Mr. Robinson, now you can be sure that I'll tell Mr. Brown about this call, ask him call you as soon as he get in. Thank you for calling, good-bye!

（二）电话记录或留言表格式

例一：

Telephone Message

For:	From:
Date:	Tel No. :
Time:	Company Name:
Urgent/Non-urgent	Address:

Message: ______________________________

____

____

____

____

____

____

Taken by:

例二:

Telephone Message

For ______________________________

From ______________________________

Telephone No. ______________________________

Came to see you	Urgent
Telephoned	Ring him
Returned your call	Will come again
Wants to see you	Will write

Message: ______________________________

____

____

____

____

____

Taken by: ______________

Date: ______________ Time: ______________

例三：

Telephone Message

Message for ________________

While you were out

Mr. Robinson of ________________

Telephone No. ________________

Telephoned	Wants to see you
Returned your call	Please phone
Came to see you	Will call again
Message：	
Date： Time：	
Received by：	

四、国际电话

涉外秘书经常要拨打国际长途电话，应当了解国际电话的种类，掌握它们的用法。国际长途电话有：Personal to Personal Call（叫人电话）、Station to Station Call（号码电话、叫号电话）、Collect Call（对方付费电话）、Credit Card Call（信用卡电话）、Direct Dialing Call（直拨电话）和E-mail。直拨电话如今已经成为全世界大多数国家通讯联络的主要方式，信用卡电话、E-mail也流行。但是，前几种国际电话还在被运用，所以，涉外秘书也应当了解，兹作介绍并各举一例。

（一）Personal to Personal Call（叫人电话、指名通话）

即指定通话人接听的国际电话。打这类电话首先得告诉话务员是Personal to Personal Call，然后告知对方的电话号码和姓名。话务员替你叫人时不计费，如对方不在，可免费取消这次电话；如对方接听电话，则从接听时开始计费，并加付叫人费用。所以，打这类电话比打叫号电话要贵些。

实例如下：

Secretary(S)： Good morning. Would you put me through to the International Operator, please?

Operator： Certainly, I'm putting you through now ... It's ringing now.

S： Thank you.

International Operator (I)： Good morning. I am International Operator, can I help you?

S： Good morning. I'd like to book a Personal to Personal Call to New York, please. This is Shanghai BBK Company, the telephone number here is

58943867.

I: Shanghai BBK Company, 58943867?

S: That's right.

I: What number in New York, please?

S: New York 05 685—54397.

I: New York 05 685—54397?

S: That's right.

I: What name?

S: Mr. Johnson.

I: New York 05 685—54397, Mr. Johnson?

S: That's right. Can I book the call for 10:00?

I: 10:00 ... yes, that should be all right. I'll ring you back when the call is expected. Can I know your name?

S: Certainly, my name is Li Ying.

I: Thank you very much.

...

I: Good morning, Ms. Li. Your personal call to Mr. Johnson in New York is expected within a few minutes.

S: Thank you .

I: Hello ... Is that Mr. Johnson?

Mr. Johnson: Mr. Johnson is speaking.

I: I have a personal call for you, Mr. Johnson, from Shanghai. Hold the line please.

(To Li Ying) Mr. Johnson is on the line. Go ahead. Speak up.

S: Hello, Mr. Johnson ...

(二) Station to Station Call(号码电话、叫号电话)

即指定对方电话号码所打的国际电话。打这类电话可直接将对方的电话号码告诉接线员,并说明是 Station to Station Call,从对方接听时开始计费。

实例如下:

S: Is this the overseas operator?

Operator: Yes, it is. May I help you?

S: Yes, I want to place an overseas call.

Operator: Where are you calling?

S: I'm calling New York, U. S. A.

Operator: Is this Station to Station Call or Personal to Personal Call?

S: Station to Station Call.

Operator：May I have the number in New York?

S：Of course. Area code 05，telephone number is 685—54397.

Operator：Area code 05，telephone number is 685—54397.

S：That's right.

Operator：May I have your telephone number?

S：Shanghai 65798438.

Operator：Shanghai 65798438.

S：Right. Could you tell me the time and charges after this call?

Operator：Certainly. I'll call you back after the call. Would you hold the line，please?

S：All right，thank you.

（三）Collect Call（对方付费电话）

即由接听方支付电话费的国际电话。打这类电话先得告诉话务员，这是Collect Call，然后告知对方的电话号码和姓名。话务员要得到对方承诺付费后才予以接通。这类电话对出国访问、考察、旅游者打电话给家里或单位提供了方便。

International operator (I)：This is United States operator. Is this Shanghai 65798438?

S：Yes，it is. May I help you?

I：I have a Collect Call for Mr. Brown from Mr. Johnson of New York.

S：Just a minute，please.

(To Mr. Brown) Mr. Brown，you have a Collect Call from Mr. Johnson of New York. Will you accept the call?

Mr. Brown：Well，I'll take it，but please tell the operator to let us know the time and charges after the call.

S：Yes，Mr. Brown.

(To operator) Well，we accept the call. Will you let us know the time and charges after the call?

I：Yes，I will.

S：Thank you. Mr. Brown is on the line.

I：All right. Just a monent，please.

(To Mr. Johnson) Mr. Johnson，Mr. Brown is on the line. Go ahead，please.

思考题

1. 接打电话有哪些要领？
2. 结束通话时用哪些礼貌语？
3. 如何为上司电话挡驾？
4. 国际长途电话有哪几种？
5. 同学间试用英语接打电话。

第三章　处理邮件

处理邮件是涉外秘书每天上班后必须处理的事务。

当今的邮件(Mail)以其传递方式,可以分为传统邮件、电子邮件和混合信函三类。

传统邮件指通过邮局发出和收到的邮件,包括信件、包裹、电报等。除了通过邮局传递以外,自2002年9月起,我国信息产业部、外经贸部、国家邮政局规定:国际货物运输代理企业可以办理进出境信件和具有信件性质物品的寄递业务。但是,不得办理私人信函及县级以上党政机关的公文。

电子邮件指通过互联网发出和收到的邮件,即我们通常所称的E-mail、电传、传真。

混合信函是2002年9月28日起国家邮政局开办的新业务。是一种用户通过计算机发信,利用互联网传输,寄达地邮局从网上收到信后,用专用信函打印装封机打印、装封,按平常信函进行投递的信函业务,寄信者就像上网发电子邮件一样,可以足不出户地发出信件,收信人则可以收到一封有形的信件。发信人可以到全国邮局购买专用发信软件和邮资卡,用以开通这一业务。这一方法既迅速、经济,又使信件正规、庄重,是涉外秘书可以运用的业务通信手段。

第一节　收到邮件的处理

传统邮件的处理分为收受和发出两部分,一般来说,一个单位收到的邮件(Incoming Mail)多于发出的邮件(Outgoing Mail),因此,收受邮件比发出邮件工作量要大。

一、收受邮件

传统邮件一般由邮递员送达单位的传达室、收发室,再由收发人员每天按时送到秘书办公室;一些外国驻华机构和中小"三资"企业因人员精干,不设传达室、收发室,则设有专门信箱,邮递员将邮件投入此信箱,由秘书自行取回。

对传达室、收发室送来的邮件,秘书要当面点清件数,检查有无损坏和被开拆,以分清责任。有些"三资"企业还规定秘书收受邮件时须填写邮件收领单。

对当日或近日要寄来的重要邮件,如机要邮件(Confidential Mail)、快递邮件(Expressed Mail)等,秘书得通知传达室、收发室注意收取,收取后立即送给自己,以防止耽搁或遗失。如当天传达室、收发室未按时将邮件送来,秘书得主动打电话询问,了解情况或催促。

对于由秘书自行去专用信箱取回的邮件,秘书应携带专用包袋,每天上午、下午各一次,按时开启专用信箱，及时取回邮件。取到邮件后，秘书应直接回办公室，不宜带着邮件去办理其他事情，防止邮件遗失，以保证邮件的时效性和安全性。

二、邮件的初步分类

邮件到达秘书办公室后，秘书处理它们的第一步是初步分类。

（一）两分法

秘书对收到的邮件有多种初步分类法，最常见的是根据邮件的重要程度来分类。判别邮件是否重要的方法有两种：一是邮件封皮上有“机要”、“急件”、“快件”、“速递”、“保价”（Insured Mail）、“挂号”（Registered Mail）等标记的，属重要邮件；二是邮件封皮上落款是重要人物或重要单位的，属重要邮件。其他邮件则划为普通邮件。

（二）七分法

在美商投资公司中，将邮件按重要程度分为下列几种：

付费特殊的邮件（如“急件”、“快件”、“速递”、“保价”、“挂号”等邮件）和电报、电传、传真以及由计算机自动打印输出的文件（Computer Printouts of Correspondence）；

普通邮件（First—class Mail），类似我国的平信类邮件；

设在外地的分公司、办事处或工厂寄来的邮件；

私人邮件和机要邮件；

报纸杂志；

商品目录、广告册等介绍、宣传资料；

邮包。

但是，这种划分法有自相矛盾的地方，如设在外地的分公司寄来的挂号件，既可作为第三类，又可作为第一类；又如将私人邮件和机要邮件列为同一类，在我国是不可思议的，两者必须分开。

（三）五分法

有经验的秘书会结合我国国情，将收到的邮件先分拣为如下五类：报刊、信函、小册子和广告等印刷品、电报、包裹，然后分门别类地予以处理。

此外，在对邮件初步分类时，如发现邮件的邮包形状不规则或大小异常、能看出有金属线的形状、有苦杏仁味道、封口处有油污等情况，应视为可疑邮件，不要开拆，而应离开并锁上办公室，迅速报告公司保安部门或直接报警，等待他们来检查处理。

三、拆阅邮件

（一）拆阅信件的权限

哪些信件由秘书拆阅，由上司授权于秘书，也有的“三资”企业在秘书的职责权限中有明确规定。一般来说，以下四类邮件秘书不要开拆：

第一，凡邮件上标明“亲启”、“私人信件”（Private Mail or Personal Mail）等字样的信函，秘书不能开拆，应送交上司或有关人员去开拆。

第二，凡邮件上标明“机要”、“保密”等字样的信函，除上司已有授权外，秘书不能开拆，应送交上司或有关人员去开拆。

第三，根据规范的要求，“三资”企业公务信件的信封应当是白色或黄色的，信封上所有的文字应当是打印的或是印刷的，而不能是手写的，如果秘书处于规章制度健全的单位，收到信封颜色异常或信封是手写的信件，尽管上面没有“私人信件”等标记，也不要开拆，应将原件送交上司。

第四，对于一些吃不准该不该由自己拆阅的信件，秘书也以原封送交上司开拆为妥。

一般来说，凡没有在信封上注明“私人信件”、“机要”、“保密”等标记的信函，都由秘书开拆，包括信封上写着寄送单位名称，如“某某公司收”，写着上司职衔，如“总经理收”等的信件。

（二）信件的开拆

信件应用剪刀开拆，如每天收到的信件数量很多的话，则用拆信器开拆为好，这两种开拆法既使拆开的信件显得美观，又能提高工作效率。公务信件是禁止用手撕开的，这样开拆的信件既不美观，又容易撕坏信件内的东西。开拆前须用手摸一下信封，或将信件拿到光亮处照看一下，如发现信纸折得和信封差不多大小，就得轻轻拍打，使信纸沉下去些，以免剪开时剪坏信纸。拆封时一律剪去信封右侧，不能剪坏信封上的文字。拆开后的信件要将信封和信纸用回形针或大头针等订在一起，以备查阅地址等。

（三）信件拆开后的检查

信件拆开后，秘书要对信封和信纸作一番检查。

首先，检查信封和信纸上的地址是否一致，如果两者不一致，秘书应判断出或打电话问清准确地址，然后划去错误的地址，以使回信能顺利寄达对方。

其次，要检查信纸最后是否有落款。英文信的信纸上，正文下方应两次出现寄信人的姓名，一次是打印的，一次是亲笔签署的。凡没有署名或没有亲笔签名的信件是无效的信件。

再次，要检查日期，包括写信日期、邮戳上寄出和寄达的日期。如果信内涉及的一些问题已经过期，那么，这三个日期能够分清是写信人还是邮局的责任。有的“三资”企业还要求秘书在收到的信件上注明日期(Dating the Mail)，甚至时间，一般都注在信纸的右上角或左上角。至于电报、电传、传真件，因为上面已经注有抵达日期、时间，不需秘书再注明了，收到的报纸杂志、广告、宣传品上也无需秘书注明日期。

最后，检查附件。信件内如有附件，一般都在信末注明，在英文信中，则在正文下方打印“Enc”(Enclosure，“附件”的缩写式)，然后列出附件的名称、数量，秘书要根据它们一一对照检查附件是否齐全，如齐全，可在注明“Enc”的那页信纸边沿空白处打印上“Rec”(Received，“收到”的缩写式)；如对照检查后发现附件不齐全或一件都没有，则打印上“Enc. missing”(附件缺少)，并及时和寄信人联系核实。

（四）拆错信件的处理

有些信封上没有标明“私人信件”、“机要”、“保密”等字样的信函，如果秘书没能分辨出来，不慎拆阅了，这时，秘书应将信纸和附件全部按原样放回信封内，取一小张粘贴纸，贴在信封上，上面写上“对不起，误拆了”(Sorry, opened by mistake.)，并签上秘书姓名的缩写，连同其他邮件一起送交上司，并向上司道歉。

四、邮件登记

对收到的邮件，除印刷品、报纸杂志和私人信件外，秘书都得一一登记于专用册上，以备查考。登记册可以自己设计，如下列邮件登记表(Mail Register)：

Mail Register

Date	From/Description	Disposition		Follow—up
		To	Date	

表中的"Date"一栏填写邮件收到的月、日，月、日之间用斜线隔开，如"5/24"；

"From/Description"(来件者/说明)一栏填写来件者的姓名或单位和来件概要内容，来件者如果是熟悉的，只需填写他的姓，单位名称一般只填简称，来件内容概要一般不超过10个字，来件者的姓名或单位和来件概要内容之间用破折号隔开，如"Smith——Contract for house"(斯密斯——房屋合同)；

"Disposition"(处理)一栏，填写秘书对邮件的处理情况，即在"To"栏内填写交给了哪一部门的谁，"Date"栏内填写交给对方的日期；

"Follow—up"一栏相当于"备注"。

五、邮件的分发

不设传达室、收发室和专职收发人员的外国驻华机构和中小"三资"企业中，其秘书负责收受所有寄到单位的邮件，这些邮件包括寄给单位、上司和下属各部门的三部分邮件；设有传达室、收发室或专职收发人员的单位，寄给下属各部门的邮件由传达室、收发室或专职收发人员直接送往各部门，只将寄给公司和上司的两部分邮件送到秘书办公室。

秘书对收到的邮件登记完后，即可将报刊置于报刊架上；将介绍推销产品的小册子、目录册、广告等印刷品放于专用文件夹或文件袋中，送交有关部门，供他们参考；拆开包裹，根据里面的东西分别处理。对电报、信函等则应及时分发，邮件的分发(Sending the Mail)程序如下：

(一) 再次分类

将信件分为三类：

第一类，将根据授权由秘书自己处理的信件留下。

第二类，呈送上司处理。将这一部分信件分为急件、要件、例行公事三小类，分别归入三个规格一致但颜色不同的专用文件夹（Folder）内，分送各主管上司处理。如上司有要求，秘书呈送信件前应先阅读后注出重点部分，如商务信件中的公司名称、日期、产品名称、数量、价格等，应用尺和黄色笔（因如需复印，黄色不会在复印件上显现）在这些内容下面画出平直的横线，或在信件上用简练的文字作旁注，以提醒上司。

第三类，将应由下属职能部门处理的信件转送相关部门或人员。对一些重要的信件，转送前最好复印一份保存，以备查考。

（二）邮件摘要表

对于由秘书自己处理的信件，处理完毕后，要填写邮件摘要表（Mail Digest），记录秘书是如何办理这些邮件的，以供查考。邮件摘要表的参考式样如下：

Mail Digest

Date	From	Summary	Action Taken	Follow—up

表中的“Date”一栏填写邮件收到的月、日，月、日之间用斜线号隔开，如“5/24”；

“From”一栏填写来件者的姓名或单位，来件者如果是熟悉的，只需填写他的姓，单位名称一般只填简称；

“Summary”一栏填写邮件内容摘要，文字要精炼；

“Action Taken”（处理）一栏，填写秘书对邮件的处理情况，文字要精炼；

“Follow—up”一栏相当于“备注”。

（三）邮件转送单

邮件转送时要填写邮件转送单（Mail Routing Form），将转送单和信件一起交给对方，转送单上要注明对信件处理的要求和意见，表格可自行设计。外资企业中的邮件转送单可参考下列表格：

Mail Routing Form

Date ____________________

To ____________________

From ____________________

________For your information：return to me.

________For your information：do not return to me.

________Read and make an appointment to discuss this with me.

________Please supply me with the information needed for the reply.

________Please answer and send me a copy.

________Please indicate your comments.

Comments：

表中的"Date"一栏填写转送的月、日，如是急件，还需填写上午、下午、时、分；"To"一栏填写送往部门的简称或收件人的姓；"From"一栏填写转送者(即秘书)的姓名的缩写；下面罗列六种处理此转送信件的要求，秘书提出哪一种要求，只需在此项要求前打"√"即可。这六种要求是：

For your information：return to me. 供你参考，阅后还我。

For your information：do not return to me. 供你参考，阅后不必还我。

Read and make an appointment to discuss this with me. 阅后安排时间与我就此信件作一讨论。

Please supply me with the information needed for the reply. 请向我提供答复这份信件所需要的资料。

Please answer and send me a copy. 请答复此信件并给我一份答复信的副本。

Please indicate your comments. 请注明你的意见。

"Comments"供对方注明对此邮件的处理意见。

(四) 邮件传阅单

有些邮件需要转交给几个部门或人员，由于保密或者节省的缘故，如机要邮件禁止复印，所以，该邮件可以采用传阅的方式。秘书应设计邮件传阅单(Mail Routing Slip)，其参考式样如下：

Mail Routing Slip

Date：

Sequence	Sent To	Date Sent On

Return To：

“Mail Routing Slip”左上角的“Date”，是指秘书将此邮件送交第一位传阅者的日期；

“Sequence”是“顺序”，这一栏由秘书填写“1/2/3/4”等序数字；

“Sent To”是“送交”，这一栏由秘书填写依次传阅者的姓名；

“Date Sent On”是“送交日期”，这一栏由传阅者填写送交下一位传阅者的日期；

传阅单左下角的“Return To”是指“交还”，其后应打上秘书的姓名，说明最后一位传阅者阅毕应交还秘书。

第二节　发出邮件的处理

涉外秘书在处理收到邮件的同时，每天要发出邮件，这里的发出邮件是指以上司或秘书的名义发出的邮件。其处理程序如下：

一、打印信封

中文信封的写法为人们所熟知，在此不再介绍。此处介绍英文信封的打印法。

(一) 英文信封的种类

“三资”企业、外国驻华机构常用的公务信封有如下三种：

大号信封，其大小类似于我国的航空信封；

小号信封，其大小类似于我国的普通信封；

开窗信封(Window Envelope)，其正面开窗，以露出打印的收信人的地址、姓名。

(二) 姓名、地址的打印法

收信人的姓名、地址应打印在信封中间偏右下的位置，为此，用大号信封时，在信封左边留出10厘米左右的空白，再从信封顶端往下数到第14打印行开始打印；用小号信封时，则在信封左边留出6.5厘米的空白，再从信封顶端往下数到第12打印行开始打印。

收信人的姓名、地址至少打印成四行，最多打印成六行。以四行为例，第一行打印收信人的姓名加尊称；第二行打印收信人所在单位的全称；第三行打印该公司的地址，包括房间号、楼名、邮政信箱号码、门牌号、街或路名、城市或地区名称、州名、邮政编码；第四行打印国名。如下例：

Mr. Donman

The Portland Trading Co., Ltd.

124 Queen's Street, Chicago, IL, 60602

U. S. A.

寄信人的姓名、地址应打印在信封的左上角，为此，不论用大号信封还是小号信封，均应在信封左边留出三个字母的空格，再从信封顶端往下数到第 2 或第 3 打印行开始打印。如果信封上已经印有寄信人的单位、地址，则不必再打印了。

寄信人的姓名、地址的打印方法和收信人姓名、地址的打印方法相同。

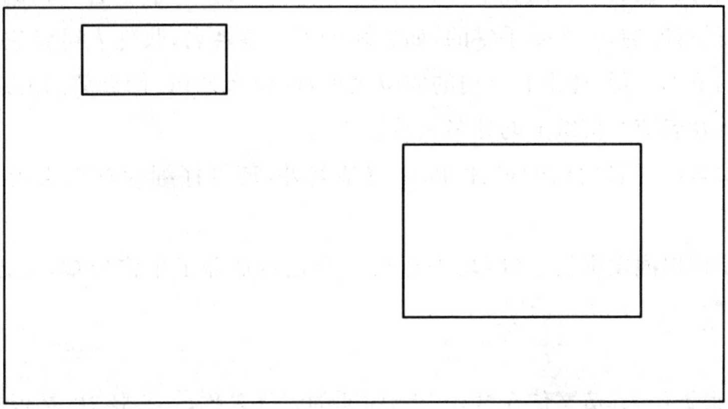

（三）邮寄标记的打印

邮寄标记（Mail Notation）常见的有 Confidential Mail（机要邮件）、Insured Mail（保价邮件）、Registered Mail（挂号邮件）、Personal Mail（私人邮件）等。秘书应当将它们全部用大写字母打印在信封的左下侧，或邮票的左下侧。除此之外，邮寄标记还应当同时打印在信纸上，只是它们既可以全部用大写字母打印，也可以首写字母用大写，其余字母用小写。

（四）注意事项

信封打印时还得注意以下问题：

第一，用规范的信封和规范的印刷体大写字体，用黑色色带打印，色度要均匀；

第二，打印收信人和寄信人的姓名、地址时，都得在左侧对齐；

第三，信封上的文字不用标点符号，只有在邮政编码是 9 位数时，可在前 5 位数和后 4 位数之间用连词号；

第四，字与字之间相隔 1—2 个字母的空格，但是，在必须用两个字母缩写成的美国州名和邮政编码之间，可相隔 2—5 个字母的空格。

二、装封前的检查

对要发出的邮件，秘书必须一一检查如下内容：

（一）地址

秘书对发出信件中收件人、发件人双方的地址都得仔细检查。双方的地址既出现在信封上，也出现在信纸上，应都进行检查。信封上收件人的姓名和地址（包括州或省、市、街名，门牌号码和邮政编码）必须准确无误，如有疑问，应当查问清楚。

公务信件应当用印有单位完整名称和地址的信封和信纸，但要注意这种信封和信纸必须是同一家单位的，以免使对方产生误解。

（二）邮寄标记

查对邮件标记，如"私人信件"、"保密"等是否既加盖于信封上，又加盖于信纸上。

（三）签名

中文信件的落款有的是单位名称，有的是上司或秘书的签名。

英文公务信件在正文下方的签名区（Signature Block）内，一般签署上司的完整姓名，并应出现两次，一次是打印的，一次是手签的，如果缺少了手签姓名，收件人可将它视为无效信件。在打印的姓名的下面一行，还得有上司的职位名称，即什么公司、什么部门的总经理、经理等。信封上寄信人的姓名应和信纸上的签名一致。

如果是秘书自己签名发出的信件，除检查签名外，还得仔细检查正文内容，保证其准确无误。

如果是以单位出面发出的信件，秘书还得检查是否加盖了单位公章，加盖的位置是否做到了"齐年盖月"。

（四）附件

查对附件，根据信末（英文信在"Enc"下）注明的附件名称，一一核对，是否齐全。

（五）日期

检查写信日期，与发信日期不能相距太长时间。

（六）抄送标记

有些公务信件除了寄给收件人外，还得让有关单位或人员知晓，需要抄送该信件的副本给这些单位、人员。在英文信件中，遇到这类情况，应在信件正文下方打印抄送标记"CC"（Carbon Copy，"副本"的缩写），下面罗列出抄送单位、人员的名称或姓名。秘书在检查中发现有"CC"标记的信件，应复印若干份，分寄这些单位或人员。

三、信件的装封

信件经检查无误后，即可装封，装封有如下要求：

第一，要考虑到保密，应将信纸上打印有文字的一面向里折叠；

第二，要考虑到自己折叠时和对方拆阅时的方便；

第三，要整体装封，即如有多页信纸或附件的话，要按顺序折叠成一叠，不能单页各自折叠；

第四，要考虑美观，将信纸折叠得平整。如果用的是大号信封，可将信纸按纵向折叠成三层；如果用的是小号信封，可将信纸先按纵向对折，再按横向折叠成三层；如果用的是开窗信封，信纸折叠法和大号信封一样，但要在信纸反面打印上收件人的姓名、地址，并显露于窗口。不管哪一种折叠法，都应在信封开拆的一端留出5—6厘米空间，以方便收信人开拆。

上述程序完成后，秘书对要发出的信件予以登记，填写在发出邮件登记簿上。如果发出的信件很多，秘书还得将信件分类，如本地区的、国内的、国外的，分类捆扎，以提高发出速度。然后将信件送给收发部门或亲自去邮局投寄。

第三节　电子邮件的处理

电子邮件指通过互联网发出和收到的邮件，包括我们通常所称的 E-mail、电传、传真。它们是当今社会流行的新通讯方式，尤其以 E-mail 的使用最为普遍。

E-mail（Electronic Mail，电子邮政），它是一种运用电脑，通过信息高速公路传送和接收的通信方式，是 Internet 应用最广的服务。通过网络的电子邮件系统，用户可以用非常低廉的价格、快速的方式（几秒钟之内可以发送到世界上任何指定的目的地）与世界上任何一个角落的网络用户联系，这些电子邮件可以是文字、图像、声音等各种方式。同时，用户可以得到大量免费的新闻、专题邮件，并实现轻松的信息搜索。

电传也称用户电报，是通过电传打字电报机和用户直接联系的现代通讯方法。电传机和普通外文打字机相似，但装备有遥控设备，可以通过电路互相控制。每按一下，既可以在本机上打印出文字，又可以自动控制另一方电传打字机，使它同时打印出相同的文字。电传具有方便迅速、操作简便、自动接收、高效经济的优点。

传真是通过传真机将文件、资料、图像迅速、准确地传送到目的地的现代通讯手段，它还可以被用来进行业务洽谈，举行远程会议。其操作简单，可以按事先设定的时间发送资料，可以自动拨号。它是目前通讯中最受欢迎的方法之一。

电子邮件是当今社会使用最广泛的通讯方式，外企人士平时业务和私事交流首选电子邮件，而不是手机，事无巨细都要通过电子邮件传达。外资企业的秘书每天收到的电子邮件，少则几十封，多则一二百封，还得回复或发出不少电子邮件。因此，如何准确、高效地处理收到和发出的电子邮件，是涉外秘书应具备的新的基本功。对于外企新人而言，学会恰当地收发电邮，包括使用电邮的各项功能、发送电邮的格式，是门学问，而电子邮件的处理，很多规矩都是约定俗成而不成文的，需要刚入职的新人慢慢领会。

一、电子邮件的处理

电子邮件给秘书的工作带来极大的方便，在收发处理时秘书应当认真仔细，既有利于工作，又能从中表现出秘书自身良好的个人素质及单位的形象。在此介绍一些电子邮件的处理经验。

（一）按轻重缓急处理

每天都有那么多邮件处理，首先要辨认发件人，分清公司内部、外部邮件，业务和非业务邮件，分主次处理，将上司与重要客户的邮件第一时间回复。一般而言，电邮中写明“FYR”的，即该邮件和工作相关，所提内容供参考；写明“FYI”的邮件，内容则更为广泛，有时还有些笑料等，相对更为轻松。此类邮件一般都不需回复。

此外，收发上级邮件也得格外注意。有些事情超出了秘书的权限，就要将邮件转发给上司，请求上司批示。有些不需要批示，只是在邮件中给上司提供信息。这时，仅仅写“FYI”是不合适的，因为“FYI”更适用于平级或者上级到下级。

（二）仔细斟酌“抄送”、“密件抄送”、“转发”

1. 是否要“抄送”

为便于沟通，写邮件时，项目的利益相关方都应抄送一份。

有一个客户的项目上报给老总，秘书就转呈给了上司，但由于粗心，漏了“抄送”给某几位同事，结果被老总叫去，批评了一顿，说“这个项目需要大家通力合作，相关同事都得知情”，秘书只能认错。

写邮件时，可以不仅将邮件抄送给自己的上司，还抄送给上司的上司，让大领导对自己的表现一清二楚。此外，秘书叫别的部门的同事帮忙时，也可以将邮件抄送给这位同事的上司。这是生怕同事不乐意，让他上司知道自己有事相求了，碍于上司的面子，他也会出面帮忙。

2. “抄送”的先后顺序

抄送时应以收信人的职务高低为顺序。

一封邮件既要抄送给同事，又要抄送给上司，应当先抄送上司的电邮地址，以显示对他的尊重。

3. 密件抄送

机密和敏感的话题不应用普通电子邮件发送，因为它不够保密，要用专门加密的发送渠道。

不宜让他人知道的抄送件，应用密件抄送。

比如，有些项目秘书要汇报给上司，但因为秘书的实习生也参与其中，秘书就要将文件以密件抄送的形式发送给上司，不能将实习生和上司的邮箱地址并列。

如果公司中的相关部门之间有隔阂，为了不增加矛盾，写邮件时宜用密件抄送。

4. 谨慎转发

平时秘书不能将鸡毛蒜皮的事情都发送给上司，要拿捏好分寸。

有些邮件就像部门之间的“口水战”，随便“转发”，就等于把自己也拖下了水。所以，对于那些被“转发”了好几轮的邮件，浏览后，直接过滤掉，避免卷进可能的“口水战”。

此外，秘书要天天检查自己的邮箱，及早回复。主要邮件发出后还得电话确认。

二、编写电子邮件的要领

（一）标题

增添邮件标题是电子邮件和普通纸质邮件的主要区别，在标题栏里用短短的几个字概括出全部邮件的内容，便于收件人权衡邮件的轻重缓急，分别解决。

标题要提纲挈领、简洁明快，切忌采用含意不清、随便或散漫的标题，如“嘿！”或是“收到”。回复的邮件，一般在对方来信主题前加“回复—”即可。如能重新增添、更换邮件标题也行，如“来自××公司的邮件”及年月日，以便对方准确了解及保存。

（二）合体的称谓

尽管电子邮件自身已表明了邮自哪里，寄与何人，但在邮件中注明收信者的职衔、姓氏及寄件者大名乃是必须的礼节，包括在信尾注明寄件者的通讯地址、电话，以方便与收信者联络。越是大型的公司，越要重视在邮件地址中注上收件人的职衔、姓氏，同时在邮件的结尾增添个人签名栏。

（三）内容

针对需要回复及转寄的电子邮件，内容要简明扼要、斟词酌句地表达。电子邮件能否作为证据，我国目前尚无规定，但电子邮件广泛运用于现代经济社会却是不争的事实。电子商务、电子教育、电子政府等是现代信息社会的产物，我国《合同法》第十一条"书面形式是指合同书、信件和数据电文（包括电报、电传、传真、电子数据交换和电子邮件）等可以有形地表现所载内容的形式"的表述，已将电子邮件列为书面合同的一种形式。所以，发电子邮件时务必注意内容的合法、真实、准确无误。

（四）结束语

一般电子邮件的文体格式应该类似于书面交谈的风格，结尾要有问候语，问候语可以随意一些，比如"以后再谈"、"祝你愉快"等；也可以什么都不写，直接注上本人的姓名。然而，假如你写的是一封较为正式的邮件，还是要用正式信笺的文体，结尾要有祝福语或期盼语，如"顺致时祺"、"即颂台安"等。

（五）注意礼貌

互联网把世界变成小小的地球村，人们交往的习惯变得相互尊重，互相趋同。电子邮件的往来也应该尊重对方的习惯，尊重大众认可的礼貌习惯，如切忌全文用英文大写字母写，显得太强势，甚至暗示寄件人懒得运用正确的文法。又如，措词宜婉转、礼貌，可以通过使用虚拟语气、委婉语气等方法表达观点、提出要求，使对方易于接受。

三、传真收发的操作

收发传真件是秘书的一项重要通讯业务。

（一）传真机的主要功能

1. 传真：通过传真机，能很快将文字、图片等的原样传送给对方。

2. 复印：现在大部分传真机有复印功能，可以复印文字和图片，但效果没有复印机好。

3. 放大缩小：传真机在收发文件时，可以根据需要将原件放大或缩小。

4. 自动转移：传送文件时，如遇传真机正在工作，它能将信号转移至其他终端上，避免信号的漏接。

5. 自动接收：传真机在无人管理的情况下，只要加以设定，就能自动应答，自动进行图文接收。

（二）发出传真

1. *拟写文稿*

把需要发送的内容按照正式文稿的格式誊写好，如公文格式等。如果传真业务比较多，可制作专门的传真文件表，使用时只需填写相关内容即可。

2. 发送

把准备发送的资料内容朝下放入传真机的进纸口，然后拨叫对方传真机号码，如果对方是自动接收的，会听到长鸣声；如果是人工接收的，请对方给个信号后也同样会听到长鸣声，然后再按传真机上的“启动”键或“传真”键，挂上电话即可。

3. 登记

重要的文件或资料，应建立收发登记制度，制作传真发文登记簿，以便日后查看。

4. 归档

重要的文件或资料，应加编号并妥善保存，于年底立卷归档。

（三）接收传真

1. 接收

当接到电话说要发传真后，秘书按传真机上的“启动”键或“传真”键，之后挂上电话，随后就会看到传真纸自己走出来。收传真时要确保传真机里有足够的传真纸能够接收传真，否则会误事。

2. 登记

重要的文件或资料要进行登记，应建立严格的收文登记制度，以备查找。

3. 处理

秘书应根据传真内容尽快处理相关事宜，属于自己职责范围内的，迅速跟进；需要领导签字的，尽快通知收件人，确保传真得到快速高效的处理。

（四）电脑收发传真

如果电脑装有调制解调器（Modem）及其驱动程序，而且操作系统为 Windows 2000 以上版本，就可以实现电脑收发传真，而且更加简单方便。

1. 设置

Windows 2000/XP 及更高版本的软件里已自带了一个传真软件，而且非常好用，操作也很简单。依次点击“开始→程序→附件→通讯→传真→传真服务管理”，打开“传真服务管理”对话框，点击“设备”，右边即会出现计算机的 Modem，双击 Modem，即会打开该 Modem 的属性对话框，在“常规”选项里选中“启用发送”。

2. 发送

完成了以上的设置，就可以在 Word 里直接发送传真了。打开一篇需要发送传真的 Word 文档，依次点击“文件→发送→传真收件人”，打开“传真向导”对话框，只需按下一步提示操作就可以完成。

3. 接收

如果有传真进来，Windows 自带的传真软件会自动接收。依次点击“开始→程序→附件→通讯→传真→传真服务管理”，打开“传真服务管理”对话框，点击“设备”，右边即会出现 Modem，双击 Modem，即会打开该 Modem 的属性对话框，在“常规”选项里选中“启用接收”，并设置“应答前响铃次数”，如设置电话铃响 5 次还无人接听，就会自动转为接收传真模式。还可以设置将接收内容保存在硬盘里或者用打印机将传真的内容直接打印出来。

思考题

1. 五分法是什么？
2. 哪些邮件秘书不宜开拆？
3. 英文大号信封应怎样打印？
4. 编写电子邮件有何要领？
5. 如何用电脑收发传真？

第四章　印 章 管 理

涉外秘书是单位的“掌印人”，负责印章的保管、使用；秘书日常收发的大量文件、函件上都有加盖的印章，所以，秘书必须了解印章知识，懂得如何保管、使用、识别印章。

第一节　印章的作用和种类、式样

一、印章的作用

印章是“印”和“章”的合称。古代也叫印信。据考证，我国西周时期已经出现了印章，古代帝王所用者称“玺”，官吏所用者叫“印”，非永久性用者叫“关防”，私人用者称“私印”。自民国始，凡行政系统内的机关具有永久性者皆用印，任职的机关长官再发小章，印由印铸局制发。现在各级各类国家机关、社会团体、企事业单位皆用“印”，相应的领导人皆用“章”。“三资”企业和涉外单位也一样。

印章具有如下作用：

（一）权威作用

各级各类政府机关、社会团体、企事业单位都是依法按照一定的程序成立的，具有一定的权威，印章是它们权威的象征，代表着该组织的合法权力，因而具有权威作用。

（二）凭证作用

凭证作用是指印章代表一个组织对某人身份、情况或某事物予以肯定、证明。

公文与各种来往函件，必须盖章才有效，介绍信亦然。这样，印章具有普遍的凭证作用。盖了印章，文件就能获对方信任，并照此办理；不盖章则无效，不盖章的文件会失去对方的信任，也就不具备凭证作用。

二、印章的种类

印章按照它们的性质、作用、质地可分为如下几类：

（一）正式印章

指按照法定程序，由上级机关、主管部门正式颁发或同意刻印，代表拥有该印章组织职权的印章。

（二）专用印章

专用印章是各级各类组织为履行某一项专门职能，经一定手续批准，颁发给该专门部门使用的印章。它不代表整个组织，只代表组织下属专门部门的职权，如财务专用章、业务专用章等。

（三）套印章

指按照正式印章或专用印章的原样复印而成，专供印刷之用的模印。它主要用于印刷需加盖印章的文件，颁发、张贴的《布告》、《通告》等，以制版印刷的方式代替手工盖印，使用于大宗公文的用印。

（四）钢印

指以钢铁制作的印章。它使用加压设备，采用模压方法盖印，只显示凸出的印样、印文，而无颜色，用于加盖各种证件，一般加盖于证件与照片交接处。

（五）万次印

指使用可达万次以上而不需要沾印泥的印章。它字迹清晰美观，不变形，使用方便，可连续使用3万次以上，随印随干，永不褪色，制作工艺先进，一次成型，不宜被仿造。万次印又可分为两种：

1. 原子印

是用特殊材料，采用现代排版、制版技术，先制成印版，再将原子油与印版经热压固化后制成印章，属液体压铸。

2. 渗透印

是采用特殊材料经热压成型，再注入印油后制成印章，属固体压铸。

渗透印相比原子印有一个优点，即当第一次注入的印油使用完后，还可以第二次注油，这样，可延长印章的使用寿命。推广万次印是我国今后印章行业发展的方向。万次印能适应办公现代化的需要，更好地发展印章在秘书工作中的作用。万次印的刻制手续及有关要求同一般印章一样。

（六）手章

手章指组织领导人个人姓名之印章，在有些凭证上须同时加盖公章和手章才有效。如“三资”企业使用的支票上，除了须加盖专用印章，还得加盖主管上司的手章。

（七）名章

指刻有个人姓名的私人印章，它代替手写姓名，加盖个人名章可作为对某事负责的凭证。

（八）戳记

指具有标识性质的印章。它字迹粗而醒目，常加盖于显要位置上，起提示作用。如财务单据上的“现金收讫”，文书上加盖的“急件”、“密件”等。

三、印章的式样

（一）基本式样

国务院对印章的形状、规格尺度、样式、字体和制发的权限等都作过明确的规定。国家机关和一般企事业单位的印章为圆形，中央刊国徽或五角星；印文使用机关或单位的法定名称，自左而右环行；印文一律用宋体字和规范简化字，民族自治地方的自治机关和人民法院印章的印文，应将汉文和当地通用的少数民族的文字并列；印章的质料，由制印机关根据当地的物质和技术条件自行选定。

（二）八大类印章的规格

就目前我国大陆印章而言，大致分如下八大类规格，其中各级国家机关的印章和一般企事业单位的印章规格，国务院有明文规定，对“三资”企业印章的规格要求则比较宽松，兹介绍如下：

1. 国印：直径7厘米，中央刊国徽，国徽外刊“中华人民共和国”7字，自左而右环行；由国务院监制，报送中华人民共和国主席启用。

2. 国务院、最高人民法院、最高人民检察院的印：直径6厘米，中央刊国徽，国徽外刊机关名称，自左而右环行；由各该机关自制。

证　书

×××同志：

为了表彰您为发展我国高等教育事业作出的突出贡献，特决定从一九九三年十月起发给政府特殊津贴并颁发证书。

中华人民共和国国务院

国务院

政府特殊津贴第(93)9310×××号　　一九九三年十月一日

3. 国务院各部、各委员会、各办公室、秘书厅、各直属机构的印，省、直辖市人民政府的印，自治区、自治州的自治机关的印：直径5厘米，中央刊国徽，国徽外刊机关名称，自左而右环行；由国务院制发。

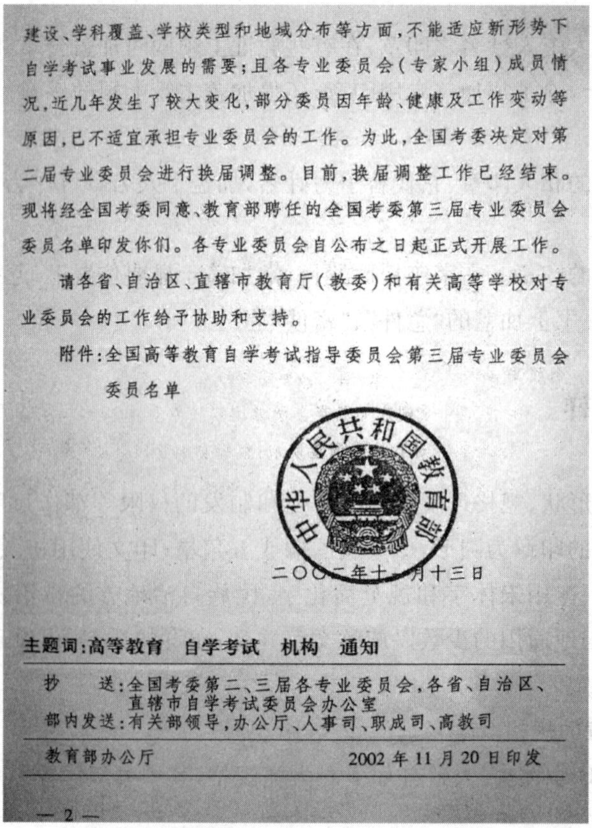

建设、学科覆盖、学校类型和地域分布等方面，不能适应新形势下自学考试事业发展的需要；且各专业委员会（专家小组）成员情况，近几年发生了较大变化，部分委员因年龄、健康及工作变动等原因，已不适宜承担专业委员会的工作。为此，全国考委决定对第二届专业委员会进行换届调整。目前，换届调整工作已经结束。现将经全国考委同意、教育部聘任的全国考委第三届专业委员会委员名单印发你们。各专业委员会自公布之日起正式开展工作。

请各省、自治区、直辖市教育厅（教委）和有关高等学校对专业委员会的工作给予协助和支持。

附件：全国高等教育自学考试指导委员会第三届专业委员会委员名单

中华人民共和国教育部

二○○二年十一月十三日

主题词：高等教育　自学考试　机构　通知

抄　送：全国考委第二、三届各专业委员会，各省、自治区、直辖市自学考试委员会办公室

部内发送：有关部领导，办公厅、人事司、职成司、高教司

教育部办公厅　　2002年11月20日印发

— 2 —

4. 县、市人民政府的印，自治县的自治机关的印：直径4.5厘米，中央刊国徽，国徽外刊机关名称，自左而右环行；由国务院制发。

5. 市辖区、乡、民族乡、镇政府的印：直径4.2厘米，中为五角星，不刊国徽，内刊机关名称，自左而右环行；分别由省、直辖市人民政府或者自治区的自治机关制发。

6. 国务院各部、各委员会所属各工作单位和管理机关的印，地方各级国家行政机关的印，各国营和地方国营的工厂、矿山、农场、商店等企业机关、各级学校和各种文教事业等机关的印：直径4.2厘米，中为五角星，不刊国徽，内刊机关名称，自左而右环行；分别由各部、各委员会、地方各级国家行政机关制发或由各部、各委员会、地方各级行政机关另行规定制发办法。

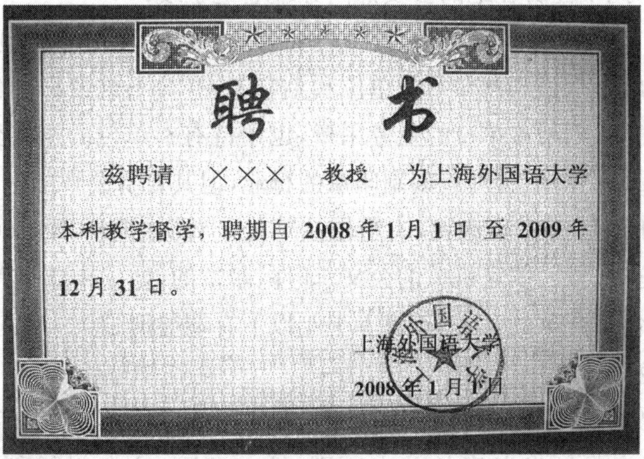

聘　书

兹聘请　×××　教授　为上海外国语大学本科教学督学，聘期自2008年1月1日至2009年12月31日。

上海外国语大学

2008年1月1日

7. 国务院各部、各委员会的办公厅的印，地方各级国家机关的办公厅（办公室、秘书室）的印：直径4厘米，不刊国徽，内刊机关名称，自左而右环行；由各机关自制。

8. “三资”企业和涉外单位的印：“三资”企业和涉外单位的公章有圆形、椭圆形、方形三种，以圆形为多。印文可用外文，也可并用中文和外文，中文多用宋体和繁体字，如中外文并用，外文占上方，中文占下方，并且都自左至右环行或横行。也有的“三资”企业的公章除上方刻有外文外，中间还有一条横线，横线下方刻有“总经理”几个字，用印时须同时有总经理的签名才生效。见下图：

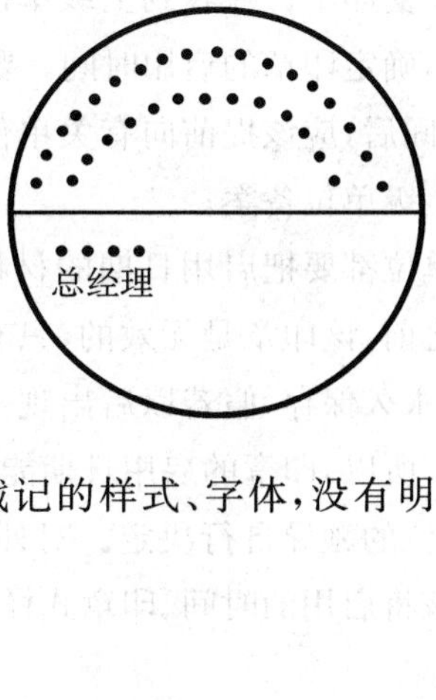

至于专用印章、手章、名章、戳记的样式、字体，没有明文规定，可按需要和习惯而自行确定。

第二节　印章的产生和使用

一、印章的刻制、颁发和启用

（一）印章的刻制

印章的刻制是印章管理中的一个重要环节，它有如下要点：

1. 不论刻制哪一级单位的印章，都要有上级单位批准成立该单位的正式公文；

2. 刻制印章时，必须由本机关、本部门申请，开具公函，并详细写明印章的名称、式样和规格，经上级机关批准，到单位所在地的公安部门办理登记手续；

3. 印章必须在持有公安部门颁发的特种行业营业执照的刻字单位制作；在刻制过程中，要严格按保密程序办事，承担刻制印章的单位和刻字者，一律不许留样和仿制；本单位不许自行刻制自己单位的印章，刻制本单位的业务用章，也须持有本单位的正式公函，刻字单位才能办理刻制手续。公安部门虽然管理着刻制印章的行业，但其自身公章的制发，也必须按规定办理。对于伪造印章和使用伪造印章者，应当依法惩处。我国《刑法》第280条规定："伪造、变造、买卖或者盗窃、抢夺、毁灭国家机关的公文、证件、印章的，处三年以下有期徒刑、拘役、管制或者剥夺政治权利；情节严重的，处三年以上十年以下有期徒刑。"

（二）印章的颁发

上级单位给下级单位颁发印章时要注意：颁发印章的对象，必须是有使用印章的实际需要的法定机构，这两点是颁发印章的基本原则，缺一不可，这在刻制印章之前就应该严格审查。

颁发印章时，要严格履行颁发手续，确保安全。特别是正式印章的颁发，更应该郑重其事，安全可靠；即使是其他印章，也不能滥制乱发。

制发印章单位颁发印章时，要进行详细的登记，并要留下印模。颁发印章的方法，可以派专人送给受印单位，也可以打电话通知受印单位派专人领取，取送印章要按照取送机密文件一样对待，取送重要印章时必须两人同行。

（三）印章的启用

指印章从何时开始生效使用。受印单位在收到上级单位颁发的印章后，是不能随便启用的，应该从便于工作的衔接上考虑，确定印章的启用时间。要注意两点：

第一，在选择好启用印章的时间后，应该提前向有关单位发出正式启用印章的通知，注明正式启用日期，并附印模，同时报上级单位备案；

第二，颁发机关和使用机关、单位都要把启用日期的材料和印模立卷归档，永久保存。在启用印章的通知规定的启用日期之前，该印章是无效的，只有在规定日期开始后，印章才能使用。要强调印章的启用日期，并要永久保存，假若以后出现一张票据或证明，它的日期在印章启用之前，那么，它显然是无效的。所以，印章的启用日期能起辨别文书真伪的作用。

业务用章的启用，可以由各单位的领导自行决定。对外产生效用的印章，如财务专用章、收发文件专用章等，在启用时，应该将启用的时间、印章式样通知有关单位。

二、印章的保管

印章的保管包含两方面内容：

第一，选择好单位印章放置的地方，一般放在单位的机要室或办公室较好。如该单位不设机要室或办公室，则应指定专人负责印章保管，并存柜加锁；

第二，选择好管理印章的人员。应选择政治素质好、保密观念强、敢于坚持原则的人员来保管印章，一般来说是由秘书保管。

印章的保管应建立严密的制度。单位、机关办公室负责人要对本单位或本机关有哪些印章及由哪些人负责保管心中有数。要建立印章保管登记册，载明印章、印文、印模和保管人姓名等项。印章保管人员应该明确责任，保证印章的正常使用和绝对安全，防止印章被滥用或盗用。按保密要求，印章保管人员不得委托他人代取代用印章。保管印章要牢固加锁，防止被盗。用完印章后要随手锁好，不能图省事而将印章随意放置在办公桌上或敞开保管柜。对于印章被盗用而产生的后果，保管人员应负法律责任。

印章保管人员还要注意保养印章，及时进行清洗，以确保盖印时清晰。印章使用的时间一长，表面就会被印泥渣子糊住，使盖印时字迹不清楚，难于辨认。保管人员可以先把印章浸湿，擦上肥皂或洗衣粉，再用小刷子或旧牙刷反复在清水下刷洗，就可除去印泥渣子。

三、印章的使用

秘书在用印时要依照如下规定：

（一）检查上司批准用印的签字

秘书用印时，首先应检查是否有机关、单位负责人批准用印的签字。原则上，机关或单位都制定有关于用印的规定，用印应由这个机关或单位的有关负责人批准。但是，有的机关或单位为避免使领导人陷入一般性行政事务，对一些不涉及重大问题的事项用印时，如开具一般性证明等，往往将权力下放给办公室负责人或秘书，这也应该有一定的规定范围，超出范围的用印，应当由领导人批准。

（二）审阅用印内容

秘书应审阅、了解用印内容，不能不看内容就盲目盖印。同时，还要检查留存材料是否齐全。如实在没有留存材料的，要详细地记载用印情况。这主要有两种情况：

第一，机关或单位领导人在某份文字材料或文件上签注了意见，需加盖公章的，应详细登记，注明何人在什么文件上签注了什么意见，发往何处等；

第二，为了证明某人为某机关、单位职工而加盖公章。这种用印显然不用留底，但也得进行登记，不能随便拿来就盖，因为加盖公章后就起着凭信作用，是要对此负责的。

（三）登记

每次用印都应进行登记。登记项目包括：用印日期、编号、内容摘要、批准人、用印单位、承办人、监印人、用印数以及留存材料等。

除了机关或单位的介绍信有存根，发文有发文登记簿而不用登记外，其他每次用印，不论大事或小事，都应进行登记。登记栏目可参考下表：

用　印　登　记　簿

月/日	编号	内容摘要	批准人	用印单位	承办人	监印人	用印数	留存材料	归存处所

(四) 盖印

对公文、函件经过上述审查、登记以后，即可按要求加盖印章。盖章时精神要集中，用力要均匀，使盖出的印章端正、清晰、美观，便于识别。印章文字不能歪斜或颠倒。

以单位名义发出的公文、函件必须加盖单位的印章；机关的正式公文只在文末落款处盖章；带有存根的介绍信、证明信或公函等要盖两处印章：一处盖在落款处，一处盖在公函与存根的连接线上。

凡是在落款处加盖的印章都要端正盖在成文日期的上方，并做到上不压正文，下压成文日期年、月、日中 4—7 个字（视印章大小而定），俗称“齐年盖月”。见下图：

如果在日期上方有发文机关落款，按目前通常做法，印章应该压在发文机关和成文日期上面；如没有机关落款，只要印章下压年、月、日即可。

印章加盖在文书的不同位置以及在文书处理的不同环节中，其作用各不相同，其名称有：

落款章——盖于文书作者落款处，表明法定作者及文书的有效性。凡文书都应加盖落款章，无印的机构可以借印。如派出机构可以借用所驻机关(单位)的印章，共体机构(如在水利局设抗洪指挥部)可借用实体机关(水利局)的印章等。

更正章——对文书书写中的脱字、多字、错字、颠倒进行改正后，要加盖更正章，以作为法定作者自行更正的凭信。一般不要使用刊有“校对”字样的小印章作为更正专用章，以杜绝作弊现象。

证见章——对以他人名义出现的文书盖章作证。如两单位签订合同，须请双方上级主管部门加印证见；旁证材料由旁证人所在单位证见；摘抄档案内容要由档案保管部门证见。

骑缝章——介绍信与存根衔接处须骑缝加盖印章，以便必要时查核、对同。

骑边章——重要案件的调查、旁证、座谈记录等材料，很多是由调查人自做笔录，为完备手续起见，除了应由当事人盖落款章，所在机关盖证见章外，还必须将该材料多页沿边取齐后均匀错开，从首页到末页，骑各页之边，加盖一完整公章，以证明该材料各页是同时形成的，杜绝日后改易之弊。

弥封章——在公文封套的封口处加盖公章，以确保在传递中无私拆之弊。调查档案时，于封口处以盖有印章的纸条加以弥缝密封。

封存章——在封条上加盖印章，以封存账册、文件橱、财物、仓库、住房等。常在节假日前夕或特殊情况下使用。

(五) 整理留存材料

整理留存材料时，把用印留存的材料进行编号整理，归卷备档，对其中具有查考价值的，要在年终整理立卷时归档保存。一般用印要保留的材料有：一般信件应保留领导人签批的草稿；协议书、合同应保留一份文本；毕业证书、荣誉证书等各类证书要附有颁发文件或领导人批准的书面材料、名册及证书的样本，要逐一核对证书与名册的姓名是否相符，并清点证书数量与名册的人数是否相同。

四、用印注意事项

(一) 不在空白凭证上盖印

一般说来，印章管理人员不允许出现盖有印章的空白凭证，因为他对于印章使用的后果负有责任。但在有些特殊情况下，需作特殊处理，比如，有的业务部门以领导机关的名义颁发凭证，如土地使用证等，需要事先加盖领导机关的印章或套印，然后再填发。在这种特殊情况下，就按以下要求进行处理：

第一，要有机关领导人的特别批准；

第二，此类凭证要有指明用途的特定格式，除了这种指定的用途以外，不能再用作别的凭证；

第三，此类凭证要逐页编号，最好将它装订成册，并须有存根；

第四，领导机关的印章管理人员对于此类凭证只作宏观上管理，即只办理领取登记的手续。登记的项目包括：凭证名称、起止号码、张数、领取人签名等；

第五，此类凭证的具体管理，应由领用部门负责，领用部门要派专人负责管理，填发时应履行批准手续；

第六，常见的一页公文纸上只写有几行字，下面大部分是空白。为防止有人添加伪造内容，可加盖“此处空白”的戳记（指具有标识性质的印章）。如下图：

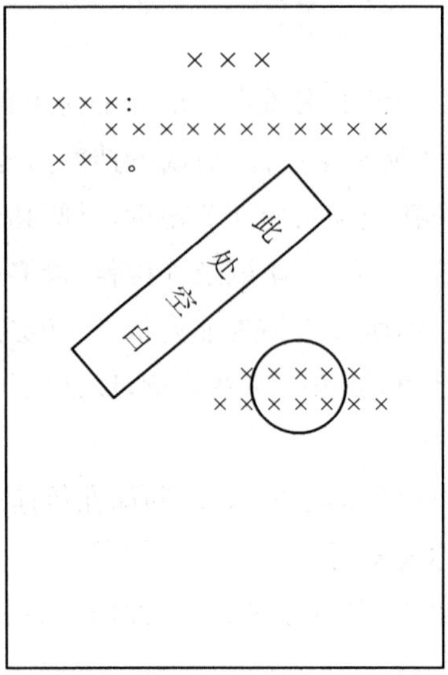

(二) 在办公室用印

使用正式印章要在办公室内，一般不能将印章携带出机关或单位使用。印章不能脱离印章管理人员的监督，在印刷厂套印有机关印章的文件时，应有印章管理人员在现场监印。这个问题还没引起一些机关、单位的足够重视。比如，两个单位发联合通知，需要套印机关印章，主办机关派人到另外一个机关“借”印章到印刷厂套印，这种做法是不对的，因为印章不是一般的物品，印章使用后，机关、单位都要对此负责任，它是不能随便借用的。正确的做法应该是：主办机关请另一个机关的印章管理人员携带印章，一同到印刷厂监印。

第三节　印章的停用、销毁和介绍信管理

一、印章的停用和销毁

(一) 印章的停用

单位印章在该单位名称变更、机构撤销、式样改变或其他情况时，应停止使用。应该按照上级规定及领导的指示，认真负责地做好印章停用后的善后工作。首先要发文给与该单位有业务往来的单位，通知已停止印章的使用，并说明停用的原因，标明停用的印模和停用的时间。其次要彻底清查所有的印章。停用的废印章不能在原单位长期留存，要及时送交颁发单位处理。

正式印章停用或作废并启用新章时，要发废止旧章、启用新章的通知。通知除了文字说明外，还得配上图识，图由两个并列的方框组成，作废的旧章印在红色框内，在旧章上打上“×”，表示作废；启用的新章印在蓝色框内，表示刚刚启用。见下图：

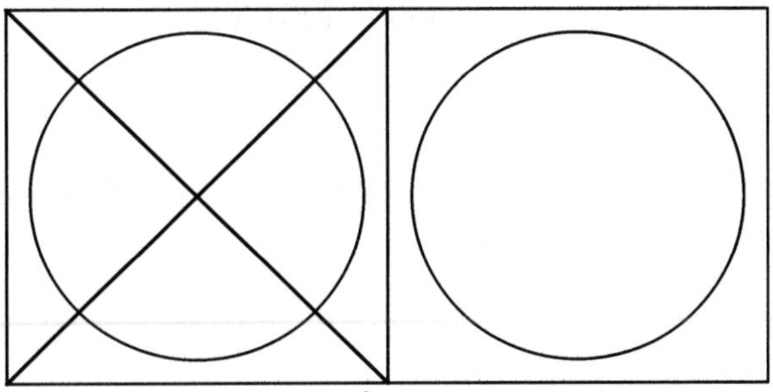

作废印章　　　　　　新印章

按规定，旧章停用后，已失去原有的法人标志，不能作为机关、单位职权的象征和凭证。在特殊情况下，必须使用原单位名称时，如某人毕业于某大学，后来该大学改名，而此时此人准备出国留学，需要出具该大学有关证明，要求同此人原来持有的毕业证书等材料上的学校名称相符。在这种情况下，也要坚持原则，必须使用新印章，不能使用旧印章。但是可到公证处进行公证，公证"××"单位就是"原××单位"。这样，既遵守了印章使用制度，又作出了灵活处理。

因单位名称变更或改变隶属关系使旧印章停用，而新印章又没刻制出来时，若有些工作急需使用印章，可以采取代章的办法，即用其他的印章代替应使用的印章。代章的手续与正式印章相同。代章要在落款的后面注明一个"代"字。另外，党政机关之间代章必须是同级或是上级代下级，下级或者没有任何关系的单位一般不能代章。

（二）印章的存档和销毁

旧印章停用后，应清查全部印章，并把清查结果报告领导，请领导审定旧印章销毁的办法。根据领导的批示，分不同的情况处理，一般有三种处理方法：

第一，上缴颁发机构切角封存。

第二，由本单位自行销毁。

第三，对于那些重要单位的、具有保存价值的印章，由本单位填制作废印章卡片，连同废印章一起交给当地档案馆（室）或博物馆保存。

销毁废旧印章，必须报请单位负责人批准，销毁时要有主管印章的人员监销。所有销毁的废旧印章都要留下印模保存起来，以备日后查考。

二、介绍信管理

介绍信是机关、企事业单位向有关单位介绍前去联系工作的人员的情况与任务的一种专用信件。它的作用是证明身份和说明任务。

（一）介绍信的种类

介绍信有三种类型：

第一种，存根介绍信，用铅字印成，分为两联，一联是存根，另一联填写后供外出人员使用，两联中间有虚线，并有骑线的编号。存根介绍信要盖两处印章：一处盖在落款处，一处盖在公函的骑缝线上，即加盖骑缝章。见下图：

NO. ××××　　　　　××××**公司介绍信(存根)**

×介字【20　　】第×号

________：

兹介绍我公司__________等_____位同志前往你处联系____________

____事宜。

×年×月×日

(有效期×天)

……………………………………………………………………………………

NO. ××××

××××**公司介绍信**

×介字【20　　】第×号

________：

兹介绍我公司_______等_____位同志前往你处联系__________事宜,请接洽并予协助。

此致

敬礼!

(印章)

×年×月×日

(有效期×天)

第二种,专用介绍信,如学校推荐学生去寻找实习单位或就业单位的介绍信,它是指明单一用途的专用介绍信,有特定的样式和内容。

第三种,普通介绍信,多为联系某项工作和事项所用,因其内容较多,用印制的介绍信说不清楚而采用这种介绍信。它通常用单位的公用信笺写,需另外登记,并装入信封。

(二)介绍信使用注意事项

介绍信使用的范围极广,一方面,它是一种凭证和依据,是一种标准化与简化了的“公文”,可以在办理比较郑重的公务时说明当事人的身份;另一方面,由于介绍信只能介绍身份及简要地说明联系的任务,因而也容易产生许多弊病,而且容易遗失和被伪造、假冒。因而,在开具介绍信时,秘书应注意如下几点:

第一,填写前,必须先经过主管领导的批准,否则不得填发,填写时写清派遣人的真实姓名和身份,内容要简明扼要,但所联系办理的事情必须具体、清楚,以防介绍信被滥用,介绍信书写要工整,一般用毛笔或钢笔书写,不许使用铅笔或红色的墨水书写,不许涂改,如果必须修改,要加盖更正章。

第二,一封介绍信只能写给一个单位,并且不许开空白介绍信。

第三,介绍信应该有编号和骑缝章,存根要与信的内容一致,并予以归档,保存期为五年。

第四,因为情况变化,持介绍信者没有使用介绍信,则应该及时退还,将它贴在原存根处,并说明情况。

第五，如果发现介绍信丢失，持有人应该立即向机关、单位反映，并及时采取相应措施。对于介绍信的使用情况，应该定期进行检查，以保持介绍信的严肃性。

（三）普通介绍信的格式和写法

普通介绍信的格式和写法如下：

标题　应在首行写（或印）明“介绍信”三字，也可不写。在信件开端处，顶格书写受文单位或受文人的称呼，也可以将受文单位的称呼写在信件的最后一行，要顶格写，但同时须在其上一行写“此致”二字。

正文　要空两格写，介绍派遣人的姓名、身份，以及前往办理的事项和向接洽机关、单位提出的希望和要求。

正文写完后，另起一行，空两格写“此致”，下一行顶格写“敬礼”，以表示对对方的感谢。如果采用受文单位名称在文尾的格式，则“此致”下一行要顶格写受文单位的名称。

最后，另起一行落款，写发出介绍信的单位名称，再起一行，在署名下面写清年、月、日，还要写明介绍信的有效期限。再加盖公章，做到“齐年盖月”，并加盖骑缝章。沿虚线将介绍信同存根裁开，将介绍信交给派遣人。

三、如何鉴别假印章

针对社会上一些不法分子私自制作假印章，使用假公文、假证明、假证件、假介绍信行骗的现象，涉外秘书在处理文书、接待交往中，应当像银行工作人员善于识别假币那样，善于识别文书、证明、证件中加盖的印章的真伪。其鉴别的方法如下：

第一，鉴别式样，即仔细观察印章的形状、规格，线条的粗细、光滑程度；

第二，鉴别字体，即检查印文中的字号、字形、比例、字距、位置；

第三，鉴别图案，即观察印章中国徽或五角星图案的制作是否精美，线条是否紧密，几何尺寸是否均衡准确；

第四，检查盖印方式，即查看是先写成文书，再加盖印章（俗称红压黑），还是先在空白纸上加盖印章，再写成文书（俗称黑压红），前者是正常的，后者是反常的；

第五，检查用纸，国务院规定国家机关公文用纸一律用 A4 纸，各企事业单位一般都有参照此规格的专用公文信纸，上面印制有单位全称、联系地址、电话号码等，如公文使用的是很随便、粗劣的纸张，则值得怀疑；

第六，核对照片，对身份证等证件，要核对其照片和本人是否一致，是否先贴上照片，再在上面加盖印章，对护照等重要又制作精细的证件，还可以使用专门仪器进行鉴别，或请有关部门鉴别。

如果发现假印章、假文件、假证件，秘书应当设法稳住对方，迅速上报上司或公安部门，追查处理，并通报有关单位，引起警惕。

思考题

1. 我国的印章有哪些主要种类？

2. 什么是“齐年盖月”？

3. 介绍信有几类？

4. 什么是骑边章？

5. 你们学校或单位的印章应该是怎样的？

第五章　上司工作日程安排

有人说，涉外秘书是上司时间的管理者。这是指秘书要合理地为上司安排妥当一定时间内的工作内容和次序，使上司根据这一次序，井井有条地工作，以保证工作的成效。

上司的管理事务，从外在形式上说，一般包括以下几方面：接待与约见；商务旅行；参加各类会议；参加各类重大活动；实地考察、检查或指导。这些事务多而杂，秘书的重要职责就是采取各种形式把这些多而杂的事务安排好，每个工作日、每月、每季度、每年都应该有工作计划安排表，还应该有工作日志、台历、备忘录、计算机台式日志等办公辅助手段，这样才能把工作安排得有条不紊，提高效率。

第一节　编制工作计划表

涉外秘书是上司的助手，扮演着办公室“内当家”的角色，编制上司的工作计划表、安排上司的工作日程是秘书的职责。对这些工作，秘书要一一安排妥当。

一、工作计划表的种类及编制

（一）工作计划表的种类

日程安排，从纵向角度说，主要指工作计划表的编制，如年度计划、季度计划、月度计划、周计划及每天的日程安排；从横向角度说，有大型会议的日程安排、商业旅行的日程安排、专题活动的日程安排等。

常见的日程安排，由近到远可以分为五类：工作日程表、一周工作计划表、月度工作计划表、年度工作计划表、单项重要工作事项计划表。秘书日常以编制上司一周工作计划表和每天的工作日程表为多。

（二）如何编制工作计划表

1. 准备工作

从工作日程表到年度工作计划表，容量各不相同，时间越长，内容越多，编制也就越复杂。但是，它们的编制有共性的地方，现将共性的注意事项作些介绍。

在编制工作计划表前，无论是工作日程表还是年度工作计划表，一般事项还是重要事项，都要事先请示和征得上司同意，不能闭门造车。如发现上司的活动时间、地点有冲突，涉外秘书要主动与上司沟通，及时调整。

在编制周、月、季度、年度工作计划表时，涉外秘书要收集并列出单位领导工作中这一时间段内所有的事项、活动或任务，按照收集到的内容分为重要紧急、重要但不紧急、不重要但紧急、不重要不紧急四种情况。按照时间顺序将任务排列清晰，先做什么后做什么、花多少时间和精力一目了然。

2. 编制和检查

完成了准备工作后，秘书就开始草拟表格，用简明扼要的文字将信息填入表格。先用铅笔填写，便于修改。

周、月、季度、年度工作计划表拟出后，要仔细检查各表有否错处，还得将各表相互比较、对照，既不要遗漏，又要防止有矛盾之处，注意它们之间的衔接、协调。待计划表准确无误后，再打印成正式表格，并下发给相关部门。

二、编制工作日程表和一周工作计划表

（一）编制工作日程表

工作日程表是上司一天的工作计划安排，其时间要精确到时、分。这种日程表要尽可能详细具体。

秘书为某一位上司编制一天的工作日程表，要按时间先后排列，并要分清主次，将重要的工作安排于一天中的最佳时间内。日程表草拟后要让上司本人过目，看是否需要调整或补充，由于是第二天就要进行的工作，准备工作已经基本完成，因此上司一旦同意，就不要再作变动。上司同意后即可打印成表。日程表的用纸以一张为限，以便让上司一目了然，也可用事先印好的表格或者卡片填写。日程表于前一天将下班时或当天一上班时放于上司办公桌上，便于上司按照它工作。

1. 工作日程表格式

工作日程表格式可参考下例：

6月10日（星期一）

上　午	
9:30—11:30	经理例会
下　午	
2:00—3:00	约见××公司总经理
3:20—4:00	约见×××
4:30	赴××机场迎接美国××公司副总裁

2. 英文工作日程表格式

Schedule Sheet For Mr. Brown

Tuesday, Oct 9, 2012

a. m.	8:00	Meet the new staff
	8:30 - 10:30	Planning session
	11:00 - 12:00	Meeting with Mr. Smith
p. m.	12:15	Have lunch with Mr. Smith
	14:00 - 15:30	Look at the exhibition
	17:15	Meet the Managing Director of STP at the airport

3. 涉外秘书向上司介绍次日工作日程

Brown: What's the programme for tomorrow? I have a planning session in the morning, don't I?

明天的工作日程怎么安排？我有一个会议，是吗？

Secretary: Yes, but remember ... before the planning session, you meet the new staff. They start work tomorrow, and you give them a briefing. That's eight.

是的，但是，记住……在会议前，八点您得接见新员工，他们明天开始上班。您要给他们作简要讲话。

Brown: Ah yes.

好。

Secretary: Then we have the planning session. That's from half past eight till ten thirty.

然后我们参加会议，会议从八点半到十点半。

Brown: Ten thirty.

十点半。

Secretary: Yes. And after that you have meeting with Mr. Smith of the HKH Company, between eleven and twelve.

此后您和 HKH 公司的史密斯先生有次会见，从十一点到十二点。

Brown: So I have thirty minutes to have a cup of coffee.

这样，我有半小时时间可以喝杯咖啡。

Secretary: Yes, that's no arrangements from ten thirty till eleven.

是的，从十点半到十一点之间没有安排。

Brown: When shall I go to the exhibition?

我什么时候去看展览会呢？

Secretary: You go to the exhibition after appointment with Mr. Smith and have lunch there. That's at a quarter past twelve.

您和史密斯先生会见结束，十二点一刻共进午餐。此后再去看展览会。

Brown: I hope there is time to look at the exhibition.

我希望有时间去看展览会。

Secretary：The exhibition goes on till half past three. So you have time go round the exhibition between two and three thirty.

展览会要三点半结束，您在二点到三点半，有时间去看。

Brown：Well，that gives me enough time. Is there anything after that?

好吧，这给了我足够的时间，此后没事了吧？

Secretary：Yes，the Managing Director of STP arrives tomorrow. You are supposed to meet him at the airport at five fifteen.

有。STP公司的总经理明天要来访，您得在下午五点十五分在机场迎接他。

Brown：Oh dear! It seems I am going to have a busy day.

噢，天哪，看来明天是我够忙的一天。

（二）编制一周工作计划表

一周工作计划表是上司一周中重要工作的时间安排表，是上司活动的具体实施计划。它是短期工作日程安排，它的内容要求详细具体，凡一周内的上司重要活动或例行会议都需列入，除了时间上要求精确外，还得注明活动地点。

编制一周工作计划表的依据是月度工作计划表和实际工作的需要，秘书得先将月度工作计划表中有关该周的重要活动都填入周工作计划表中，征询上司意见后，再将实际工作中新需要的重要活动填入；有时也由上司根据近阶段的工作进展情况，商讨研究后，定下重要活动项目，交秘书编制成表。一周工作计划表排定后，秘书要立即为表中所列各项活动作准备，以保证上司活动能按计划顺利进行。

1. 编制程序

一周工作计划表的编制程序如下：

第一，秘书应提前几天将下一周的工作时间预定表分发给每位上司，请他们填写清楚，其内容包括会议、约见、参加重要社交活动、出差、检查工作等。如果有的上司无暇填表，秘书应询问并代填。

第二，周末那天，秘书将每位上司的预定表收集后仔细阅读、整理，并与月度计划、备忘录进行核对，如发现有冲突、矛盾之处，要询问清楚并改正。

第三，编制成表，复印多份，分送给每位上司，秘书留一份。

一周工作计划表格式可参考下例：

一周工作计划表

（2013年3月4日—8日）

星期	日期	时 间	地点	内容	人员	备注
一	3.4	上午9:00	公司会议室	经理例会	正、副总经理	
		下午2:00	××商厦	参加该商厦周年庆典	李副总经理	
二	3.5	上午9:00	公司会客室	约见××公司总经理	王总经理	
		下午2:00	会议室	销售工作会议	张副总经理	

续　表

星期	日期	时　间	地点	内容	人员	备注
三	3.6	上午 9:00	××宾馆	与××公司谈判	王总经理	
		下午 2:00	公司会客室	约见××大学副校长	李副总经理	
四	3.7	上午 9:00	第一分公司	检查工作	张副总经理	
		下午 2:00	公司会客室	约见××报记者	李副总经理	
五	3.8	上午 9:00	××宾馆	出席签字仪式	王总经理	

2. 编制一周工作计划表注意事项

编制一周工作计划表应注意如下事项:

第一,每周的工作活动都不要安排得太满,要留出适当的空隙时间,以便上司安排临时性工作。同时要考虑到上司的工作习惯,给上司留出他习惯处理日常公务的时间。两项活动之间要留出适当的空隙时间,尤其对外出的活动,一定要给上司留出足够的路途上所需的时间。

第二,计划变动,以及因计划变动涉及其他人员(如被约见的人员、出席会议的人员等)时,秘书要立即向上司报告计划变更的情况,说明计划变动可能发生的影响,与上司商量处理办法后,立即通知有关人员,并详细说明变更时间的原因,同时与对方商量约见时间,时间确定后,再向上司报告,然后列入计划表中。计划变更时不要发生漏写或记错的情况。

第三,一周工作计划表的用纸以一张为限,以便让上司一目了然,用毕后要收集归档,以便查考。

三、编制月度和年度工作计划表

(一)月度工作计划表

月度工作计划表是一月中重要工作的时间安排表。它是中期日程安排,所以,它的内容比年度计划表要详细,主要根据年度计划表及本月工作,将上司在一个月内需要参加的会议、会谈、调查研究、工作旅行等重要公务活动,以日为时间单位列入表中。月度工作计划表每个月连续制定,一般在当月的月底之前制成下一个月的月度工作计划表。

月度工作计划表格式可参考下例:

月度工作计划表

(2013 年 3 月)

日期	星期	工作内容	日期	星期	工作内容
1	五		5	二	到达德国
2	六		6	三	在德国考察
3	日		7	四	在德国考察
4	一	上午 10 点乘飞机到北京,下午 5 点乘汉莎航空赴德国	8	五	在德国考察
			9	六	在法国考察

续　表

日期	星期	工作内容	日期	星期	工作内容
10	日	在法国考察	21	四	上午总经理办公会
11	一	晚上 10 点到达香港	22	五	到北京拜访客户
12	二	下午 1 点回到本市	23	六	
13	三		24	日	
14	四	上午总经理办公会	25	一	
15	五		26	二	
16	六		27	三	上午总经理办公会
17	日		28	四	
18	一	主持召开销售会议	29	五	
19	二	听取产品推广的初步方案	30	六	
20	三				

（二）年度工作计划表

年度工作计划表是本单位在下一年中重要活动的时间安排一览表，它属于长期日程安排，通常只列出本单位明年涉及全局或主要业务的重大活动。如董事会会议、股东大会、全国性或地区性行业大会等，所以，其内容宜粗不宜细。

该表是让上司和各部门主管一目了然地看出一年中有哪些重要工作和活动，哪些与本部门有关，以便提前作好准备，或了解全局情况。

编制年度工作计划表的依据是下一年度工作的总体计划，秘书将总体工作计划中提到的主要活动，根据上司的意见确定一个恰当的时间，并按时间先后顺序加以排列，就制成了草表，报上司审阅、修改、同意后，就可以定稿打印，并复印分发上司和各部门主管。一般在当年年底前制订出下一年的年度工作计划表。

年度工作计划表格式可参考下例：

年度工作计划表

（2013 年）

1 月 15 日到 17 日公司股东大会	2 月 4 日到 7 日公司董事会会议	3 月 3 日到 6 日全国经销商大会
4 月 ……	5 月 ……	6 月 4 日到 12 日组团赴德国与法国考察
7 月 6 日到 8 日公司董事会会议	8 月 ……	9 月 ……
10 月 ……	11 月 ……	12 月 28 日到 31 日公司年终总结会议

四、办公辅助手段的运用

安排上司工作时间，除各种工作计划表外，还有些辅助手段，主要是工作日志、台历、备忘录、计算机台式日志等。最常见的是工作日志，它分上司工作日志和秘书工作日志。

上司工作日志填写的内容通常是：

上司在单位内部参加的会议、活动等；

上司到外单位参加的会议、活动、约会等，注意具体细节、与对方的联系方式等；

上司个人的安排，如去医院看病等，秘书应保证这段时间不安排其他事宜；

上司私人信息，如重要亲人朋友的生日等。

秘书工作日志填写的内容通常是：

上司工作日志的内容要进入秘书工作日志，便于秘书辅助；

上司临时交办的工作；

秘书自己的日常工作。

以下是秘书工作日志与上司工作日志的比较：

秘书工作日志
2013 年 5 月
14 日星期二

上司工作日志
2013 年 5 月
14 日星期二

时间	日志内容	地点		时间	日志内容	地点
9:30	经理例会	小会议室	←会议→	9:30	经理例会	小会议室
10:00	欢迎新员工暨新员工培训仪式	员工培训中心 B16 房间				
11:30	在员工培训会上发言	地点同上	←发言→	11:30	给参加培训的员工讲话	员工培训中心 B16 房间
12:30	午宴	新星酒店	← → 午宴事宜	12:30	午宴	新星酒店

第二节　安 排 约 见

约见(Appointment)指上司在事先约定的时间、地点与别人会面洽谈业务、会商工作。在“三资”企业中，约见这一种交际形式被运用的频率仅次于电话联系和书信联系，凡商量工作、解决问题、交流信息、联络感情都常用这一形式。

在现代社会中，会面应事先约定，这是讲究社交礼节和注重工作效率的表现。在外商投资企业中，凡没有事先约定、又无特殊需要而突然去求见上司者，会被视作“a problem visitor”，即“麻烦的来访者”而不受欢迎。

约见有的由上司自己决定，指示秘书安排；有的是上司让秘书与对方联系、商定；也有的是对方来电来信要求与上司面谈，请求约见。无论属哪一种，都得经过秘书的安排，才能实现。因此，掌握安排约见的要领，是涉外秘书日常业务技能之一。在上司每周的工作日程表上，约见占了很大比例，因此，安排好上司的约见，也就在一定程度上安排好了上司每周的工作日程。

一、约见的分类

被约见者有外单位上司、管理人员和本单位下属部门上司以及管理人员、业务员、技术人员、一般员工等。约见根据所谈内容、参加者的身份，可以划分为如下种类：

（一）公务约见

指双方会面商谈公事的约见，参加者代表各自所在单位，它是单位公务活动的重要组成部分，它与亲朋好友间涉及私人事务的私人约会不同。本节介绍的是这类公务约见。

（二）正式约见

公务约见中的一种，指双方会面正式讨论议题的约见，双方都代表公司就议题作正式发言，正式交换意见，双方都认为对发言应负责，如约见中有书面记录或录音记录，其记录会被视为有效凭证或文件。

正式约见讲究礼仪规格，常在庄严、隆重的气氛中举行。重要公务约见一般都是正式约见。

（三）非正式约见

公务约见中的一种，指双方会面非正式讨论议题的约见，它大都是正式约见的准备或补充，双方虽然都代表公司就议题发言，交换意见，但双方都带有试探性，不认为对方的发言是最后的观点，如约见中有书面记录或录音记录，其记录也不会被视为有效凭证或文件。

非正式约见不太讲究礼仪规格，常在轻松、随和的气氛中举行。

（四）对等约见

指会面商谈公务的双方的职务相同，如甲公司的总经理和乙公司的总经理约见。这类约见大多是正式约见，也是一方约见外单位代表的外部约见。

（五）不对等约见

指会面商谈公务的双方的职务一高一低。有的是职务高者请职务低者前来会面商谈；有的是职务低者要求谒见职务高者面谈。这类约见一般是非正式约见，常常是内部约见，如总经理约见下属某一部门经理。

二、约见的安排

（一）约见的轻重缓急安排

如果秘书是依照上司的指示与对方联系约见，秘书应详细告知对方约见地点、时间和约见多少时间及商谈何事，以便让对方事先作好准备。最好给对方两个以上时间供选择。

如果是对方来电、来函要求上司约见，秘书应记录其要求后当即向上司请示，上司同意的话，再按上述办法去电去信告知约见时间、地点。

如果要求约见者众多，且他们又往往都声称自己的事是重要的或紧急的，希望尽快会见，这时候，秘书要根据要求约见者的议题，以本公司的利益为出发点，比较判断其重要性，然后先安排重要者、紧急者，再安排次要者、可以缓办者。

从要求约见者的身份来说，一般宜优先安排下列五类对象：

上司的上级或其代表；

与上司关系密切的同僚；

与上司关系密切的下属；

重要的客户；

上司的亲属和密友。

一般地说，这些对象，尤其是前四类对象约见的内容往往是重要的，秘书应予以优先安排约见。

（二）不宜安排约见的时间

除了节假日，有特殊政治、宗教意义的日子，本公司举行重大活动的日子不宜安排上司约见外，秘书还需避免在以下一些时段安排上司的约见：

1. 每周第一个工作日的上午和最后一个工作日的下午，即一般为周一上午和周五下午。

2. 上司出差出发的那一天，上司出差返回单位的第一天，因有许多积压的信函要处理，一般也不宜安排约见。

3. 各种节假日前后的一天。

4. 每天上班开始后的一小时和每天下班前的一小时，此时间段内上司一般用来处理内部事务。

5. 如不安排宴请，临近午餐和晚餐时不宜安排约见，也不要将会见延伸到用餐时间。

（三）安排约见注意事项

秘书除了避免在以上一些时段安排上司的约见外，在具体安排上司的约见时，还得注意如下事项：

1. 在一天中各次约见之间，留出 15 分钟以上的时间，便于上司处理急事，签署信函，准备下一个约见或稍事休息。

2. 重要的约见不宜首尾衔接安排，这会使上司始终处于紧张之中，且前一约见拖延的话，会影响下一个重要约见，应将重要的和次要的约见交替安排。

3. 将本公司人员的约见安排于该天下午晚些时间，如果因为重要的正式约见拖延而被挤去，可于次日另行安排。

4. 一天中安排有多次约见的话，第一次约见的时间不能过长，以免影响其后的几次约见。

5. 如果约见安排于单位外面，则宜将约见时间安排于上午早些时候，以便上司早上直接赴约，然后赶回单位，以节省时间。

6. 上司出差前一天不宜将约见日程排满，让上司有时间准备出差事宜。

秘书将约见排妥后，应把约见的内容填写在自己和上司分别拥有的两本工作日志上，并打印出次日的约见安排表，放在上司办公室上，秘书留一份副本。安排表的内容要简明扼要，写明约见人姓名、公司、身份、目的、时间、地点。也有不少上司喜欢将约见安排表打印在 3×5 英寸的卡片上，便于随身携带。

此外，每天一上班，秘书应当提醒上司：今天有哪几次约见，并告知自己已做好了约见的准备工作。

（四）取消约见

取消约见是指一方提出撤销原定的约见，它有两种情况：推迟这次约见，或不再安排这次约见。

如果是对方取消约见，当对方来电来函时，秘书应对此通知行为本身表示感谢，对取消约见表示理解，而不能对对方流露出不满，并立即报告上司，在自己和上司的两本工作日志和约见安排表上删去这项约见。

如果是我方上司提出取消或更改某次约见，一般应该由我方上司发出亲笔签名的信件或亲自打电话通知对方，以示歉意和礼貌。如果上司指示由秘书通知对方时，秘书要注意以下几点：

第一，应提早两三天让对方收到这一通知，写信通知的话，就得更早些天发出，因为，取消约见已经打乱了对方的工作日程，给对方添了麻烦，倘若直到原定约见的当天才通知对方，使对方措手不及，那就不仅是失信，还加上了失理和失礼，有损单位和上司的形象。

第二，通知对方时必须诚恳、庄重地致以歉意，说明原因，言辞简洁、得体，但在说明原因时不能泄露机密。

第三，如果是推迟约见，秘书在通知对方、道歉和解释了原因后，还得重新安排约见，为了表示歉意和诚意，秘书应当请对方提出时间和地点，如无不便，应愉快地接受下来。

第三节　安排涉外约见举例

安排涉外约见是涉外秘书经常性的事务，涉外秘书应当掌握其基本技巧。本节举例介绍涉外秘书用英语安排几种约见和接待约见者的方法。

一、安排与上司的约见

（一）商定约见

Secretary：Good morning, sir. May I help you?
早上好，先生，要帮忙吗？

Cabell：Good morning. My name is Cabell and I work for FEH Company of Beijing. I'd like to see Mr. Brown for a few minutes, if I could.
早上好，我是北京FEH公司的卡贝尔，我想见布朗先生，好吗？

Secretary：I am sorry. I'm afraid Mr. Brown is not here at the moment. Can I help you or would you like to speak to someone else in the office?
很抱歉，恐怕布朗先生现在不在这儿。我能帮你吗，或者你愿意和办公室里的其他人谈吗？

Cabell：I'd like to make an appointment to see Mr. Brown sometime next week.
我想在下星期的某一天和布朗先生面谈一次。

Secretary：Just a moment. I'll just check Mr. Brown's diary and see if I can arrange an appointment for you. Yes, Mr. Brown does not seem to be busy on Tuesday afternoon, Wendesday morning and Thursday afternoon.

请稍等，让我查一下布朗先生的工作日历，看看能不能为你安排一次约见。是的，布朗先生下星期二下午、星期三上午、星期四下午好像不太忙。

Cabell: Could I make an appointment for Thursday afternoon, please?

请问能安排在下星期四下午吗?

Secretary: Would 2:30 be convenient?

两点半行吗?

Cabell: Yes, that will be fine.

行，很好。

Secretary: Would you like to meet Mr. Brown in his office?

在布朗先生的办公室里会面?

Cabell: All right.

行。

Secretary: I'll make a note of that. Would you like me to confirm the appointment?

我记下来，届时要不要再确定一下?

Cabell: Yes, please, you can contact me any day at Shanghai phone number 66385429.

是的，你任何一天都可以打我上海的电话:66385429。

Secretary: Fine, I'll do that.

很好，我会打的。

Cabell: Thank you very much. Goodbye.

非常感激，再见。

Secretary: Goodbye.

再见。

Clue to: If the boss is away from his office, the secretary may ask if someone else in the office can help.

提示:如果老板不在办公室，秘书应该问来访者是否需要办公室其他人的帮助。

(二) 约见日程表

秘书与各位客方商定约见时间、地点后，应据此为上司列出每天的约见日程表，以便上司按照此日程表接待来访者。约见日程表样式如下:

Mr. Brown's Appointment Timetable

Tuesday, May 28, 2013

Time	Visitor	Title	Firm	Phone	Place
9:30—10:00	Mr. Smith	Manager	HKH	56734862	Mr. Brown's office
10:30—11:00	Mr. Cabell	Manager	FEH	66095783	Mr. Brown's office
14:30—15:00	Mr. Andersen	Manager	BBK	87694386	Mr. Brown's office

二、安排下属经理间的约见

Secretary：Good morning，Li Ying is speaking，are you Mr. Marting，our Sales Magager?

早上好，我是李英，是销售部经理马汀先生吗？

Marting：Yes，Marting is speaking. Can I help you?

是的，我是马汀，有事吗？

Secretary：Mr. Brown asked me to make an appointment for our Marketing Manager，Mr. Andersen to meet you. It is in connection with the trade fair you are holding next week.

布朗先生吩咐我，为你和市场部经理安德森先生安排一次会面，研究一下你正在操办的下星期的交易会之事。

Marting：Yes. I would be happy to meet Mr. Andersen. Which dates are convenient?

好，很高兴能和安德森先生会面，什么时间呢？

Secretary：On Tuesday and Wednesday this week. That's the 17th and 18th.

这个星期的星期二和星期三，也就是 17 日和 18 日。

Marting：Yes，that's fine，I'll be free on both days in the afternoon，from 2:30 to 5:30. Shall we say Tuesday the 17th at 2:30?

行，这两天的下午两点半到五点半我正好有空，星期二，17 日的两点半好吗？

Secretary：Yes，that's all right.

好。

Marting：Where would be convenient for him?

在什么地方会见？

Secretary：The meeting room of our firm.

公司会议室。

Marting：Good，I look forward to seeing him on the 17th then.

好，我期待着 17 日与他见面。

Secretary：Yes. Thank you very much，Mr. Marting，Goodbye.

很感谢你，马汀先生，再见。

Marting：Goodbye.

再见。

三、改变约见

（一）客方改变约见

Secretary：Good morning，BBK Company，Li Ying is speaking.

早上好，这儿是 BBK 公司，我是李英。

Cabell: Good morning, Miss Li, this is Cabell. I am phoning about the appointment with Mr. Brown on Thursday affternoon. I am sorry, but I can't make it.

早上好，李小姐，我是卡贝尔。很抱歉，我来电话是因为我有事，星期四下午和布朗先生的约会无法赴约了。

Secretary: That's a pity.

很遗憾。

Cabell: Could I meet on Wednesday morning instead?

我能将约会改在星期三上午吗？

Secretary: I'm sorry, I'm afraid Mr. Brown is tied up then.

很抱歉，恐怕布朗先生那时没空。

Cabell: The only other time I am free is next Tuesday afternoon. That's the 10th.

我唯一有空的时间是下星期二下午，是 10 日。

Secretary: Well, I'll try to manage. Would 3:30 be convenient?

好，我看看，您三点半方便吗？

Cabell: That's fine. I am sorry to be a nuisance.

行，很抱歉，给你们添麻烦了。

Secretary: It is all right. Thank you for the phone.

现在解决了，谢谢您来电话。

Cabell: Thank you very much, Bye bye.

非常感谢你，再见。

Secretary: Bye bye.

再见。

（二）我方改变约见

Secretary: Good morning, Sir. I am Mr. Brown's secretary. Can I help you?

早上好，先生，我是布朗先生的秘书，要帮忙吗？

Visitor: Yes, I have an appointment with Mr. Brown for 10:30 a. m. today.

我和布朗先生今天上午十点半有个约会。

Secretary: Are you Mr. Smith of the HKH Company?

您是 HKH 公司的史密斯先生吗？

Visitor: Yes, that's right.

正是。

Secretary: I am sorry, I am afraid Mr. Brown is engaged at the meeting at the moment. Would you mind waiting?

抱歉，恐怕布朗先生现在正在开会，您能等待一会儿吗？

Visitor：　Well，how long will he be?

　　　　　噢，要多长时间？

Secretary：About half an hour.

　　　　　大约半小时。

Visitor：　Oh，that's too long. I have another meeting at 11.

　　　　　呵，这太长了，我十一点钟还有个会。

Secretary：Can the Assistant Manger deal with it?

　　　　　能让助理经理帮您处理吗？

Visitor：　No，I got in touch with Mr. Brown myself on the telephone yesterday and discussed details with him. I doubt if anyone else would know about the matter.

　　　　　不行，昨天我在电话中和布朗先生讨论了细节，别的人不了解情况。

Secretary：Perhaps you would like to make an appointment for some other time?

　　　　　您能在另外时间安排一次约见吗？

Visitor：　Yes，I suppose that is the best idea in the circumstance. I'll be in this area on Friday morning. Friday morning，at 10:30，is that all right?

　　　　　在这种情况下，这是最好的办法了。星期五上午我还在这里，星期五上午十点半行吗？

Secretary：Yes，I'll make a note of that and ask Mr. Brown to confirm. Does he have your telephone number?

　　　　　好，我记下来，请布朗先生确认，他有您的电话号码吗？

Visitor：　I'll leave my card.

　　　　　我留下名片吧。

Secretary：Thank you，Mr. Smith. I am sorry about the confusion but we'll see you on Friday morning.

　　　　　谢谢您，史密斯先生。很抱歉，给您添了麻烦，好在我们星期五上午就能再见面了。

Visitor：　Yes，Thank you. Goodbye.

　　　　　是的，谢谢，再见。

Secretary：Goodbye.

　　　　　再见。

Clue to:If the executive is busy,and it is a long delay，the visitor is unable to wait，the secretary should make another appointment and should say sorry.

提示：如果上司正忙，会见延迟的时间长，来访者不能久等，秘书应该为他安排另一次约见，并道歉。

思考题

1. 如何编制一周工作计划表？

2. 哪些约见者宜优先安排?

3. 取消约见要注意什么?

4. 某公司上班时间为上午 8:00—12:00,下午 2:00—6:00。总经理这一天中有七场约见,分别为 A、B、C、D、E、F、G,其中 A、B、C、D 为重要约见,每场均为 30 分钟。E、F 为次要约见,G 为内部约见,每场均为 20 分钟。你作为总经理秘书,请排出正确的约见日程表。

5. 用上述案例,排出一份英语约见日程表。

第六章　上司商务旅行安排

"三资"企业和涉外单位的上司，为了出席各种会议，洽谈各项业务，加强横向联系和拓展事业，经常要到外地或国外出差，有的上司出差的时间占了他全年工作日的三分之一，其中，最为多见的是商务性出差，也称商务旅行。上司出差前的准备、出差期间上司办公室的事务及出差后上司归来等事宜，都得由秘书承担，起到助手作用。兹以上司国内商务旅行为例，介绍秘书应提供的服务。

第一节　制订商务旅行计划

秘书知道上司将要出差，先得向上司了解这次旅行的任务、地点、起止时间等内容，然后根据公司对出差的有关规章、上司的习惯，首先拟订商务旅行计划，制订商务旅行日程表。

一、商务旅行计划的主要内容

商务旅行计划主要包括以下内容：

（一）时间

一是指旅行出发、返回的时间，包括因商务活动需要到两个或两个以上地点的抵离时间和中转时间；二是指旅行过程中各项活动的时间；三是指旅行期间就餐、休息时间。

（二）地点

一是指旅行抵达的目的地（包括中转地），目的地名称既可详写（即哪个地区、哪个公司），也可略写（即直接写到达的公司名称）；二是指旅行过程中开展各项活动的地点；三是指食宿地点。

（三）交通工具

一是指出发、返回的交通工具；二是指商务活动中使用的交通工具。商务旅行选择的交通工具主要为飞机、火车、汽车。

（四）具体事项

一是指商务活动内容，如访问、洽谈、会议、宴请、娱乐活动等；二是指私人事务活动。

（五）备注

记载提醒经理注意的事项，诸如抵达目的地需要中转、中转站名称、休息时间、飞机起飞时间，或需要中转时转机机场名称、时间，为旅客提供的特殊服务等，或展开活动时、就餐时要注意携带哪些有关文件契约、应遵守的对方民族习惯等。

二、制订商务旅行日程表

涉外秘书根据上述内容，拟订商务旅行计划后，将计划以商务旅行日程表的形式表现出来。商务旅行日程表有中英文两种。

(一) 中文商务旅行日程表

中文商务旅行日程表格式可参考下例：

旅　行　日　程　表

××总经理行程安排

上海至北京

2012年8月6日—8日

8月6日	星期一
上午7:00	自家赴浦东国际机场(公司派车送赴)。
8:40	乘MU5143次班机离沪赴北京。
10:20	抵达北京(×××接机)，住××宾馆606房间(已预先订房)。
12:00	与××总经理共进午餐(在宾馆)。
下午15:30	与××总经理在该公司会议室洽谈(需用的1、2、3号文件在您的公文包中)。
18:00	与××总经理在该公司共进晚餐。
8月7日	星期二
上午9:30	赴××公司与×××董事长洽谈(需用的4、5号文件在您的公文包中)。
11:30	与×××董事长共进午餐(在该公司)。
下午15:00	拜访×××先生(由××先生陪同，礼品在您手提箱内)。
18:00	在宾馆用餐。
8月8日	星期三
上午8:50	乘CA1501次班机离开北京(机票已预定，由××小姐事先送交您)。
10:25	抵达上海浦东国际机场(××接机)。

(二) 英文商务旅行日程表

英文商务旅行日程表格式可参考下例：

Itinerary For Mr. Bake Brown

Shanghai—Beijing

September 5—8, 2012

Wednesday, September 5

8:40 a. m. Leave Shanghai Pudong International Airport on China Eastern Airline (CEA) Flight MU5143 to Beijing.

10:30 a. m. Arrive at Beijing International Airport (Mr. Wang Minghua will meet you at the airport).

Reservation at Great Wall Hotel (Confirmation in AA ticket envelope).

11:30 a.m. Lunch with Mr. Wang Minghua at Great Wall Hotel.

2:30 p.m. The Branch Managers' Roundtable (File No. 1 in your briefcase for this occasion).

6:30 p.m. Company dinner at Great Wall Hotel (File No. 2 contains a copy of the speech for this occasion).

Thursday, September 6

9:30 a.m. Appointment with Zhang Ping at Great Wall Hotel.

11:30 a.m. Lunch with Zhang Ping.

2:30 p.m. Conference with Sales Manager (File No. 3).

6:00 p.m. Dinner with Yang Hui, manager of Beijing branch.

Friday, September 7

9:00 a.m. Conference scheduled at the branch office (File No. 4).

11:30 a.m. Branch lunch at Beijing Hotel.

2:30 p.m. Li Jianguo will pick you up at the hotel, leave the hotel for sightseeing.

6:30 p.m. Dinner appointment at Bill Smith's home (telephone number 83964758).

Saturday, September 8

8:50 a.m. Leave Beijing on (CEA) Flight MU5154 to Shanghai.

10:40 a.m. Arrive at Shanghai Pudong International Airport (Li Ying will meet you at the airport and drive you to your home).

(三) 征求上司意见

秘书宜制订几个商务旅行日程表方案,征求上司意见,和上司讨论,以求计划尽可能完美。

涉外秘书和上司讨论商务旅行日程举例如下:

Secretary: Mr. Brown, I've drafted a schedule for your business trip next week. You may have a look.

布朗先生,我已经拟好了您下星期商务旅行的日程表,您能看一下吗?

Brown: Oh, let's discuss it together. Now, when am I off then?

好,让我们一起来讨论一下吧。我什么时候动身?

Secretary: You are leaving on Monday morning.

星期一上午。

Brown: What time exactly?

具体什么时间?

Secretary: Your flight takes off at eight ten a.m. And you arrive in Beijing at ten o'clock. Mr. Liu will meet you at the airport. Tuesday is a busy day. You are attending the conference in the morning and in the afternoon you are meeting Mr. Zhang.

您乘坐的航班上午八点十分起飞，十点钟到达北京。刘先生在机场接您。星期二是很忙的一天，您上午得参加会议，下午会见张先生。

Brown： Who is he?

张先生是谁？

Secretary：One of the new agents.

一位新的代理商。

Brown： Oh, am I seeing Mr. Chen?

噢，我要见陈先生吗？

Secretary：Yes, you are seeing him on Wednesday. You are inspecting the factory in the morning and having dinner with him in the evening.

是的，您星期三见他，您上午视察工厂，晚上和他共进晚餐。

Brown： I've got a full schedule!

日程表排得很满。

Secretary：Oh, that's not everything. You are free on Thursday, but you are going to the fair on Friday and then on Saturday you are catching the 10 o'clock plane back to Shanghai.

不光这些，星期四您没工作安排，但是，星期五您得去商品交易会，星期六得赶十点钟的飞机回上海。

(四) 列出会见日程表

上司商务旅行中如要和多家公司的上司会谈，秘书要一一落实每次会见的时间、地点、会谈对象，列出会见日程表，以便上司依次会谈。会见日程表如下：

Mr. Brown's Itinerary in Beijing

Date	Time	Place	Firm	Executive
Sept 9	9:30—10:30	18 Guanghua Road	Barnet Chemicals	J·H·Reddy

涉外秘书和上司讨论后，最终选定一个方案为出差计划，计划制定后，日程表要打印5份，一份交出差上司，一份交委托的代理人，一份由秘书留存，一份存档，一份给出差上司的家属。

第二节　预订、预购机票、车票

制订了旅行日程表，上司确定了出发和返回时间，首先考虑的是选择交通工具。这要求秘书人员一方面了解本单位或公司的出差旅行相关制度的规定,另一方面要了解本单位或公司与航空公司、出租汽车公司或宾馆连锁店是否签订优惠待遇协议。如果之前有,要充分利用这些便利。

商务旅行选择的交通工具主要为飞机、火车、汽车。所以,涉外秘书首先要为上司预订、预购妥机票、车票。

一、预订机票

长途远程商务旅行时,航空运输为首选。秘书可以通过网站、电话、手机预订各航空公司国内机票。按票价折扣划分,机舱座位分为头等舱(F舱)、公务舱(C舱)、经济舱(Y舱),不同舱位价格不同,头等舱价位最高。在机票预订之前可以实时对所需要的航班进行查询,同时了解机票报价及相关税费、附加费。通常航空机票的费用由机票价格、机场建设费、燃油税三部分构成。查询完成后,就可以预订适当的航班机票。如果返程时间已经确定,最好预订往返机票。

出国商务旅行时,选择国际航班和航空公司等知识,请见本书第七章"办理出入境事宜"。

目前许多航空公司为机票预订提供了"电子客票",也叫"无纸化客票"。选择电子客票,旅客的购买记录保留在航空公司的订座系统内,旅客不会收到纸质客票。为了证明旅客的订座和票价,旅客应该保留一张电脑生成的行程单。行程单为电子客票成功出票后的纸质凭证,其作用为财务报销,不作为登机凭证。除此之外,旅客应写下确认号码作为订座证明。

(一)电话预订机票举例

Ms. Li Ying phones to book an airline seat for Mr. Brown from Shanghai to Beijing.

Reservations: This is Booking Office of China Eastern Airlines. Good morning. May I help you?

早上好,这里是中国东方航空公司订票处,要帮忙吗?

Secretary: I would like to book a seat on a flight from Shanghai to Beijing on the 6th September, please.

请给我订一张9月6日从上海到北京的机票。

Reservations: Do you want a morning or an afternoon flight?

你要上午的还是下午的?

Secretary: There is a flight leaving Shanghai Pudong International Airport at 2:30 p. m. That would be the most convenient.

下午两点半从上海浦东国际机场起飞的那次航班,那是最适当的。

Reservations: I'm afraid that flight is fully booked. I'll just check to see if there have been any cancellations ... No, it's fully booked at the moment.

恐怕已经订满了,让我查一下,看是否有人取消了预订……没有,现在是订满了。

Secretary: Could you check other flight leaving Shanghai for Beijing in the morning of the

6th as well, please?

请帮我查一下6日上午从上海到北京的还有哪些航班,好吗?

Reservations: There are seats available on a flight departing Shanghai 7:30, arriving Beijing 9:20.

七点半起飞,九点二十分到北京的那次航班还有票。

Secretary: And after 8:30?

八点半以后的呢?

Reservations: There is a flight leaving at 8:40, arriving at Beijing International Airport 10:30. There are plenty of seats available on that.

八点四十分有一班,到达北京国际机场是十点半,这一班还有些票。

Secretary: I think the 8:40 seavice is more suitable. Can I book a seat on it, please?

我想八点四十分这一班是更合适的,请给我订一张好吗?

Reservations: Could I have your name, please?

请问尊姓大名?

Secretary: The passenger is Bill Brown. My name is Li Ying, his secretary.

乘客的姓名是比尔·布朗,我是他的秘书李英。

Reservations: First or economy?

头等舱还是经济舱?

Secretary: First class, please.

头等舱。

Reservations: Single or return fare?

单程还是来回程?

Secretary: One-way journey.

单程。

Reservations: One moment, please ... I'v booked a seat on CEA flight MU5143, departing Shanghai Pudong International Airport 8:40, 6th September, for you. The check-in time is 7:40, in Terminal 5.

请稍等……已为您预订了八点四十分从上海浦东国际机场起飞的MU5143航班,办理登机手续时间是七点四十分,在5号大厅。

Secretary: Thank you. Could you tell me what the weight allowance is ?

谢谢,请问行李重量限额多少?

Reservations: 20 kilos per traveller, excluding handluggage.

每位旅客的行李重量限额是20公斤,不包括手中的公文包。

Secretary: When should I confirm this booking?

什么时候确认订票?

Reservations: As soon as possible. You could leave it till you arrive at the terminal, but it is probably better to pick up your ticket by 5th September. Could I have your telephone number?

尽快吧,你可以直到办理登机手续时才来取票,但是最好在9月5日前来取票,能告诉我你的电话号码吗?

Secretary: 65798486.

65798486。

Reservations: Thank you.

谢谢。

(二)确认预订机票

Reservations: This is Booking Office of CEA Airlines. Good morning. Can I help you?

早上好,这里是中国东方航空公司订票处,要帮忙吗?

Secretary: I'm Li Ying, secretary of Mr. Bill Brown. I'm calling to confirm our ticket on the flight MU5143 to Beijing on the 6th September, please.

我是布朗先生的秘书李英,我来电话确认一下我们订的9月6日从上海到北京的MU5143航班的机票。

Reservations: Just a moment ... Yes, Ms. Li, you reserved a ticket on the flight MU5143 to Beijing on the 6th September, first class. It is confirmed.

好的,请稍等,李小姐。你订的是9月6日从上海到北京的MU5143航班的头等舱机票一张。可以确认。

Secretary: That's ok, thank you. Goodbye.

那很好,谢谢,再见。

Reservations: You are welcome. Goodbye.

不用谢,再见。

(三)更改订票

Reservations: This is Booking Office of CEA Airlines. Good morning. Can I help you?

早上好,这里是中国东方航空公司订票处,要帮忙吗?

Secretary: Yes, Mr. Bill Brown has a reservation on Flight MU5143 to Beijing, leaving Shanghai this morning at 8:40. I'm afraid it'll be difficult for him to make it at that time. Is there a later flight to Beijing this afternoon?

是的,比尔·布朗先生预订了一张今天上午八点四十分从上海飞往北京的MU5143航班的机票,恐怕他不能乘这时间班机了,下午还有飞往北京的航班吗?

Reservations: Just one moment while I check, madam. Mr. Bill Brown, you said?

请稍等,让我查一下,女士。你说的是比尔·布朗先生?

Secretary: That's right.

对。

Reservations: One moment, please ... Yes, we've got his reservation here. There's another flight at six to ten this afternoon.

请稍等,是的,预订的找到了,在这儿。下午五点五十分有另外一班飞往北京的班机。

Secretary: That's fine. Can you change the reservation, please?

那很好,能帮我更改一下预订吗?

Reservations: All right. Cancel the ticket for Flight MU5143 and book a seat on Flight MU5286 to Beijing.

行,取消 MU5143 航班的机票,订一张到北京的 MU5286 航班的机票。

Secretary: Flight 5286 to Beijing. At six to ten this afternoon?

今天下午五点五十分飞往北京的 5286 航班?

Reservations: All right. That's right. First or economy?

对。要头等舱还是经济舱?

Secretary: First class, please.

头等舱。

Reservations: Single or return fare?

单程还是来回程?

Secretary: Single.

单程。

Reservations: Very good, madam. It must be collected no later than 3:20.

很好,女士。取票不要晚于三点二十分。

Secretary: All right. Mr. Bill Brown will pick up his ticket on time at the airport.

行。比尔·布朗先生会准时来机场取票的。

Reservations: Thanks. Goodbye.

谢谢,再见。

Secretary: Thank you very much. Goodbye.

非常感谢,再见。

(四) 取消订票

Reservations: This is Booking Office of CEA Airlines. Good morning. Can I help you?

早上好,这里是中国东方航空公司订票处,要帮忙吗?

Secretary: I'm afraid I have to cancel our reservation for the flight MU5143, departing Shanghai 8:40, 6th September.

恐怕我不得不取消我们预订的 9 月 6 日八点四十分从上海飞往北京的 MU5143 航班的机票。

Reservations: I'm sorry. May I have your name, please?

很遗憾,请问尊姓大名?

Secretary: The passenger is Bill Brown. My name is Li Ying, his secretary.

乘客的姓名是比尔·布朗,我是他的秘书李英。

Reservations: Just a moment. Yes, Ms. Li... Mr. Bill Brown, MU5143 for Beijing. That's all right. We'll refund you the payment after reduction of a 10% cancellation charge upon receiving your telex or written notice.

请稍等,李小姐……比尔·布朗先生,飞往北京的MU5143航班,对,好,我们在收到您的电传或书面通知后,将扣除10%的取消预订手续费,再把余额退还给您。

Secretary: Thank you. I'll manage it at once.

谢谢,我这就去办。

Reservations: Make sure that your notice reaches here before noon.

请尽量保证在中午前把您的通知送到我处。

Secretary: I see. Thank you. Bye.

我明白了,再见。

Reservations: Bye.

再见。

三、预订火车票或汽车票

(一)预订火车票

乘坐火车与汽车仍为国内大多数人商务旅行的主要交通方式。目前我国的火车运输相当发达,根据火车的速度及服务档次,由高速铁路到普通慢车可供选择类型非常多。这要求秘书了解些这方面知识,如识别火车种类。

我国旅客列车种类识别标志是:

K——快车;

T——特别快车;

Z——直达快车;

D——时速高达250 km或以上的列车,简称动车。2012年9月15日起,全国动车统一采用数字和字母组合的方式编制座席号。

G——时速快于动车的铁路高速列车。简称高铁。

四位数车次的列车则为普通快车。

区别上下行的旅客列车的方法:

均以北京为中心,凡驶向北京或北京方向的列车都称为上行列车,车次为双数。如上海开往北京的G12次、G14次高速列车。

凡从北京开出或背向北京方向的列车,都称为下行列车,车次均为单数。如北京开往上海的G11次、G13次高速列车。

此外,东西走向的列车,自西往东开的为上行列车,反之为下行列车;干线与支线相连的,凡由支线驶向干线方向的列车为上行列车。

2011 年 6 月 1 日起，全国所有动车实行购票实名制。目前，全国所有列车实行购票实名制，并可通过网上购票。

乘火车出行，通常可提前数天在网上、到火车站或通过代理机构预订、预购火车票，以便保证准点出发与到达目的地。上司出发时，秘书最好能提供一份列车时刻表，以便使他心中有数。

询问火车票举例：

Reservations：This is Booking Office of Shanghai Train Station. Good morning. May I help you?

早上好，这里是上海火车站订票处，要帮忙吗？

Secretary：Good morning. I'm enquiring about the train service between Shanghai and Tianjin.

早上好，我想问一下上海到天津的火车。

Reservations：Which day of the month are you thinking of?

你要这个月哪一天的？

Secretary：5th, October 5th.

5 日，10 月 5 日。

Reservations：There is a fast express service leaving Shanghai for Tianjin every hour.

从上海到天津的火车，每小时有一班特快。

Secretary：You mean at 1 o'clock, 2 o'clock, 3 o'clock and so on?

你的意思是说一点钟、两点钟、三点钟等等都有列车吗？

Reservations：Yes, it is.

是这样。

Secretary：Thank you. What's the fare ?

请问票价多少？

Reservations：Is it a berth?

卧铺？

Secretary：Best berth.

对，软卧。

Reservations：500 RMB.

人民币 500 元。

Secretary：Thank you very much. Goodbye.

很感谢，再见。

Reservations：Goodbye.

再见。

（二）购买汽车票

选择汽车运输有两种情况：一种用于长途旅行，一般到长途汽车站购票上车，也可提前预订;另一种是乘坐其他交通工具到达出差目的地后,再使用出租汽车。为节约时间,通常可提前利用出租汽车公司的预订电话进行预约,也可上汽车租赁公司的网站直接预订。预订方式与酒店预订方式一样,需要提供信用卡担保。如需要预订租赁汽车,首先要收集出差目的城市的出租汽车公司信息,如服务项目、服务时间、价格及收费、车辆类型等信息,再结合上司的工作需求进行安排。

第三节　预 订 宾 馆

涉外秘书在为商务旅行的上司订购机票、车票的同时,还得为他预订妥宾馆。

一、预订宾馆的途径

涉外秘书可以通过网络、电话或旅行社预订宾馆,偶尔可通过写信订房。宾馆规格和客房标准,参照本单位或公司的出差旅行相关制度及优惠协议进行,并照顾上司的生活习惯。对宾馆提供的房间布局、规格要有所了解,如标准间、单人间,房间通风、周围景观、安全措施等。预订时要说明上司的姓名、公司地址、电话号码、房间类型(单人间、标准间等)、同时加上你的姓名和电话作为联系。有些旅馆在机场有短程返回轿车或小型巴士,如果上司需要,可以提前预订,但要求提供到达的准确无误的日期及时刻,通过电子邮件或传真将预订信息发给旅馆预订联系人。

旅馆房间预订后会保留到最后截止时限,一般为下午 6:00 以前。如需要保留预订超出最后时限规定,则要预付担保金,这样必须提供给旅馆预订联系人一个信用卡号。一旦提供了信用卡,旅馆肯定会保留预订的房间,但是不管上司的行程是否改变或是否住在那家旅馆,必须付住宿费。大多数旅馆允许撤销没有预付费的预订,但必须在当天下午 6:00 以前。

宾馆预订还可以利用旅行社或旅游公司提供的旅馆预订服务。大型旅行社经常提供一些酒店及旅馆的房间预订情况。

如果上司要去一个陌生城市商务旅行或出席会议,在这之前没有详细酒店介绍,那么就要利用互联网进行调查。秘书可以与会议联络处进行联系,或者联系那个城市的商会和当地新闻机构,他们可以提供大量非常有价值的信息。当然,如果上司喜欢连锁快捷酒店,秘书可以直接联系连锁预订中心,或去网上查询酒店预订信息,直接向连锁中心预订。

二、如何用电话订房

(一) 用国际长途订房

Scene: The managing director and his wife are going to spend their holidays in England. Now his secretary is making a reservation at certain hotel in London through a long distance call.

Secretary: How do you do? Here is BBK Company of Shanghai in China, Li Ying is speaking. I'd like to book a room in your hotel for my boss's couple.

你好。这里是中国上海的BBK公司，我是李英。我要为我的老板夫妇预订贵宾馆的房间。

Reservations： What kind of room would you like? We have single room，double room，suites and deluxe suites in Japanese，British，Roman，French，presidental styles.

你要什么样的房间？我们有单人房、双人房、套房，日本式、英国式、罗马式、法国式、总统式的豪华套房。

Secretary： A British suite，please.

英国式的豪华套房。

Reservations： Would you like breakfast?

是否要包早餐？

Secretary： Yes，thanks.

要。

Reservations： Can you give me your name and your boss's name and his wife's name，please?

请告诉我你的姓名和你老板及其夫人的姓名。

Secretary： My boss's name is Bill Brown，his wife's name is Wang Ling，my name is Li Ying.

我老板的姓名是比尔·布朗，他的夫人的姓名是王玲，我的姓名是李英。

Reservations： Thank you ，Miss Li，and your boss's arrival and departure dates?

谢谢，李小姐，你的老板夫妇住宿从哪天到哪天？

Secretary： From May 8th to May 15th.

从5月8日到5月15日。

Reservations： Very well，Miss Li. A British suite with breakfast ，from May 8th to May 15th. Am I correct?

很好，一套英国式的豪华套房，包早餐，从5月8日到5月15日。李小姐，我说得对吗？

Secretary： Yes，thank you.

对，谢谢。

Reservations： What time will they be arriving，Miss Li ?

李小姐，他们什么时间到达？

Secretary： Around 10:00 a. m，tomorrow.

明天上午十点左右。

Reservations： All right. They will be expected here then.

好，我们等候他们的光临。

Secretary： That's fine，thank you. Goodbye.

非常感谢你，再见。

（二）用国内长途订房

Scene： Miss Li Ying，private secretary to managing director，is ringing Great Wall Hotel of Beijing to book rooms for her boss from Shanghai.

Reservations：Great Wall Hotel of Beijing，can I help you?

这儿是北京长城饭店，要帮忙吗？

Secretary：This is Shanghai，I'd like to book two rooms for Mr. Brown and Mr. Mcdovell for the night of the 26th，please.

这里是上海，我要为布朗先生和麦克道威尔先生预订两间26日晚上的房间。

Reservations：Yes，two single rooms？

好，两间单人房？

Secretary：Yes，please. And they particularly want rooms which don't face the main road，if that's possible.

对。如果可能的话，请不要将他们安排在面对主马路的房间。

Reservations：Well，I am afraid we have only got one single room on that side of the building，unless one of the gentlemen takes a double room.

恐怕楼房那一边只有一间单间，除非另一位先生订一间双人房。

Secretary：Yes，I think we'd better take the single and one double in that case.

好吧，我想为了保险起见，订一间单间和一间双人房。

Reservations：What were the names again，please?

请将他们的名字再说一遍。

Secretary：Mr. Brown，B－R－O－W－N，and Mr. Mcdovell，M－C－D－O－V－E－L－L，My name is Li Ying，private secretary to managing director.

布朗先生，B－R－O－W－N，和麦克道威尔先生，M－C－D－O－V－E－L－L，我的姓名是李英，总经理秘书。

Reservations：Good，thank you very much.

好，很感谢。

Secretary：Could you confirm that in writing for us，please?

你能为我们书面确认吗？

Reservations：Yes，certainly.

是的，那当然。

Secretary：Thank you very much，goodbye.

很感谢你，再见。

（三）本市订房

Secretary：I'd like to book a single room for Mr. George Smith. He plans to arrive on the 20th of this month.

我要为乔治·史密斯先生订一间单人房，他计划本月20日到达。

Reservations：How long will he be staying?

他要住多长时间？

Secretary: From 20th to 30th of this month.

从本月 20 日到 30 日。

Reservations: Then we can only confirm a room from the 21th to 30th. I'm afraid we won't be able to guarantee him a room on the 20th. We usually have high occupancies in the peak seasons.

我们只能确认提供一间从 21 日到 30 日的单人房,20 日那天我们不能保证有房。高峰季节我们的入住率通常很高。

Secretary: What if there isn't any room then?

如果到时候(20 日)没有空房那怎么办?

Reservations: Don't worry, madam. We can either put him on a waiting list or find him a room in nearby hotel.

别担心,女士。我们可以把他列入排队等候的名单,或者为他在附近宾馆找间房(住一夜)。

Secretary: Fine. How much do you charge for a single room with breakfast?

很好。一间单人房加早餐价格是多少?

Reservations: For one night, the hotel cost would be 600 RMB. How will he be paying, madam?

一个晚上人民币 600 元。他怎样付费?

Secretary: His company will cover all the expenses. We'll send you a check right away.

他的公司承担他的所有费用,我们会马上将支票送来。

Reservations: Thank you, madam.

谢谢,女士。

Secretary: Thank you. Goodbye.

谢谢,再见。

(四)预订团体房

Secretary: The Chinese People-to-People Cultural Exchange Delegation will be visiting New York at the end of this month. I'd like to book 10 double rooms with twin beds for seven days.

中国民间文化交流代表团将在本月底访问纽约。我要订有两张单人床的双人房十间,七天。

Reservations: For which dates?

哪几天?

Secretary: From 23th to 30th.

从 23 日到 30 日。

Reservations: Yes, we can confirm 10 rooms for seven days.

好,我能确认十间房,七天。

Secretary: Thank you. Is there a special rate for a group reservation?
谢谢，团体预订有优惠吗？

Reservations: Yes, there is a 10 percent discount.
是的，有百分之十的优惠。

Secretary: That's fine.
那很好。

Reservations: By the way, how will they be getting to New York? Will they be coming by air?
顺便问一下，他们怎样来纽约？是乘飞机吗？

Secretary: Yes.
是的。

Reservations: Could you give me the flight number, please, in case the plane is late?
你能将航班号告诉我吗？以防飞机误点。

Secretary: Oh, sorry. I don't know the flight number, but I'll let you know by phone tomorrow.
噢，对不起，我不清楚航班号，明天我打电话告诉你。

Reservations: Thank you, madam.
谢谢，女士。

Secretary: Yes, according to the program, they'll have a meeting on the 25th. Can you arrange a big conference hall?
根据会议日程安排，他们在 25 日有个大会，你能安排一个会议厅吗？

Reservations: Yes, madam, we have a very nice multi-function hall, but you'll have to speak to the manager about that. Please hold on a moment and I'll see if I can put you through.
可以，女士，我们有一个很好的多功能会议厅，但是，你得和管它的经理讲。请稍等别挂，我看看能否为你接通。

三、如何写信订房

（一）订房信

有时秘书需要为上司写信订房，其英文信如下例：

Li Ying
HKH Company
869 ×××× Road
Shanghai, 200021
P. R. China
19th October, 2012

The Manager

×××× Hotel

×××× Street

NewYork, NY 10002

U. S. A.

Dear Sir,

I would like to book a single room from the 22nd of Novermber to the 29th of Novermber, for Bill Brown, our Managing Director.

We would like you to provide a room with a telephone extension. We would like a room overlooking the park, if possible.

Mr. Brown will need some reception facilities, as he will have many business meetings. He would like you to reserve a room for business meetings for the duration of his stay.

Mr. Brown will arrive on the morning of the 22nd of Novermber, and is intending to leave in the afternoon on the 29th of Novermber.

We would like you to confirm this booking by return. Please let us know the full cost, and service charges.

We look forward to hearing from you.

Yours faithfully,

Li Ying (Signature)

(二) 订房复信

28th October, 2012

Li Ying

HKH Company

869 ×××× Road

Shanghai, 200021

P. R. China

Dear Miss Li Ying,

Thank you for your letter of the 19th October.

We have reserved a single room for Mr. Bill Brown for the period of the 22nd of Novermber to the 29th of Novermber.

The room overlooks the park, and has a telephone extension. The telephone can be connected to outside lines, so Mr. Brown can use the telephone to make and receive calls. A reception room will be available daily.

The cost of single rooms is \$260 per night. There will also be a service charge of 15 percent. This price includes breakfast which can be served in the guest's room, if desired.

We look forward to seeing Mr. Brown.

Yours faithfully,

B. L. Smith (Signature)

第四节　商务旅行其他事宜办理

涉外秘书除购票订房外,还得为商务旅行的上司办理其他商务旅行事宜,如准备物品等,而出国商务旅行中办理出入境手续则请见本书第七章"办理出入境事宜"。

一、准备物品

上司商务旅行计划制定后,涉外秘书在为上司预订、预购妥机票、车票的同时,还需为上司准备出差物品。它主要包括以下几类:

(一) 文件资料

上司商务旅行时所需的文件、资料有意向书,合同草案,洽谈时需要的事实、数据等材料。如参加会议,秘书还得为上司准备好发言稿,以及被访问单位的资料,如对方公司的概况、地址、电话号码和主要负责人的情况资料。如果是调查研究或商务谈判等公务旅行,则要根据具体事务来准备材料。如主要活动是谈判,那就要根据谈判所需要的信息资料进行准备。但是考虑到在外执行公务不能随时查资料、文件、档案等,因此平时要注意在电脑上储备信息资料,公务旅行时带上手提电脑,以便随时调阅所需资料。

(二) 旅费

秘书要根据上司的需要和公司的规章制度,代上司领取旅行费用,包括交通费、住宿费、交际费等。一般情况下,上司商务旅行应由秘书到财务部门预支差旅费。差旅费一定要带足,但是最好不要都带现金,可以在银行卡上多存一些金额,到达目的地后再根据需要随时取用。

(三) 代办托运

如果上司需携带商品样本、成叠的商品说明书等较大、较重的东西,秘书要事先办好托运手续,保证上司在访问地时能收到、使用它们。

(四) 旅行用品

旅行用品包括身份证、通讯录(常用电话号码)、手机备用电池及充电器、照相机或摄像机、列车时刻表、旅游地图、换洗衣物、洗漱用品,还包括公司的信笺、信封、日历、笔、本子等。年老或体弱的上司还得带上常服或备用药品。

上述物品最好列出清单,让上司检查、补充后一一备齐或办妥。

秘书在上司出差前一天，还应留心交通情况有无变化，尤其是飞机，是否因天气而改变起飞时间，如无变化，则应安排小车，并可陪同上司赴机场、车站或码头。

二、秘书在国外商务旅行中的随从事务

如涉外秘书随同上司出国商务旅行，则还得承担随从事务，除了平时的秘书工作职责外，常见的是办理宾馆入住、结账手续，问路等事务。试举几例：

（一）办理宾馆入住手续

假设涉外秘书李英被单独派遣出国出差，要办理预订的宾馆房间的入住手续：

Li Ying: Good evening, my name is Li Ying. I have got a reservation for two nights.
晚上好。我叫李英，我预订了两天的房间。

Receptionist: Good evening, Miss Li, one moment, let me check it... Miss Li? A single room?
晚上好，李小姐，请稍等，让我查一下……李小姐？一间单人房？

Li Ying: Yes, all right.
对。

Receptionist: Your room numble is 503.
您的房间是503。

Li Ying: Thank you.
谢谢。

Receptionist: Could you fill in the form, please? And sign here. Thank you. Now, how would you like to pay?
请您填一下这张表好吗？请在这儿签字，谢谢。您怎样付费？

Li Ying: Can I pay by credit card?
可以用信用卡吗？

Receptionist: Certainly. American Express?
当然可以，是美国的 Express 卡？

Li Ying: No, VISA.
不，是 VISA 卡。

Receptionist: I am sorry, but we don't take VISA here.
对不起，我们这儿不通用 VISA 卡。

Li Ying: Well then, can I pay with traveller's cheques?
那我能用旅行支票支付吗？

Receptionist: Yes, that's fine. So, here's your key, Miss Li. The porter will bring your luggage to your room.
可以，那样很好。李小姐，这是您的房间钥匙，搬运工会将您的行李送到您房间的。

Li Ying: Thank you.

谢谢。

（二）办理旅馆结账手续

Receptionist：Checking out?

要结账？

Li Ying： Yes, please.

是的。

Receptionist：Which room?

什么房间？

Li Ying： 503.

Receptionist：One moment... Ok, here's your bill, 628 U. S. dollars. Sign here, please.

请稍等，好了，这是您的账单，628 美元，请在这儿签字。

Li Ying： Can I pay with traveller's cheques ?

我用旅行支票支付？

Receptionist：Certainly.

当然可以。

Li Ying： Here you are.

给。

Receptionist：Thank you very much for staying.

感谢您来这里住宿。

Li Ying： I have enjoyed my stay very much. Thank you.

我在这里住得很愉快，谢谢。

Receptionist：Thank you very much. Goodbye.

非常感谢，再见。

（三）在国外问路

例一：

Receptionist：Good afternoon. Can I help you?

下午好，有事吗？

Li Ying： Good afternoon. How far is it to Central London?

下午好，请问这儿离伦敦市中心有多远？

Receptionist：About 15 miles, that's about 26 kilometres.

大约十五英里，相当于二十六公里左右。

Li Ying： How much does it cost by taxi?

打车要多少钱？

Receptionist：Oh, a taxi is rather expensive, but it's easy to go by the airport bus or underground from here.

噢，打车比较贵，从这儿乘机场班车或地铁去很方便啊。

Li Ying: How long does it take by the airport bus? I'm going to William Hotel.

我要去威廉宾馆,乘机场班车去要多长时间?

Receptionist: Well, you could take the airport bus to Victoria Station, then get a taxi from there. It takes about an hour to Victoria Station.

您可以先乘机场班车到维多利亚车站,然后再从那里打车。到维多利亚车站大约要一个小时。

Li Ying: Where does the airport bus leave from?

机场班车在哪里?

Receptionist: There is the airport bus stop just outside this terminal.

车站就在机场大厅外面。

Li Ying: Have you got the airport bus timetable ?

你有机场班车的时刻表吗?

Receptionist: Yes, here you are. As you can see, it leaves every 15 minutes in the afternoon.

有,给。你看,下午每隔十五分钟有一班。

Li Ying: That is fine. Thank you for your help. Goodbye.

很好,谢谢你的帮助,再见。

Receptionist: You are welcome. Goodbye.

不用谢,再见。

例二:

Li Ying: Excuse me, can you tell me where the nearest bank is?

打扰了,请问离这儿最近的银行在哪里?

Receptionist: It is not a long way from here. It take about fifteen minutes.

离这儿路不多,大约十五分钟左右。

Li Ying: Which direction is it to the bank? Should I go this way, or that way?

怎么走?从这边走,还是从那边走?

Receptionist: Go that way, turn left at the first corner, go down the Second Street. It is one blocks straight ahead.

从那边走,到前面第一个转弯处,向左拐,走上第二大街,再一直往前走过一个街区就是了。

Li Ying: I know.

我知道了。

Receptionist: And take the street on the right.

你得走在第二大街的右边。

Li Ying: The bank is on the right-hand side?

银行在街的右边?

Receptionist: That is it.

对。

Li Ying： Thank you.

谢谢。

三、上司出差期间秘书的工作

如果秘书不随同上司出差，那么，在上司启程后，但尚未到达目的地时，秘书要用电话通知受访单位，以便对方及时派人派车接站。

秘书依据旅行日程表，估计上司已到达下榻处后，要主动用电话与上司取得联系，以便有紧急事宜可以请示。

上司临行前，秘书应请示某些工作如何安排，由谁暂时代理其分管业务，紧急信件如何处理等。然后，依据指示，在上司出差期间，按照被授权范围，从容处理可由自己处理的事务，对重要的事宜则待上司回来决定，遇紧要事务则可用电话向上司请示。这期间企业内发生的重要事情，秘书都应一一记录，让上司回来后即可了解，以掌握全局。

四、上司归来后秘书的工作

秘书宜在上司归来前一天，先打电话与上司联系，了解他乘坐的交通工具及班次、抵达时间，然后安排车辆，自己前往迎接。

上司上班后，秘书要马上向他汇报他出差期间企业发生的重要事情，尤其是急等他决定的事情，并汇报此期间自己授权处理的事情的经过。

上司所带回的文件、资料，秘书要代为整理，该归档的归档，该印发传阅的就分发给有关人员。

核计上司所花费的旅行费用，一一统计、填写清楚，并经上司过目，交有关人员签名后，到财务处销账，这也是秘书的分内事。

五、寄函致谢

上司公务旅行回来后，秘书要按照上司的指示，尽快向接待过上司的单位或个人发出感谢函，感谢函须经上司签名，其样式如下：

Dear Mr. Dale Smith：

I want to thank you again very much for your marvelous hospitality during my stay in Beijing.

You mentioned the possibility of making a trip to Shanghai in the near future. Please let me know your plans so that I can show you some of the sights here.

Yours sincerely

Bill Brown (Signature)

思考题

1. 商务旅行计划的主要内容有哪些?
2. 如何预订国内机票?
3. 如何预订国内宾馆房间?
4. 上司出差期间和归来后,秘书要做哪些工作?
5. 试写一封英语感谢函,答谢接待了上司的公司。

第七章　办理出入境事宜

"三资"企业和涉外单位的上司为了洽谈业务、访问考察而需出国，秘书有时陪同上司出国，外资企业的上司和秘书出国办事的次数更多，其出入境事务由秘书办理。所以，秘书应熟悉这方面知识和手续，以便顺利地办妥这类手续。

第一节　出 国 手 续

因公出国申请手续主要有五项：递呈出国申请书、办理护照、申请签证、办理黄皮书、办理出境登记卡。

一、递呈出国申请书

出国申请由秘书撰写，内容包括：

出访的依据(邀请方单位全称，邀请人的姓名、职务)；

组团领队姓名、职务，出访人员姓名与职务；

拟定出访日期的起止时限及出国(境)停留时间(含出访或途经国家及地区停留时间)；

出访国家或地区(顺访或途经的国家及地区)；

出访的目的和任务；

经费的来源；

出访人员组成的基本情况(姓名、性别、民族、出生年月日、出生地、政治面貌、文化程度、工作单位、现任职务和专业技术职务、身份证号码、办公电话、住宅电话)。

申请书经上司审阅同意后，再加上外国公司所发的邀请函(副单)、出访人员身份证复印件一起递呈给当地公安局的出入境管理处审批。

根据我国有关规定，有下列情形之一者，为不准出境人员：

一为被判处刑罚正在服刑的；

二为人民法院通知有未了结的民事案件不能出境的；

三为属于刑事案件被告人或者犯罪嫌疑人的；

四为国务院有关主管机关认为出境后将对国家安全造成危害或者对国家利益造成重大损失的。

所以，单位内的人员因公务出国出境，秘书应告诉他们须履行"单位意见"这道手续，即由单位组织人事部门依据申请者的实际情况，出具同意或不同意的意见。

组织人事部门出具单位意见时除了考虑国家的法律规定、地方政府颁布的有关政策以及单位的实际利益外，还应注意以下几个问题：

第一，保障公民出入境的正当权益，防止侵权行为。公民只要申请理由正当，符合法律规定的，就应该出具同意出国的意见；

第二，防止上述几种法定不准出境人员蒙混出境；

第三，不可弄虚作假，为非本单位人员出具单位意见，目前此类作假案件有所上升，因此规定国家机关、企事业单位的一般工作人员申请出国，由其工作单位的组织人事部门出具单位意见；机关、企事业单位的领导干部申请出国，则由上一级主管单位组织人事部门出具单位意见。

二、办理护照

（一）护照的作用

护照是主权国家发给本国公民出入境及到国外办事旅行居留的合法身份证件和国籍证明。凡出国人员均应持有护照。进入任何国家都须出示护照，在国外，须凭护照住旅馆，办理银行账号、医疗卡等，当有关当局检验时须出示护照以证明自己的合法身份。任何国家都不允许没有护照的人进入其国境，对护照的检验很严格，以防止持过期、失效或伪造护照的人进入其国境。

如果持照人在国外旅行、居留期间发生意外，所在国首先必须依照其所持护照，判明身份和国籍，然后再决定如何处理。同样，护照颁发国的驻外机构也要根据护照来决定如何提供帮助或外交保护等。

在国内，出国前要凭护照办理所去国家和中途经停国家的签证，凭护照购买国际航班机票（车、船票），凭护照通过边防检查和海关检查后，才允许登机或上国际列车、海轮。

近年，我国有关部门还宣布，护照在国内还可有其他用途，如：

乘国内航班的旅客，登机时如未带有身份证，出具在有效期内的中华人民共和国普通护照，也可予以检查放行。

实名制私人存款的首次存款，出具在有效期内的中华人民共和国普通护照也可办理，以后凭护照也可取款。

出具在有效期内的中华人民共和国普通护照，可以办理宾馆、旅馆、招待所的入住手续。

（二）护照的种类

目前，多数国家颁发外交、公务和普通三种护照，也有一些国家颁发三种以上或根本不分类的护照，或颁发代替护照的证件。

根据 2007 年 1 月 1 日起施行的《中华人民共和国护照法》规定，我国政府现在颁发的护照有外交护照、公务护照和普通护照三种。原先，我国的普通护照分为因公普通护照和因私普通护照，现在，《中华人民共和国护照法》将这两种归并为普通护照一种。

外交护照　大红烫金封面，系发给外交官员、领事官员和到外国进行国事活动的国家元首、政府首脑、国会或政府代表团成员等，根据国际惯例，上述人员的配偶和未成年子女，一般也发给外交护照。

公务护照　墨绿色封面，系发给国家公务人员的护照，也有的国家称这种供政府官员使用的护照为“官员护照”。此外，各国都把这种护照发给驻外使（领）馆中的不具有外交身份的工作人员及其配偶和成年子女，以及援外专家、出国访问代表团团员等。

普通护照　原为浅棕色封面，根据公安部《中华人民共和国普通护照审批、签发管理规范》的规定，自 2000 年 6 月 1 日起，陆续在全国颁发封面为玫瑰紫色的普通因私护照，系发给侨居国外的中国公民及因私事出国（如探亲、旅游、出国定居、自费留学、劳务输出）的公民。

不同种类的护照享受的礼遇也不同。

（三）外交、公务护照的办理

外交护照由外交部签发。

公务护照由外交部及其授权机关（如各省、直辖市、自治区和设区的市人民政府的外事部门）办理，在国外则由我国驻外使领馆等外交机构签发。

秘书在办理这几类护照时要注意以下几个事项：

第一，携带有关证件，如主管部门的出国任务批件、出国人员政审批件、所去国有关公司的邀请书等文件。

第二，认真填写有关卡片和申请表。

第三，拿到护照后，再认真检查核对每位出国人员姓名、籍贯、出生年月和地点，若是组团出国，则要检查护照上的照片是否与姓名一致，有无授权发照人的签字和发照机关的盖章；发照日期和有效期有无问题，使用旧护照再次出国者更应注意其有效期，若已过期，必须申请延长。

护照上另一个容易被忽视的是持照人签名。根据国际规定，护照必须由持照人签名，否则该护照被视为无效，出境、入境、银行开户、法律交涉等都将难以进行，有的国家甚至要对未签名的持照人进行拘留审查。持照人应在“持照人签名”栏内用正楷签上自己的姓名，签名时必须用毛笔、钢笔或专用签字笔，不得用圆珠笔或铅笔，不得涂改。

护照是出国人员在外被唯一认可的身份证件和国籍证明，持照人在国外将凭此受到国家的外交保护。因此，护照全部内容必须准确无误，检查核对时一旦发现差错，应立即向发照机关提出更正。

（四）普通护照的办理

随着改革开放政策的进一步实施，我国对公民因私出国的条件、受理、审批逐步放宽，与国际惯例接轨。我国因私事出国的公民，如探亲、学习、就业、旅游、出国定居、从事商业活动和劳务输出者大幅度增加，他们都需要办理普通护照。秘书应当了解这方面情况，掌握最新的普通护照的办理方法，以便顺利办理这方面的手续。

1. 普通护照的申领手续

普通护照由公安部出入境管理机构或公安部委托的县级以上地方人民政府公安机关出入境管理机构以及我国驻外使领馆和外交部委托的其他驻外机构签发。

全国大中城市已实行“按需申领护照”的政策，什么是“按需申领护照”的政策呢？以试点城市上海为例，自 2002 年 9 月 1 日起实行这一政策，具体如下：

（1）申领手续的模式

上海的申领普通护照手续，采取了“多渠道受理、集中审批制证、一次核对办结”的模式。“多渠道受理”指受理申领护照的渠道增多，公民既可以直接到公安机关设立的受理点提交护照申请材料，也可以通过指定的 100 个邮政网点向出入境管理处递送申请材料；“一次核对办结”即申请者本人必须亲自到出入境管理处指定的发证点领取护照。

护照的有效期，持有人在 16 周岁以下者为 5 年，16 周岁以上者为 10 年。

（2）申领护照的具体方法

第一，去市公安局出入境管理处或指定的邮政网点领取《中华人民共和国普通护照申领表》，按要求填妥。填写时须用蓝色或黑色的钢笔或水笔，不能涂改，也不能用繁体字。复制的申领表无效。

第二，如申领者属于“特定身份人员”，填妥申领表后，还须单位在表上签署同意出国的意见，并加盖公章。单位党政正职干部须由上级主管单位人事部门签署意见并盖章，局级干部则须递交市委组织部的批件。

“特定身份人员”指：

在职和退（离）休的市管干部；

各级机关包括工、青、妇等人民团体和各民主党派机关中的处级干部；

涉及国家政治、经济、安全、商业秘密以及金融、财税、科研、教学等机关，国有企事业单位的重点岗位工作人员。

第三，用 16 开复印纸将本人的身份证、户口簿各复印一份，如用 A4 复印纸，则要将它裁剪得和申领表一样大小。户口簿要复印两页，一页是签发页，说明户口所在地警署的名称，另一页是本人情况页。如有登记事项变更页，也需复印递交。

第四，按要求拍妥护照照片。一式四张，一张贴在申领表上。

第五，将填妥的申领表、身份证、户口簿复印件等申请资料递交出入境管理处申办。如申请人持有失效的普通护照，交表时必须将失效护照一起交上，如失效护照上有出入境记录、需要交还的，要当场向受理人员说明。如失效护照遗失，需递交报失证明和登报作废声明。申办完了应领取办照回执，上有约定的取护照日。

如申请人因故不能亲自前去递交，或不能亲自为监护的 16 周岁以下儿童递交申请表，可以到附近指定的邮政网点，用邮政特快专递的形式向出入境管理处递送申请资料。出入境管理处在收到申请资料的几日中，会寄来回执。

第六，到了约定的取护照日，申请人持回执前往出入境管理处领取护照。

申请人递交了申请资料后，出入境管理处在 10 个工作日内办毕。如有急事还可申请急办。急事急办的范围为：

奔丧、探病者需提供亲属死亡或对方的住院证明；

开学在即的需提供开学日期在 1 个月之内的国外接收学校出具的正式入学通知书；

国外有效入境证明即将过期的，需提供相关证件；

公安机关认为确属紧急的其他情况。

2. 新的普通护照的变化及注意事项

自2000年6月1日起，陆续在全国颁发的封面为玫瑰紫色的普通护照，其封二资料页中，取消了“身份”、“婚姻状况”两栏，并对申请护照时提供的照片提出了详细新要求，不少申请人由于照片不合要求而遭到拒绝受理，为此，涉外秘书应注意此问题，以免耽误。

照片须是持证人近期直边正面免冠彩色半身证件照（光面相纸），国家公职人员不着制式服装，儿童不系红领巾，服装不能为浅色，照片只限一人，照片的背景必须是白色或淡蓝色，不得提交一次性快照、经翻拍的或用各种彩色打印机打印的照片，照片上不得有镜片反光，脸部，尤其是双颊与额头反光，影像不得有叠影或外廓、背景阴影、半明半暗，不佩戴项链、耳环等首饰和任何有色、变色眼镜，照片人像尺寸要求是：48毫米×33毫米，头部宽度21—24毫米，头部长度28—33毫米，俗称“大头小二寸”，照片上不能有污点，反面不能书写任何文字或数字。凡不符合上述要求的照片，各地公安局出入境管理处一律不予受理。

此外，我国公民因从事边境贸易、边境旅游服务等需要出入边境的，可向公安部委托的县级以上地方人民政府公安机关出入境管理机构申请中华人民共和国出入境通行证。

（五）电子护照及其办理

随着科学技术在证件领域的不断应用，目前已出现了电子护照。

电子护照，即携带有电子信息的护照。电子护照与老版护照外表区别并不大，只是在传统护照的封面、封底或者当中的某一页嵌入一块小指甲盖大小的电子芯片，并将持照人的姓名、性别、出生日期、照片、指纹等丰富的个人信息储存在芯片内。电子护照的优点是方便让电脑读取器迅速准确地读取和记录信息，并且在印刷信息遭破坏或损坏时，有额外的途径获取或核对护照持有人的正确个人信息。电子护照相对而言难以伪造，对打击护照的伪造、涂改、冒用、非法转让等有积极的意义。

办理电子护照时增加了采集指纹和电子签名两道程序，其办理时间和费用与老版护照相同，有特殊情况的公民可以申请加急办理。申请办理加急的特殊情况包括：出国奔丧或探望垂危病人的；出国治病的；出国留学且开学日期距办证之日不满1个月的；公派出国留学的；国外的入境许可证或签证有效期到期日在拟领证日之前的。申请加急办理除按正常申请手续和提供必须的证件外，还须提供能证明自己特殊情况的相关证明。

自2012年5月15日起，我国公安部门统一开始向普通公民签发普通电子护照。

（六）护照的报失和补办

护照如果遗失，应当立即向当地公安局挂失查找，若查找不到，可申请补办。

短期出国的公民在国外护照遗失、被窃、毁损不能使用的，可向我国使领馆或外交部授权的其他驻外机构申请中华人民共和国旅行证，以暂时代替护照使用。

如单位中的外籍人员不慎遗失了护照，秘书应尽快帮助他去公安局出入境管理处报失。丢失护照者须提供姓名、性别、国籍、来华身份或事由、护照号码、签证种类、入境口岸及时间、国外地址等，如有护照复印件最好附上，经出入境管理处核查后发给护照报失证明。外国人可持证明到护照国驻我国使领馆申请补发护照或有效证件，然后再持证件到出入境管理处办理相应的签证方可出境。如在我国领不到新护照的，会发给专供出境使用的证件。

（七）不予签发我国护照

根据我国《护照法》的规定，前述四种不准出境人员，不予签发护照，此外有下列情形之一者，也不予签发我国护照：

一为不具有中华人民共和国国籍的；

二为无法证明身份的；

三为在申请过程中弄虚作假的。

连同前述四种不准出境人员，共有七类人不予签发护照。

我国《护照法》还另外规定，以下人员自其刑罚执行完毕或者被遣返回国之日起，六个月至三年内不予签发护照：

一为因妨碍国(边)境管理受到刑事处罚的；

二为因非法出境、非法居留、非法就业被遣返回国的。

三、申请签证

（一）签证的作用和种类

护照办理好后，再申请所去国家(地区)和中途经过停留的国家的签证。

签证是一国官方机构对本国和外国公民出入国境或在本国停留、居住的许可证明。签证一般是在护照上签注、盖印，也有的做在其他身份证明上。如果前往未曾建交的国家，则单独的签证与护照同时使用。

我国的签证一般做在护照上。

持有有效护照的我国公民，不论因公或因私出国，除了前往同我国签订有互免签证协议的国家外，事先均须获得前往国家的签证。

我国政府规定，中国公民出入我国国境凭有效护照，可不办理签证。

签证的种类很多。世界各国签发给外国人的入境签证，一般可分为外交签证、公务签证和普通签证。有的国家还有礼遇、旅游、非移民及移民签证。根据出入境情况还分别发给出境签证、入境签证、出入境签证、入出境签证、多次出入境签证或过境签证。出境签证，只许出境；入境签证即准许持证入境，如需出境，须再申办出境签证；出入境签证，可以出境，也可以再入境；入出境签证，可以入境，也可以出境；多次出入境签证，在证件有效期内可多次出入境；过境签证，只许在限定时间内在指定的出入境口岸经过国境，一般不得前往其他地区。有的国家还根据入境事由把签证分为探亲签证、留学生签证、定居签证、工作签证、旅游签证等。

（二）签证的有效期、有效次数

签证的有效期：各国颁发护照和签证的机关，对不同的签证，规定不同的有效期限。签证的有效期不得超过护照的有效期。签证的有效期一般为1个月、3个月、半年或1年以上，也有的签证有效期不足1个月；过境签证的有效期一般较短，大多在1周以内。持证人必须在签证规定的期间内入、出或过境。一旦签证过期，必须重新申办。

签证的有效次数：签证除了有一定的有效期限外，还规定了有效次数。有的签证一次有效，即这个签证使用一次后就失效；有的签证两次有效，有的签证多次有效。

各国的签证内容格式大体相同，主要包括：签证有效期、有效次数、停留期、出入境口岸和偕行儿童（即不满 16 岁的儿童和成人合办一本护照的。如果成人和儿童分别办理护照的，这个儿童不能称为偕行儿童）等。

（三）中华人民共和国护照免签地

根据我国政府和部分国家政府的协议，持中华人民共和国护照的公民，去如下国家可免签证（因各国签证政策经常变化，此名单仅供参考）：

塞舌尔、所罗门、斯里兰卡、东帝汶、图内尔、纽埃、叙利亚、尼泊尔、萨摩亚、密克罗尼西亚、毛里求斯、多米尼加、库克、马尔代夫、黎巴嫩、贝宁、阿鲁巴、伊拉克、约旦、布鲁迪、科摩、吉布提、马维拉、埃塞俄比亚、肯尼亚、阿塞拜疆、巴林、乌干达、柬埔寨、阿鲁巴、佛得角、斐济。

（四）签证的办理

办理前往国的签证应持国外邀请书，或有关国家移民局的允许证等，到该国驻华使领馆的签证代办处办理。

如果时间紧迫，在国内来不及办理签证，可和我国有关驻外使领馆联系，请其代向驻在国申请签证。办妥的签证，可在抵达该国时，由机场移民局发给申请人。这称为倒签证。

近年来，泰国、缅甸、越南等国家和韩国济州岛，为了吸引中国游客以兴盛其旅游业，对前去的我国公民，只要参加有经营出国旅游业务资格的旅行社组织的旅游团，就允许倒签证或免签证。

签证时应注意：

第一，去外国驻华使领馆面试，一定要做到仪表端庄，衣着整齐、干净，头发洗理梳齐，胡须刮净修好，面试前不要吃有怪味的食物。

第二，言谈举止要彬彬有礼，自始至终都要十分注重礼节礼貌。

第三，面试时切勿精神紧张，对于听不懂的外文，可请求再说一遍；自己回答问题表达不清楚的，可请示允许再说一遍，切忌不懂装懂，回答问题牛头不对马嘴。

取得签证后，秘书要注意以下几点：

第一，注意签证的有效期及证明机关是否签字盖章。

第二，若由于种种原因签证已过期失效，在国内应重新申办延长，在国外应通过我驻外使领馆或自行向驻在国有关当局办理延长手续。

第三，注意签证上持有人的姓名的拼音、签证种类是否正确。

如果出国者需一次出访两个或两个以上国家，应当在国内办妥全部签证。有人由于时间紧迫，特别是有的签证一时很难获准，就在国内只办较容易获得的签证，而将其他难办的签证放到国外去办。结果，事与愿违，这些签证在国外更难办出。在此情况下，这些人中，有的因时间不允许，只得提前回国；有的为取得签证，在外白白浪费了宝贵的时间、金钱和精力。出国人员在申办出国签证时，需注意与本人的出国身份和目的相一致，不然，在国外就会受到种种限制，遇到更大的麻烦。

2000 年 3 月起，我国教育部所属的中国留学服务中心开通了网上签证申请系统——留学信息网(http://www.cscse.edu.cn),申请人只需上网就可查询、填写、修改签证表单,委托办理有关事宜,从而简化了手续,减少了申请人的往返奔波,省时省力省钱,方便了申请人。

"三资"企业和涉外单位有时邀请外商、技术专家等前来洽谈业务、交流技术,对他们入境签证中遇到的一些问题,秘书应协助办理。我国对应邀来华进行访问、经商、交流等活动的外国人发给标有"F"字头的访问签证,该签证分一次、两次及多次有效。持有多次有效访问签证的外国人每次入境后,应按签证内注明的停留天数停留。如需要延长在华停留期限,可向当地公安机关出入境管理部门提出申请,获准后按延期的日期停留。如出境后再次来华,仍应按原签证注明的停留期限停留,不要将上次的延期误作为每次入境后停留期的延长。

有时,单位中外方员工、上司的家属来华,他们对入境签证如有不熟悉的,秘书也宜作些介绍、指导。如我国使用的标有"L"字头的旅游签证是发给来华旅游、探亲的外国人的,该签证内注明的有效期是指入境的有效期,持证人可以在标明的有效期前任何一天入境;停留期是指允许持证人从入境之日起在华停留的期限。所谓入境之日是以边防检查站盖在持证人证件上的入境查验章日期为准。请持证人务必不要混淆该签证所注明的两个不同的期限,不要误将入境有效期当作允许停留期限而导致逾期停留。

(五) 我国居住证的作用

改革开放后,我国一些城市的公安局向一些外国籍来华人员签发了居住证,如《北京市居住证》、《上海市居住证》等,这些居住证具有下列主要功能:

第一,持有人在本市居住、工作的证明;

第二,用于办理社会保险、住房公积金等个人相关事务,查询相关信息;

第三,记录持有人基本情况、居住地变动情况等人口管理所需的相关信息,持有居住证的外国籍人员,可以申请办理长期居留手续和与居留期限相同的多次出入境签证手续。因此,外国籍来华人员可以此办理居留手续和出入境签证手续,但不能以此代替来华签证。

四、办理黄皮书

(一) 什么是黄皮书

黄皮书即《国际预防接种证书》(International Certificate of Vaccination),因为它的封面通常是黄色的,所以惯称"黄皮书"。为防止国际间某些传染病的流行,世界卫生组织正式通过的《国际卫生准则》规定,入境者在进入一个接纳国的国境前,要接种牛痘、霍乱、黄热病的疫苗。如果出入国境者没有携带黄皮书,国境卫生检疫人员有权拒绝其出入境,甚至采取强制检疫措施。

我国的卫生检疫机关规定:

各类出国人员,如留学生、进修生,从事商务、技术合作、探亲、劳务出口、援外及到国外定居的人员,均须到卫生检疫机关接受健康检查,预防接种,领取《健康证明书》和《国际预防接种证书》,出境时须向卫生检疫机关出示后,方能出境;

在国外居住3个月的国内公民回国及经批准回国定居或工作的华侨、港澳台同胞,入境1个月内须到就近的卫生检疫机关进行健康检查。

我国黄皮书一般印有英文和中文两种文字，封面印有《国际预防接种证书》和“中华人民共和国卫生部”字样；第一页印有《说明》——霍乱和黄热病有效期及有关使用黄皮书的注意事项；第二页和第三页是《黄热病国际预防接种或接种证书》；第四页为《霍乱国际预防接种或复种证书》；第五页为《其他预防接证书》（包括卡介苗、小儿麻痹、百白破、麻疹、流脑、乙脑等）；第六页为《旅行者须知》；第七页为《预防疟疾》说明；最后一页为《医生须知》。

世界卫生组织已经宣布，自 1980 年 5 月起，天花病菌在世界范围内已基本得到控制，所以现在一般不要求预防天花的证书（有的国家仍要这项证书）。关于预防霍乱和黄热病两种接种证书，不同地区的国家在不同时期对来自不同国家的入境者要求不一样。对来自非洲和亚洲的入境者，都严格检验黄皮书，因为非洲是黄热病、霍乱和疟疾流行地区，亚洲某些国家也是霍乱和疟疾传染区。中国人去欧洲、亚洲、北美洲、大洋洲一般有预防霍乱接种证明即可，而去非洲、拉美及个别亚洲国家，通常需要预防霍乱和黄热病两种接种证明。此外，一些国家和地区，还要求对疟疾、马来热、鼠疫等疾病进行预防注射或服用药物。近年来，各国对出入境者还要做艾滋病等检查。究竟所去的接纳国需要哪些“预防接种书”，秘书在办理黄皮书时，可向检疫站了解清楚。

黄皮书的有效期是按疾病种类划分的。对于预防霍乱，黄皮书的有效期为：自接种后 6 天起，6 个月内有效，如前次接种不满 6 个月又经复种，自复种的当天起，10 年内有效。

（二）怎样办理黄皮书

我国的黄皮书由各省、市、自治区卫生检疫站负责注射疫苗和签发，初次出国者申请办理黄皮书，须向卫生检疫机关提供的证件材料有：

本人护照、出境登记卡、身份证、工作证；

所在单位或街道办事处（乡政府）等开具的介绍信；

身体患病者，须提供医院的诊断证明，以作为能否接种的参考；

本人照片两张。

已有黄皮书的复种者可凭黄皮书复种。证书必须有医生签字，并盖有检疫站公章。

在出国护照、前往国家的签证和符合要求的黄皮书都已齐备后，再办理出境登记卡。

五、办理出境登记卡

（一）出境登记卡的作用

出境登记卡是公民出境登记的一种卡片，是护照的重要组成部分，发照机关发照时同时将出境登记卡加订在护照备注页上。持照人初次出境，必须同时凭护照和出境登记卡，才能办理与前往国家（地区）相一致的入境签证和途经国的过境签证手续。持照人进入外国驻华使领馆申办入境或过境签证时，必须将两者同时出示给警卫人员。离境时边防检查人员除查验前往国签证外，还须查验出境登记卡并将其收回。持照人离境后，出境登记卡的作用即告结束。

（二）出境登记卡的内容

出境登记卡的内容包括：姓名、性别、出生日期、护照号码、发照日期、出境事由、目的地（国家或地区)、偕行人数、发照机关(印章)和发照地。上述内容和持照人护照内的内容是完全一致的。如果发现有不一致的地方,持照人必须在领取护照时当即向发照机关提出,以便迅速更正。

(三)出境登记卡的种类

出境登记卡有两种:一种是一式两份的"A"字头相同编号的出境登记卡;另一种是"B"字头编号的出境登记卡。"A"类出境登记卡,在办妥前往国的入境签证后,无须再换领出境登记卡,只要在离境前到户口所在地的派出所办理户口登记手续即可。"B"类出境登记卡,在办妥前往国的入境签证后,必须持护照和"B"类出境登记卡到原发照机关换领"A"类出境登记卡并办理户口注销或短期出国登记手续(凡出国时间超过半年的,一般都要办理户口注销手续,其余的一般只办理户口登记手续)。

"A"字头编号的出境登记卡一式两份,蓝色一份在上,粉色一份在下。粉色一份背面有说明文字:

1. 初次出境,凭护照和出境登记卡,向前往国驻中国大使馆或领事馆申办入境签证和途经国过境签证手续;

2. 在取得外国签证之前,不要急于办理退学退职手续,以免得不到签证,使生活、工作发生困难;

3. 获得外国签证后,在离境前应按我国公民出境、入境管理法的规定到户口所在地派出所办理有关户口手续。

"B"字头编号的出境登记卡一式一份,为黄色,正面的内容与护照中的内容完全一致。背面印有说明文字:

1. 初次出境,凭护照和出境登记卡,向前往国驻中国大使馆或领事馆申办入境签证和途经国过境签证手续;

2. 在取得外国签证之前,不要急于办理退学退职手续,以免得不到签证,使生活、工作发生困难;

3. 获得外国签证后,在离境前应按我国公民出境、入境管理法的规定,到户口所在地派出所办理有关户口手续,并到原发照机关或受委托的发照机关更换新的出境登记卡,方能出境。

持照人初次出国(境)后回国,如果再次出境,不论其与前次出境间隔时间长或短,也不论其出境事由是否改变和是否变更前往国家或地区,只要凭有效护照和前往国家或地区的有效签证或其他准予入境的许可,即可出境,无须再次重新履行其他出境申请手续,也不需要再申领出境登记卡。

2003年8月起,我国公安部实施出入境便民措施,取消了出国、出境一年以上人员必须注销户口的决定。但是,出国、出境定居者,须到当地派出所或户籍办公室注销户口。

第二节 出国准备事宜

出国准备事宜主要包括订购机、船、车票和物质准备等,秘书应负责订购机、船、车票。

一、订购机票

我国公民出国，以乘飞机为多，所以，秘书首先要了解机票种类。机票一般分为正式票、优待票、特殊票三种。

正式票是世界范围内的通用票，有效期为一年。票价采用国际民用航空组织统一的计算方法和结算单位 FCU(Fare Construction Unit)。各航空公司之间只要有结算关系，所开机票都彼此接受。

优待票主要指航空公司对幼儿(2 岁以内)、儿童(2—12 岁)、学生、盲人等以及团体所开的折扣票。团体折扣票因各航空公司要求的人数不等，其所打的折扣也不等。

特殊票是指某些地区和路线并附带特殊规定和条件的廉价机票。这种票有指定季节、时间、路线、停留点、停留天数和有效期等限制，但不拘人数(头等舱没有特殊票)。

机票按等级分有一等票、经济票、公务票。

机票按旅行路线的状况一般可划分为以下几种：

1. 单程　旅行路线从甲地到乙地，一次性机票价。

2. 来回程　旅行路线从甲地到乙地，然后从乙地回甲地。往返票价除特价票外，一般都是正常的单程票价的两倍。

3. 环行　从某地出发，绕圈旅行，最后回到原地。

4. 环球　从某地出发，经东西半球(太平洋、大西洋)环行，最后回到原地。

5. 分支旅行　旅行路线中有某几点，单独构成一个单程或来回程。

6. 断路旅行　旅行路线中，某两点之间改用其他交通工具，机票上注有 Surface(陆面或水面)字样。

另外还有缺口旅行、张口旅行等。

秘书了解机票的种类，便于经济地确定旅行路线，买机票时还可以尽量做到少花钱多办事。

秘书在国内购买机票时，须在中国民航所属的售票处先填写旅客订座单，待所需航班的机票订妥后，开票，然后按约定时间，持护照和票款(国际机票用外汇)取票。

秘书在填订座单时，如果上司(或其他出国人员)已选好航班、等级，并确定了出发日期，那就按计划好的填写；如果事先没有计划好，秘书先填写出国人员姓名、职称、年龄、性别、国籍、护照号码、航程、等级，其余项目可讲明要求，请售票处人员参谋帮助填写。

秘书取得机票后，应仔细核对。核对机票要注意以下几点：

1. 各票本上的各张乘机联，姓名、外文拼音要正确，要与护照、签证和黄皮书一致。

2. 每张乘机联的右上角都应有出票航空公司印章和开票签字及凭票日期。

3. 整个行程中所需各段机票应齐全，即乘机联上的黑粗线框是否把旅途中各点都包括进去，每个黑粗线框内的“预定”栏各项是否和自己的计划一致、正确。

4. 在“订座情况”一项中，“OK”字样表示机座已订妥，“RQ”则表示不被确认，遇此情况，秘书或更换航班，或继续争取。

5. 核对票价，看计算是否有高低之错。高了多花钱，低了到国外还要补钱，一旦换票，就很费周折，应杜绝。

6. 如果机座是国外有关机构代为订妥，在国内购票时要向售票处说明，请求开票时把座位一项空出不填，以免在需要改变航班时遇到麻烦。

7. 机票上各项不能涂改，如果售票处开票时写错，应请其重开，否则应在涂改处盖公章，并注说明。

如果上司或其他人员需乘坐国际列车，秘书可携带出国人员的护照、签证、黄皮书等证件到中国国际旅行社办理购票手续。票买妥后便可按票上指定的日期、车次、车厢号上车。

如果上司或其他人员需坐船出国，秘书可携带出国人员的护照、签证、黄皮书等证件到中国外轮代理公司所属分公司办理船票。出国人员凭有效船票乘船。船票只适用于本船票上所注明的船名、航次日期的班轮。无论什么原因，一旦误船，船票作废，不退票款，所以秘书要提醒上司或其他人员不要发生误船事故。

二、了解航空交通知识

为了替上司订购合适的飞机机票，秘书需要了解飞机种类、航空公司等知识。秘书要选择的应当是性能优异、安全系数较高的飞机，信誉良好、善于经营的航空公司，直飞或中途很少停降、经济方便的飞行路线。

目前国际航线上所使用的飞机，主要有两大类：涡轮喷气式运输机和涡轮螺旋桨式运输机。而喷气式飞机较螺旋桨式飞机有更多的优点：巡航速度和飞行速度快，航程远，机舱密封性好，舱内宽敞舒适，安全平稳，噪音小等。喷气式飞机性能较好的有美国波音公司生产的波音 747、757、737 等；麦克唐纳·道格拉斯公司生产的 DC、英制“子爵号”等。

据不完全统计，目前世界上的民用航空公司有近 500 家之多，既有国营的，也有私营的，规模大小不一，资本多少不等，经营管理也有好坏之分。一般来说，一些大的航空公司由于资金雄厚、经营管理科学，可供周转的飞机较多，保养好，安全措施严格，驾驶员经验丰富，机组训练有素，服务热情周到，飞行正点准时，所以是秘书为上司或其他出国人员选择航班的理想对象。

在服务质量、安全正点方面较好的航空公司有中国民航（CA）、新加坡航空公司（SQ）、瑞航（SR）、日航（JL）、澳航（QF）、法航（AF）、环球（TW）、英航（BA）、德国汉莎航空公司（LH）、斯堪的纳维亚航空公司（SK）、意大利航空公司（AZ）、荷兰皇家航空公司（KL）、希腊奥林匹克航空公司（OA）、加拿大航空公司（AC）、泰国国际航空公司（TG）、西非航空公司（RK）、法国联合运输航空公司（UT）等。

三、其他准备事宜

人们出国，总希望顺顺当当。但由于不少人在出国前忽视了一些必要的准备，因而在国外常会遇到意想不到的麻烦。因此，在出国前作好充分的准备，显得十分重要。

出国前，人们都十分注意物质方面的准备，诸如选择合适的衣服，带好一定的钱款等等，却往往忽视精神方面的准备，如出国旅行须知，了解前往国的概况，包括政治、历史、地理、文化和风俗习惯等。

对于我国驻前往国大使馆、领事馆的地址、电话，以及国外邀请人所发给的邀请信等，在出国前均应准备好，出国时随身带上，因为在国外入境口岸，有关官员很有可能要求与你的邀请人再进行联系，以证明访问的真实性。在国外期间，一旦遇到诸如入境受阻、钱物被抢、护照丢失等情况时，可立即与我国驻该国使领馆联系，取得他们的帮助。

第三节　办理出境检查

任何国家(地区)对出入境人员均实行严格的检查手续，无论在机场、海港或车站都设有边防和海关，出国人员必须办妥边防、海关等手续，方能获许出入境。

一、边防检查

各国代表边防的机构称呼不一样，有的称移民局，有的称警察局，我国称边防站。在国际机场标明“PASSPORT CONTROL”或“POLICE”字样的柜台或窗口，就是边防设立的护照检验处。

边防检查，无论是出境还是入境，持照人要填写出入境登记卡，交验护照(有的国家还要登机卡)，检查签证。边防人员确认无误后，在护照内页盖上注明出入境口岸和日期的验讫章。有的国家入境时就填好一式两份的出入境卡，入境时收走一份，另一份夹在护照内，等办理出境手续时再收走。有的国家免办过境签证，允许入境者出机场到市内参观，只是将护照留在边防站领取过境卡片，返回时再换回。

二、海关检查

海关是政府的监督、税收部门。每个国家的海关，对哪些是违禁品、哪些物品免税、哪些物品上税都有明文规定，海关人员对出入境人员及其行李进行检查，目的是为了确认出入境人员所带物品是否符合海关规定；对上税物品实行纳税；禁止国家法律所不准的物品入境和出境；证实出入境者所带物品确系本人所有。

入境者的海关检查手续是：如实填写海关申报表(简单的只需填写姓名、性别、职业、国籍、护照号和发照日期、入境口岸、入境日期、逗留地址、行李件数，详细的要列出电视机、录音机、手表、照相机、烟酒、金银首饰等物品的数量，大多数申报表还要填写携带的外币、旅行支票、信用卡的数量)，然后携带自己的全部行李连同申报表一起到海关处结关。海关人员根据申报表进行口头询问后，再视情况或免验放行，或开箱检查。

各国国际机场出境者的检查一般较松，手续也简便，但对入境者则实行严格检查。

我国海关规定，出境者必须先办完海关手续后方能允许去办理机票手续。

海关和边境手续大多数情况下在同一机场办理，但也有例外，比如国际航班进入一国后，先后要在两个不同机场停留，前往第二个停留点的入境者，一般在第一个停留机场先办边防手续，到第二个停留机场办海关手续。

三、安全检查

安全检查是保障旅客人身安全和飞行器安全的重要预防措施。

国际上为了有效地防止劫持飞机事件的发生，禁止携带武器、凶器、爆炸物、剧毒物等，在国际机场设安全检查。安全检查通常是在办妥机票、边防、海关手续后，在即将登机之前进行。

安全检查不存在任何特殊的免检对象。所有外交人员、政府首脑和普通旅客，不分男女、国籍和等级，都必须经过安全检查。每个出入境者都要按照顺序，逐个接受检查。

安全检查一般有四种检查方法：一是电视监测机，主要用于检查旅客的行李物品。通过检查后，工作人员在行李上贴有"××机场行李安检"的不干胶条，然后方可办理托运手续或随身携带登机；二是探测检查门，用于对旅客的身体检查，主要检查旅客是否携带禁带物品；三是磁性探测器，也叫手提式探测器，主要用于对旅客进行近身检查；四是人工检查，即由安检工作人员对旅客行李手工翻查和男女检查员分别进行搜身检查等。

近年来，国际恐怖活动猖獗，飞机成为恐怖分子实施恐怖活动的重要目标，各国据此都加强了对机场的安全保卫和登机前的安全检查。尤其在美国发生"9·11"事件后，美国和其他国家对登机前的安全检查尤为严格，日益细密，除传统的常规检查外，还增加了脱鞋检查、饮料检查，以防携带液体炸弹等。对旅客随身携带的电子物品，如手机、照相机、剃须刀、手提电脑等也要检查。

目前，我国机场规定禁止旅客随身携带或者托运的物品是：

枪支、军用或警用械具类（含主要部件）；

爆炸类物品；

管制刀具；

易燃易爆物品；

毒害品；

腐蚀性物品；

放射性物品；

其他危害飞行器安全的物品；

国家法律法规规定禁止携带、运输的物品。

禁止旅客随身携带但可以作为行李托运的物品有：

菜刀、剪刀、水果刀、剃刀等生活用刀；

手术刀、屠宰刀、雕刻刀等专业刀具；

文艺单位表演用的刀、矛、剑、戟等；

斧、凿、锤、锥、加重或者有尖钉的手杖、铁头登山杖；

其他可用来危害飞行器安全的利器、钝器；

一公斤包装完好的酒类。

此外，旅客随身携带的某些生活用品规定有限量，如摩丝、光亮剂只能各带 350 ml 的一瓶，打火机只能带五只等。

四、检疫

交验黄皮书一般是入境者应办理的第一道手续。虽然近年随着各国间人员流动的频繁，不少国家简化入境手续，入境时不查验黄皮书。但是，对疫情发生、流行地区的来者，入境时常要求检疫，对未进行必要接种的入境者，责令采取隔离、强制接种措施，对合格者才允许入境。因此，最好向有关部门、所去国使领馆了解近期是否需要交验黄皮书，以事先作好准备，有备无患。

五、办理登机手续

办理登机手续举例如下：

Mr. Brown：Good morning.

早上好。

Stewardess：Good morning，sir. Can I have your ticket and passport，please?

早上好，先生。能把您的机票和护照给我吗？

Mr. Brown：Yes. Here you are.

好的。给。

Stewardess：Thank you. Have you got any luggage?

谢谢。您有行李吗？

Mr. Brown：Yes，one suitcase.

有一只手提箱。

Stewardess：Would you like a window seat?

您要靠窗的座位吗？

Mr. Brown：Yes.

是的。

Stewardess：Would you like smoking or non-smoking?

要允许吸烟的位置还是不允许吸烟的位置？

Mr. Brown：Non-smoking，please.

不允许吸烟的。

Stewardess：Fine，Here's your ticket，passport and boarding card. Your flight will be departing out of Gate 6，boarding time is half past five and it leaves at five fifty.

很好，这是您的机票、护照和登机牌。您的航班在六号门登机，登机时间是五点三十分，起飞时间是五点五十分。

Mr. Brown：Thank you.

谢谢。

Stewardess：Have an enjoyable flight，goodbye.

祝您旅途愉快，再见。

Mr. Brown：Goodbye.

再见。

思考题

1. 我国护照有哪几种？
2. 什么是电子护照？
3. 什么是签证？
4. 边防检查查什么？
5. 出国前除了物质外还必须作什么准备？

第八章 接待来宾

各类前来企业找上司联系事务的来客，都要经过涉外秘书的安排。因此，接待来客是涉外秘书经常性的事务。涉外秘书是代表企业接待来客，所以，其接待态度如何，直接影响着企业的形象，决定了来客对企业的印象，关系着业务能否顺利进行，秘书应当尽量做到让每一位来客满意而归，这就得掌握接待的基本技巧。

第一节 接待要领

一、热情有礼

来访的客人，有的是企业主管上司的领导，有的是政府部门的公务员，有的是其他企业、协作单位的厂长、经理，也有的是业务员、推销员、投诉者、询问者等等。无论是谁，来者都是客，秘书都应给予尊重和礼遇，面带微笑，温和亲切，热情有礼地接待，不能以衣衫看人，见到来客穿戴不凡、派头十足，就毕恭毕敬，见到来者衣衫一般，不像是官员、上司、大款就轻视冷落，切忌以势利眼对待来客。

涉外秘书不能随便离开岗位，特别是知道有客人要来，更应该等待；如有急事离开，回来时客人已在等待，应该立即向对方致歉。

除此以外，秘书的打扮得体、精神饱满，办公室和办公桌整理得整整齐齐，也会给客人一种井然有序的良好感觉。

总之，热情有礼地对待任何来客，来客会觉得受到了尊敬和重视，对你报以感激和礼貌，对企业留下第一个良好的印象。

二、交换名片的礼节

现在的来客大都备有名片，初次前来的客人，尤其是业务员、推销员等，会向秘书递送名片，秘书要懂得交换名片的礼节。

（一）名片的样式和种类

名片的规格一般长 10 厘米，宽 6 厘米，白色。国内外的名片有所区别，大致可分为下列三类：

1. 我国大陆流行的名片

我国大陆流行的名片一般将职务用小号字体印在名片左上角，姓名印在中间，也有的将职务印在姓名之后，下面印通讯地址、电话。如果同时印有中外文字，则一面印中文，另一面印外文。

2. 外国人的名片

外国人的名片一般习惯把姓名印在名片中间，职务用小号字体印在姓名下方。其姓名的前面都加 Mr、Mrs、Miss 等称呼，医生的名片的姓名前加 Dr，有学位、勋位者的名片的姓名后加学位、勋位的缩写，军官和有爵位者则把他们的军衔或爵位印在其姓名前面。

外国人还有一种印有夫妇两人姓名的名片，是折叠片，主要作谢卡用，内页空白，可供书写。

3. 我国港台地区的名片

我国港台地区的名片通常有三种：

第一种，无衔名片，也称白名片，上面不印职务，用于供亲友间联系、登门拜访未遇等。

第二种，有衔名片，也称商业拜访名片，上面印有职务、公司名称、地址、联系电话等，用于商务交往、业务联系。

第三种，夫妇名片，这种名片用于夫妇共同出面的场合，一般为长方形，常在正式拜访和婚庆、吊唁时使用。

（二）名片的作用

名片的主要作用是自我介绍，也可以作为简单的礼节性通信往来的工具，如主人不能亲自前往，请人送上自己的名片，或通过邮局邮寄一张名片，以表示对对方的祝贺、感谢、介绍、辞行、慰问、吊唁等。英美等国人们的名片在作为简单的礼节性通信往来工具时，流行用如下法文字母来表示各种感情：

表示祝贺时，在名片右下角写上 P. f. (Pourfelicitation)，左上角写上对方姓名

表示感谢时，在名片右下角写上 P. r. (Pourremerciement)

表示恭贺新禧时，在名片右下角写上 P. f. n. a. (Pourfeliciterlenouvelan)

作为介绍时，在名片右下角写上 P. p. (Pourpresentation)

表示辞行时，在名片右下角写上 P. p. c. (Pourprendreconge)

表示吊唁时，在名片右下角写上 P. c. (Pourcondoleance)

我国港台地区在拜访时使用名片，不论对方是否在，都留下名片给对方或对方的秘书，如对方不在，可将留下的名片的左上角向内折，表示已经登门拜访过。如果是去宾馆拜访对方，为避免该室同住的旅客误收名片，可在名片右方与职务相对处写上对方的姓名。

（三）接受名片和递送名片

1. 接受名片

客人递上名片时，应毕恭毕敬地用双手去接，让对方感到你对他的名片是很尊重、很感兴趣的。

秘书接过名片后，一定要认真看一遍，仔细确认对方身份和姓名，但不要念出声来。不应草草扫名片一眼，更不应连看都不看一眼就把名片收起来。

看名片时，如有看不懂名片上企业的名称或对方的姓名，不要不懂装懂，要诚心诚意地向

对方请教:“对不起,请问您的贵姓大名该怎么念才对?”这时对方一定会高兴地告诉你的。听后,你应有礼貌地重复一遍:“××先生。”

收到名片后,可将名片放在桌边眼睛可以看到的地方,需要时可看一眼名片。绝不能在名片上压上别的东西,那会被认为是带侮辱性的;也绝不能把客人的名片当记事簿来使用,比如在名片背面记上下次来访日期等。这会使对方有被轻视的感觉。

当客人临走时,应将名片拿在手上或放妥,不可依然摆在桌子上。

2. 递送名片

秘书接受了来客名片,如认为有必要,可向对方回赠名片。回赠时应起身端立,用双手递送,并将名片上文字正面对着来客,可说“今后请多关照”或“今后请多联系”等句。

(四)名片的整理

秘书收到的名片日积月累,数量很多。这些名片,每一张都代表一位人物、一个单位或一个客户,在业务交往、工作联系中常需找出使用,或找电话号码,或找地址,或查找人。如平时整理得井井有序,一找就找到;如乱丢乱放,不合理整理,寻找就很费劲,浪费时间。所以,秘书应抽空整理好名片。

整理名片的方法如下:

第一,每收到一张名片,待客人走后,在名片背面记下该人的相貌、年龄等简要特征和首次来访、见面的时间、地点,便于记忆,尤其是多人同时来访,赠送名片时更应简洁地记下这些,以免混淆,这既能帮助秘书下次见面时叫出对方的姓名,又使名片成为一种交际档案。

第二,将众多的名片分类,分类的办法有:

地区划分法　即根据名片上人物所在地域分类,如国外、国内,国外的又可归类为美国、英国、日本等,国内的可按华东、华北等大区或省、市分类。

单位划分法　即根据名片上人物所在的单位分类,如政府部门、公司等。

人名划分法　即根据名片上人物的姓氏笔画为序分类。

这些划分法可以选用一种,也可以几种配合使用,如某一地区的名片有很多,在这一地区类下,再以单位划分法归成各小类;或某一单位的名片很多,可在这一单位类下再以人名划分法分成小类。总之,划分的目的是便于迅速查找到所需的名片。

第三,将整理好的名片按类存放。存放的方式常见的有:用橡皮筋将每一类扎成一叠;分插入账簿式的名片册中;排列在类似于图书馆的目录索引箱中;存于电脑中。

第四,客人的地址、电话号码、单位名称如有变化,应在名片上予以修正。

第五,如收到同一人的新名片,其职务、单位、电话、地址已有变动,应剔除其旧名片,换上新名片。

三、来客登记

对有些来访者,尤其是未约定的来访者,秘书要做好接待记录。如果来访者较多,秘书应当事先制作来访登记表,供填写之用。涉外秘书应请客人在来访登记表上详细填明其单位、姓名、职务、电话等,有的可由秘书代填,以备查考之用。来访登记表参考样式如下:

来访登记表

日期	到达时间	来访者姓名	职务	单位(电话)	被访者姓名	备注

四、善于记住来客姓名

也许你曾有这样的体验:你因公到某一公司与某人相见,过了两三个月再度相遇,对方亲热地叫一声你的名字,你一定会十分高兴。要是某人与你见过几次面,他还问你:"请问你尊姓大名?"会令你十分扫兴。为什么?因为姓名是与个人合为一体的,与对方见面了好几次,对方连自己的姓名都忘记了,足见对方不看重自己。这就很难得到别人的喜欢。美国成人教育家戴尔·卡耐基说过,要使人喜欢的一个原则是:"记住一个人的名字,将它视为英语中最甜蜜最重要的声音。"卡耐基先生还指出:"普通人对他自己的名字感兴趣,比世上其他所有的名字放在一起还多。记住那姓名并容易地呼出,你即已对他有了巧妙而有效的恭维。但忘记了或记错了即置你自己于极不利的地位。"

既然人们如此重视自己的名字,那么,你就应该竭力满足人们的要求,在接待客人的时候,重要的一条便是要记住对方的姓名,并且要念对对方的姓名。如何记住他人的姓名呢?

在交谈时,秘书将对方姓名反复记忆数次,并在脑海中将姓名与这人的面孔、神色及其他外观联系起来,以加深印象。空闲间隙,秘书可以利用名片,将客人来访的情形,如客人的容貌特点(如高矮胖瘦、有无戴眼镜等)、谈话内容回忆一下,隔数月与这些客人相见,便可以亲切地叫出对方的姓名和身份了。

第二节　接待有约而来者

大型"三资"企业中,在办公楼大厅内靠近入口处通常设有接待处,凡来客都得向担任接待员的秘书登记,如是有约而来的,应说明会见谁。然后,接待员会打电话通知上司的秘书,秘书即可作好接待的准备。在有些"三资"企业,秘书会到接待处陪同来客去见上司,有时也由接待员陪同,对特别重要的来宾,偶尔会由上司亲自去接待处迎接。但是,大部分来客则是经接待员指点后,自己来到秘书办公处。

一、招呼来客

当客人来到时,秘书应马上停下手头的工作,抬起头,礼貌而热情地招呼,如来客是身份高或年事高者，秘书还应起身招呼，以示敬意。

与来客打招呼的用语要正式、规范，对国内来客一般招呼：“你好！”对外国人用“Hello”太随便，用“How do you do”则太正式而不自然，用“Hi”则使人难以接受，适当的招呼应是“Good morning”或“Good afternoon”。

（一）对熟悉来客的招呼

如果来客是秘书已经认识的，秘书应当招呼：“您好，×先生，我们×经理正在等您。”

举例如下：

Visitor： Hello，Miss Li，How are you today?
你好，李小姐，今天好吗？

Secretary： Fine，thank you，Mr. John. How have you been?
很好，谢谢，约翰先生，您近来好吗？

Visitor： Just fine.
也很好。

Secretary： Mr. Brown is expecting you. I'll tell him that you are here.
布朗先生正在等您。我这就告诉他您来了。

（转向内线） Mr. Brown，Mr. John is here.
布朗先生，约翰先生已经到了。

Brown： Send him in.
带他来吧。

Secretary： Yes，Mr. Brown.
是，布朗先生。

(To Mr. John) Please go right in.
请您进去吧。

Clue to：The visitor tells the secretary that he has an appointment. The secretary should know this in advance，so she can say that Mr. Brown is expecting him.

提示：来访者告诉秘书他有个约见，秘书当然事先知道此次约见。所以，她最适当的对答是：布朗先生正在等您。

（二）对初次有约而来者的招呼

如果来客是秘书初次见面的，则秘书应根据约见安排表或接待员的通知，招呼“您是×先生吧？”或“您是××公司的×先生吧？”

举例如下：

Secretary：Good afternoon，sir. May I help you?
早上好，先生，要帮忙吗？

Visitor： Yes，I have an appointment with Mr. Brown for 2:30 p. m. today.
我和布朗先生今天下午两点半有个约会。

Secretary：Are you Mr. Smith of HKH Company?

您是 HKH 公司的史密斯先生吗？

Visitor： Yes, that's right.

是的。

Secretary：Mr. Brown is expecting you. I'll tell him you are here. Would you like to take a seat over there for a moment, please?

布朗先生正在等您。我打电话告诉他您来了，请在那里坐一会儿好吗？

Visitor： Thank you.

谢谢。

Secretary：Mr. Brown, Mr. Smith of HKH Company is here for his appointment.

布朗先生，HKH 公司的史密斯先生已经到了。

Brown： Send him in, please.

请带他来吧。

Secretary：Yes, Mr. Brown.

是，布朗先生。

(to Mr. Smith) Mr. Brown can see you now, Mr. Smith. Please come with me. This way, please ... Would you get on the lift, please ... Would you step out, please ... Would you come in, please ... Mr. Smith, this is Mr. Brown, our director manager ... Mr. Brown, this is Mr. Smith of HKH Company...

(转向史密斯先生)史密斯先生，布朗先生现在能见您，我带您去，请这边走……请乘电梯……请下电梯……请进(会客室)……史密斯先生，这就是我们的总经理布朗先生，布朗先生，这位就是 HKH 公司的史密斯先生……

Clue to: The secretary should escort the visitor with an appointment to the executive's office, introduce the executive to the visitor, then announce the visitor's name, title and company, introduce him to the executive.

提示：秘书应该将有约见的来访者送到上司办公室，将上司介绍给来客，然后，报出来客的姓名、职务、公司，将他介绍给上司。

(三) 对其他来客的招呼

如果来客有数人，秘书不宜去猜测各人是谁，而应微笑招呼："你们好！"然后等待对方自我介绍。

大多数熟谙商务的来客都会立即作自我介绍，待他们介绍完后，秘书应说："×先生、×先生、×先生，你们好，我是×经理的秘书×××，×经理正在等你们。"要注意须重复对方介绍的姓氏，以示重视，并作自我介绍。如果对方自我介绍的姓名很冷僻，秘书应有礼貌地向对方请教，以便准确招呼。

招呼以后，秘书应立即打电话或入内当面告知上司，上司指示后，即可引导来客去会客室面谈。

(四) 请来客等候

对于提前到达的来客或上司有要事一时脱不了身，秘书应请他们稍等，并简要说明原因，如："对不起，×经理正在处理一件急事，马上就完，请稍等一会儿。"然后，可请他坐下，如需较长时间等待，要为客人端上一杯茶，还可给他一些报纸、杂志，以免无聊。如客人想打电话，就指明电话所在，问明他是否会使用，在客人打电话时，秘书应离开客人身边。

如果客人与秘书聊天，应注意不说本单位的长短、有保密性的事项，要限制在轻松、无关紧要的话题内。如客人健谈，谈几分钟后，秘书可以客气地说："对不起，我必须赶写完这份报告，一小时后要交给总公司。"然后继续工作。

试举一例：

Visitor： Good morning, my name is Hailin. I have an appointment with Mr. Brown for 10:30 a. m. today.

早上好，我是海琳，我和布朗先生今天上午十点半有个约见。

Secretary：Good morning, Miss Hailin. I'm sorry, Mr. Brown is having an urgent session. He will come down to see you in 10 minutes or so. Would you mind waiting for 10 minutes?

早上好，海琳小姐。很抱歉，布朗先生正在开一个紧急会议，要晚十分钟左右才能见你。你能等十分钟吗？

Visitor： I can.

行。

Secretary：Would you please have a seat over there?

请在那边坐一会儿好吗？

Visitor： Thank you.

谢谢。

Secretary：Which do you prefer, tea or coffee?

你要茶还是咖啡？

Visitor： Coffee.

咖啡。

Secretary：How would you like it? With sugar and milk?

您喜欢怎么喝，加糖和牛奶吗？

Visitor： With milk only, please.

只要牛奶就行了，谢谢。

Secretary：Here you are.

给。

Visitor： Thank you very much.

非常感谢。

Secretary：You are welcome.

不用谢。

Visitor： Well, I'v been travelling all over Europe for three weeks, I have been visiting various cities...

我在欧洲旅游了三个星期，去了各种各样的城市……

Secretary: Excuse me, I have got something urgent to do. There are some magazines on the table over there. Would you like to read them?

对不起，我还有些急事要做，那里桌上有些刊物，你要看吗？

Visitor: Thank you.

谢谢。

Clue to: If there is a delay, the secretary should offer the visitor some drink and reading matter.

提示：如果约见延迟些时间，秘书应该向等待的来访者提供一些饮料和读物，以免无聊。

一般来说，不能让应约而来的客人久等，因为客人的时间也是宝贵的。如果因意外原因而需要来客久等，应向他说明大概需要等多少时间，以便客人自己决定推迟或更改约见时间，如果这样，秘书应当致歉，并表示将由自己或上司去电话和他联系，保证下一次准时约见。

二、引导

引导指秘书陪同客人去会客室面见上司。

引导前，秘书应将桌子上的文件收起，重要的还须锁起，以防他人翻阅。然后有礼貌地招呼客人："×先生，请让我们一起去见×经理。"

引导途中，秘书应走在客人右前方约1米处。步调应与客人一致，不可只顾自己前行，也不要停下来与他人聊天攀谈，更不许玩笑打闹。可视与客人熟识程度进行寒暄、交谈，以示友好、热情。凡遇楼梯、拐弯处，秘书要伸手示意，引领客人。

在乘电梯前，须向客人说明："在×楼。"电梯门打开请客人先入内，然后秘书跟入，按楼层开关。在电梯内，秘书切忌两眼直盯客人，眼光应朝别处注视。当电梯停稳后，向客人说明："×楼到了。"电梯开门后，让客人先跨出电梯。

到达目的地后，向客人说明："这是会客室。"先敲门，然后轻轻打开门。如果门朝里开，秘书应先入内，把住门，侧身请客人入内；如果门朝外开，则应拉开门，请客人先进入。

如果上司在会客室，秘书要为初次来访的客人和上司双方作介绍，首先向来客介绍上司，介绍时要自然，说清双方姓氏、职务等。介绍的如是贵宾，应以"请允许我介绍一下"或"May I introduce"、"May I present"开头，以示礼貌和尊敬。

客人如有外套、帽子、雨伞等物，秘书可取过挂、放于衣帽架或明显处，向客人说明："×先生，您的外套挂在这里。"

如果上司尚未到，秘书应说："请坐，×经理马上就到，请稍候。"并将来客引至上座入坐，以示尊重和主人的欢迎之意。一般来说，室内离门口最远的座位是上座，长沙发为上座，短沙发为下座。如下两图所示：

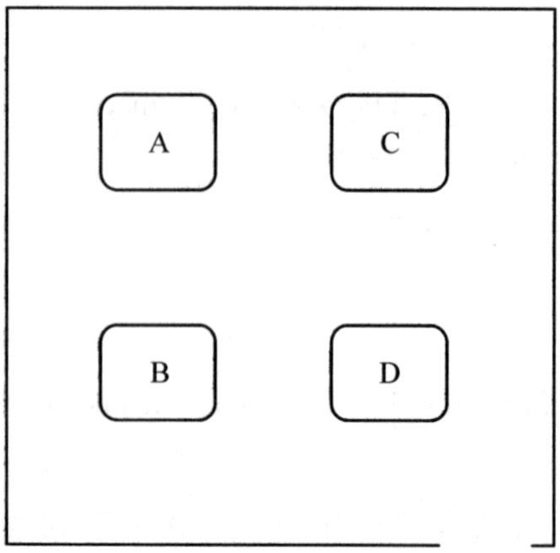

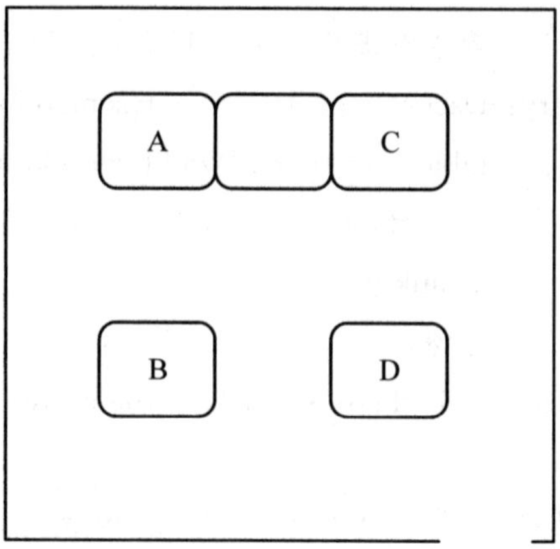

图中 A 为 1 号来宾，B 为 2 号来宾，C 为上司，D 为秘书。A 座为“上座”，宜让最尊敬的来客就座，上茶时的次序则依 A、B、C、D 座为先后。

当上司和来客就座后，秘书送上茶水或饮料，即宜退出。退出时不能马上转身背对客人，应面对客人倒走一两步，然后再转身走出门，将门轻轻带上，并挂上“会客中”或“请勿打扰”的牌子。

三、注意事项

（一）会客室的布置和整理

上司约见来客，大都在会客室进行，很少在办公室内，尤其外商企业，更少在办公室内会客。因此，会客室布置得是否得体，整理得是否整洁，关乎企业形象，秘书要负责会客室的布置和整理。

会客室的布置不必太华丽，太华丽反而有点俗气；也不能过于简陋，太简陋则又显得太寒伧，还是漂亮、高雅、大方一些好。

会客室一般放上椅子，长、短沙发，茶几，记录本，笔等，最好还有一部直拨外线电话。墙壁上可挂上一两幅名人的字画，如有条件，桌子或茶几放上一两盆插花，更显得会客室富有生气和高雅。

会客室应保持清洁，地板（或地毯）、椅子、沙发都要擦拭得一尘不染，痰盂、台布等要勤洗勤换，决不能让客人有脏、乱的感觉。

每当客人离开的时候，要马上进来整理会客室，动作要敏捷些，以防下一个（批）客人等候。在任何时候、任何情况下，都应以尽快的速度迎接客人。

（二）饮料招待

上司和来客坐下后，秘书要吩咐有关人员端上茶水、饮料，国内的“三资”企业以上茶为多，上茶要注意如下几点：

第一，使用肮脏和破烂的茶具是对客人不尊重的行为，也不符合卫生要求。茶具必须无破损，无污垢、茶垢，要洗净、擦亮。茶叶宜使用中、高档的。

第二，端送茶水，应该用托盘，既雅观又卫生。

第三，要用开水泡茶，使茶叶充分张开，杯内的茶水倒至八分满，不可满至杯口。

第四，用手端茶，有杯柄的茶杯，可一手执杯柄，一手托在杯底。无杯柄的茶杯，尽量减少手指与杯沿部分的接触，不可满手握住茶杯，更不可把拇指伸入杯内的茶水中。

第五，端上茶水时，手脚要轻，弯腰将茶杯放在客人身旁的茶几上，并说声："请用茶。"在主客交谈过程中，如时间较长，要中途为他们添水。

上司和来客洽谈结束，一般的来客告辞离去，走过秘书面前时，秘书可坐着或起身向客人点点头，说声再见就可以了，但要留心来客是否忘了外套、帽子、雨具、包袋等物，如有，要提醒来客取走。如果上司让秘书代为送行，秘书则应视需要，将来客送至电梯上、大门口或上车地点，挥手告别，直至对方消失在视野中才可转身返回，切忌有不耐烦、急于要脱身的神态，以免给客人匆忙打发他走的感觉。

第三节　接待无约而来者

在现代社会中，要见一个企业的上司，一般都经事先约定。但是，由于国内的习惯，一些来客往往事先未约定就来到企业，而且不分事情大小，一开口就要找经理、厂长。这样，秘书就成为上司的屏障、过滤口，必须对这些不速之客甄别后分别处理，以减少上司的压力。

一、分流

来人如果是上司熟识的上级、客户、亲属、朋友，秘书应请他们就座，并立即告诉上司，按上司的指示接待。

试举接待无约而来的熟人一例：

Visitor：　Good morning, Miss Li. I'd like to see Mr. Brown for a few minutes, if I could.

早上好，李小姐，我想见布朗先生，行吗？

Secretary：Nice to see you, Mr. Pierce. Let me see if he is available. Would you wait just a moment, please?

皮尔司先生，见到您很高兴。让我看看他现在有没有空，请稍等一会儿好吗？

（转向内线）Mr. Brown, Mr. Pierce is here and would like to see you for a few minutes.

布朗先生，皮尔司先生在这里，他想见您。

Brown：　I'm busy right now. Would you find out what he wants to see me about?

我这会儿正忙着呢，你问问他有什么事好吗？

Secretary：Certainly, Mr. Brown.

当然可以，布朗先生。

（To Mr. Pierce）Mr. Brown is occupied at the moment and wants to know if your business is urgent?

布朗先生这会儿正忙，他想知道您的事是否紧急？

Visitor: Well, I've found a problem in the contract he asked me to examine yesterday. He told me that it was an urgent matter.

昨天布朗先生要我检查一份急用的合同,我从中发现了一个问题。

Secretary: I see. Let me ask him again. Would you please have a seat and wait for a moment?

我明白了,让我再告诉他。您请坐,请稍等。

Visitor: Thank you.

谢谢。

Secretary:(转向内线) Mr. Brown, Mr. Pirece said that he found a problem in the contract you asked him to look at yesterday.

布朗先生,皮尔司先生说,他在昨天你要他检查的合同中发现了一个问题。

Brown: I see. That's important. Ask him to come in.

我明白了,这很重要,让他进来吧。

Secretary: All right, Mr. Brown.

好的,布朗先生。

(To Mr. Pierce) Please go right in, Mr. Pierce.

皮尔司先生,请进去吧。

Visitor: Thank you.

谢谢。

Clue to: If the visitor is an acquaintance, it is a good idea to address him or her by name. This is a friendly gesture, and make the visitor feel that he is welcome.

提示:如果来访者是熟人,秘书最好用他/她的名字招呼他/她,表示友好,使他/她感到是受欢迎的。

但秘书得注意,当前有不少推销员故意声称是上司的朋友,以求获得面见上司、推销产品的机会,要善于甄别。

对于本单位的中层管理人员,如部门经理等有急事要见上司,秘书也应立即通报上司。如今,为数不少的上司宣称自己施行"Open Door",即开门政策,随时愿意倾听前来反映问题、提出建议的员工,秘书应当配合上司实行这一政策。

对于并不需要见上司就能解决问题的来客,秘书可介绍他们去找本公司有关部门的主管或相关人员洽谈,比如来人要求企业配合街区大扫除,则秘书可介绍他们去找总务部谈,向他们指明该部门的名称、位置、路线,并打电话告知该部门,如路线曲折难找,秘书宜引领他们前去。

试举一例:

Secretary: Good morning, sir, can I help you?

早上好,先生,有事吗?

Peter: Good morning. I am Robin Peter, working for ENE Company. Here is my business card.

早上好，我是ENE公司的罗宾·皮特，这是我的名片。

Secretary：Thank you，Mr. Peter.

谢谢，皮特先生。

Peter：I'd like to see Mr. Brown，if I could.

我能见布朗先生吗？

Secretary：Does Mr. Brown has an appointment with you?

布朗先生和您有约见吗？

Peter：No，I don't，but I want to talk about some thing with him.

没有，但是我想见他谈些事。

Secretary：Can I ask what you wish to see him about?

能告诉我您要和他谈什么事吗？

Peter：I want to talk about the matter of advertising with him.

我想和他谈有关广告的事。

Secretary：The matter of advertising is handled by the Public Relations Department. Shall I introduce you to them?

广告事务是由公关部负责的，我把您介绍给他们好吗？

Peter：Yes，please.

行。

Secretary：Thank you，Mr. Peter. One moment，please.

谢谢，罗宾·皮特先生，请稍等。

(To the Public Relations Department) Mr. Peter of ENE Company wants to talk about the advertising.

有位ENE公司的罗宾·皮特要和你们来商谈广告事宜。

The Public Relations Department：Welcome.

欢迎。

Secretary：Mr. Peter，you can go to the Public Relations Department，508 room，please. They will help you.

皮特先生，请您去508室的公关部，他们会帮助你的。

Peter：All right，thank you. Goodbye.

好，谢谢，再见。

Secretary：Goodbye.

再见。

如果来客的要求是属于秘书自己职责范围的，则由秘书自己接待解答。

试举一例：

Secretary：Good morning，miss，can I help you?

早上好，小姐，有事吗？

Wang： Good morning，I am Wang Ling，I'd like to see Mr. Brown，if I could.

早上好，我叫王玲，我想见布朗先生，行吗？

Secretary：Does Mr. Brown has an appointment with you?

布朗先生和您有约见吗？

Wang： No，I don't，but I want to ask him some thing.

没有，但是我想见他问些事。

Secretary：Can I ask what you wish to ask him about?

能告诉我您要问他什么事吗？

Wang： I want to know some thing about your company.

我想了解些你们公司的情况。

Secretary：Why?

为什么呢？

Wang： I want a job. Not any job with any company，but a particular job with your company. So，I want to know some thing about your company.

我要找份工作，但不是任何公司的任何工作，而是贵公司的一个职位，所以，想了解些你们公司的情况。

Secretary：Oh，I see. This is my duty，I can answer your questions，would you like to talk with me?

噢，我知道了。这是我的工作，我能回答你的问题，你和我谈好吗？

Wang： All right...

可以……

对上门的推销员，秘书可打电话给采购部门，如采购部门有意见面，可介绍、指引他前去；如采购部门对此类产品不感兴趣，无意见面，秘书可明确、大方地告知对方，表示歉意；如推销员坚持要见上司，秘书则可请他留下名片和产品说明书，告诉他会转交上司，如果上司有兴趣，会与他联系的。

试举一例：

Visitor： Hello，I'd like to see Mr. Brown，please.

喂，请让我见布朗先生。

Secretary：Do you have an appointment?

布朗先生和您有约见吗？

Visitor： No，I don't，but I'll take just a few minutes of his time.

没有，但是我只要和他谈几分钟。

Secretary：Can I have your name，please?

请问你尊姓大名？

Visitor： My name is Bake White.

贝克·怀特。

Secretary：And can I ask what you wish to see him about?

请问你见他有什么事吗？

Visitor：I'd prefer to explain that to him directly.

我最好直接和他说。

Secretary：I'm sorry，but I am told to get that information from every caller.

对不起，老板吩咐我要问明每位来访者的来意。

Visitor：I see. Well，I was wondering if Mr. Brown is interested in the cars of our company.

我明白了，我想知道布朗先生对我们公司的汽车是否有兴趣。

Secretary：I see，just a moment，please.

我明白了，请稍等。

（转向内线）Mr. Brown，I have Mr. Bake White here who wants to see you. He wants to know if you are interested in the cars of their company.

布朗先生，我这里有位贝克·怀特先生要见您，他想知道您对他们公司的汽车是否有兴趣。

Brown：No interested.

没兴趣。

Secretary：I see.

我明白了。

（To Mr. Bake）I'm sorry，Mr. Brown says that he is not interested in the cars at the moment，but that he may want to get in touch with you in the future. Would you please leave your card?

很抱歉，布朗先生说这会儿他对你们公司的汽车没兴趣，但是，他可能今后会和你们联系，你能留下名片吗？

Visitor：All right，Here you are.

行，给。

Secretary：Thank you. Goodbye.

谢谢，再见。

近年，一些“三资”企业已规定了统一接待推销员的日期，如每周三上午等，如企业有这些规定，秘书也可以告诉推销员，让他届时找专门的接待人员。

对其他不速之客，秘书宜等对方自报姓名、单位、职务和说明来意，如对方出示工作证或介绍信，秘书应快速过目后，留下介绍信，归还工作证，微笑着表示欢迎，并向上司请示，由上司决定是否会见。要注意对对方的来意应询问得尽可能具体、确切，不能仅得到含混的回答就去请示上司。如有位秘书去请示上司：“有位××公司的×××先生有事要和您谈谈。”上司不满地埋怨：“谈谈，找我的人都是来谈的，他要谈的是什么？”秘书只得退出，再去问清楚。

经过这样的过滤、分流，需要上司会见的就只剩下少数重要来客，大大节省了上司的精力，避免了诸多烦扰。

二、婉言拒绝

对经过询问、甄别，没必要由上司会见，或经请示后上司无意会见的来客，秘书可以婉言拒绝。有的来客事情并不重要，却自认为非得找上司才能解决，固执地要见上司，甚至蛮横地欲擅自闯入，对这类来客，秘书既要阻止他的无理行为，又要不失礼节地挡驾。

（一）婉言拒绝的对答

秘书的工作是为公司结交朋友，同时要使办公室高效运作。在回复对方“不”之前，要向对方说出原因，至少是大致原因。被回绝的来客应感到他们一直受到了适当的礼遇，并仍怀有希望在将来的某个时候可以有机会与上司会见。

对这些不速之客，秘书可以婉转地说：

“对不起，先生，经理吩咐过，会见得事先约定。”

“请您与经理约定以后再会面好吗？”

“请您打电话与经理联系好吗？”

“请原谅，经理告诉我，他正忙于处理重要业务，实在抽不出时间，您再等下去，会浪费您的时间，还是请您留个条子吧。”

如果来人依然纠缠，秘书则可以微笑着说：“实在对不起，我无能为力了。”这时，只要稍有教养的来客都会知趣地退出。

试举一例：

Visitor： Hello, I'd like to see Mr. Brown, please.
你好，请让我见布朗先生。

Secretary：Good morning, sir. Do you have an appointment?
早上好，先生，布朗先生和您有约见吗？

Visitor： No, I don't, but I'll take just a few minutes of his time.
没有，但是我只要和他讲几分钟。

Secretary：Can I have your name, please?
请问你尊姓大名？

Visitor： My name is Miller.
我叫米勒。

Secretary：Mr. Miller, Mr. Brown is in the middle of a meeting. Can I ask what you wish to see him about?
米勒先生，布朗先生正在开会，能告诉我你见他有什么事吗？

Visitor： I'd prefer to explain that to him directly.
我最好直接和他说。

Secretary：I'm sorry, but I'm told to have an appointment from every caller. Would you like to make an appointment?
很抱歉，老板吩咐过每次约见都得预先约定，请您约定以后再会面好吗？

Visitor： I'll take just a few minutes of Mr. Brown's time.

我只要和他讲几分钟。

Secretary：Please leave your card and I'll ask Mr. Brown to get in touch with you directly by telephone.

请留下您的名片，我请布朗先生本人直接打电话和您联系。

Visitor： I don't.

不用。

Secretary：If you'd like to write a note，I'll send it to Mr. Brown and see if he can see you.

请把您的意见写下来，让我送进去给他，看他能否会见您。

Visitor： My business is personal.

我是私事。

Secretary：I'm sorry，Mr. Brown is engaged at the moment，and has no time to spare. It would be a waste of your precious time if you keep waiting. Would you please leave a note? Perhaps he can arrange an appointment for some future date.

对不起，布朗先生现在很忙，实在抽不出时间，您再等下去，将会浪费您宝贵的时间，还是请您留个条子吧，或许他在近几天会和你安排一次约见。

Visitor： No...

不……

Secretary：I am awfully sorry. I couldn't be of any help.

实在抱歉，我无能为力了。

(二) 挡驾的技巧

对于个别行为过分甚至粗暴的来客，不要与他争吵。言谈要温和，且有说服力，应对要得体、大方，以柔克刚。比如，你仍然听对方说话，但不作应答，也无需请对方就座，只是让他站着说话，也不必端茶，你可以整理桌上的物品，抬腕看表等，表示不失礼貌地拒绝对方欲强行见上司的要求。如果，你所处的情形必须要叫人帮助时，可以找同事或其他部门的上司，而不能让你的上司出面。

(三) 上司工作时秘书拒客方法

约见来客只是上司工作中的一部分，他们还有许多事情要做，每天都希望有一段时间能在办公室中静心工作而不受干扰，也就是不会见客人。

对秘书而言，上司不会见外人的时间，你不能假借他不在办公室或正在开会拒绝约见。因为这些托辞多被当作借口。另外，除非确是如此，不要说上司的约见日程已满。上司或许会更改计划会见来者。如果上司改变了计划，则来客会发觉他的日程没有订满而对你产生不信任感。

委婉、简要地向来者说明上司今天的日程内不能再安排任何事情，然后把谈话重点转向与来客讨论以后的安排。用同样方法处理电话约见，向对方表明一旦上司有时间会立即会见他们。用这样的口吻比较合适，如："我请我的老板给你去电话，好吗?"根据对方要求的重要性，你的建议要有所区别。除此以外，你还可请示上司是否派人代理接见来客。

三、会客中又来新客

经过问明来意后，对于前来询问一般性问题的来客，或者秘书被授权可以自己接待处理的来客，秘书应耐心地解答他们的问题，尽量使他们满意。

秘书在接待这类来客中，经常会有新的客人找来。这时，秘书不能不理，或面露厌烦之色，应当礼貌地招呼，询问，并向原先的来客表示歉意，请他稍等。

如果新的来客也属由秘书接待处理的，又不便让其听到自己与原先正在接待的客人的交谈内容，则可安排到另一个房间内，请他稍候，或告诉他大约要等候的时间。并为该客人端上茶，拿出报纸、杂志让客人消遣，然后表示歉意："对不起，要让您等一会儿了。"再离开房间。应注意，对新客人的安排，不能过多耽搁时间而让原先客人久等。

如接待新客需花很长的时间，而原先客人的交谈也需很长时间，没有可能接待新客，就应该向新客说明情况，表示歉意，另外约定时间再接待，并致歉送别。

如果新客与原先客人出自同一原因、同一事项前来，所谈内容完全一致，秘书可以通过介绍让双方客人认识，一起进行交谈。

四、帮助上司中止会客

根据约见安排表，上司约见每一位来客都规定了时间，秘书应事先告诉来客。大多数来客也会抓紧洽谈，在规定的时间内讲完事情，结束约见。对于一些问题已谈完仍喋喋不休的来客，上司会以看表、起身表示会见已结束。也有的特别唠叨、不考虑别人时间宝贵的来客，则需要秘书帮助上司中止这种唠叨。因为，一次超时的约见，可能会冲掉当天的数个或大多数约见，打乱上司的工作日程，给其他来客带来不便，并有损企业形象，他们会认为上司不遵守时间、约定，工作效率低下。

中止这类会谈，秘书事先宜与上司有所约定或默契，可采用如下方法：

把来客的名片或将来客的姓名及到达时间打到一张纸片上，递给上司而无需说话。

进入上司的办公室并通知他客人已到，但不要具体涉及哪一个约会及约见人。如："对不起，您三点约见的客人到了，我能告诉他您很快即可见他吗？"

用内部电话通知你的上司，特别是当你觉得上司不想催促客人的时候。每隔三五分钟一次，积极建议结束会谈，使你的老板在客人面前只需回答"是"或"否"而不必说出自己的意见。

如果秘书提醒上司的下一个约见是在会客室以外的场所，则应当注意不能泄露其场所和人物。

秘书应当明白，当上司自己不便于摆脱来客时，他期望你给予什么方式的帮助，以什么口气来暗示中止会见，了解上司、配合默契的秘书才能按上司的意图，运用合适的方法催促客人离去。

即使是不速之客，秘书也应该以礼相送。要做到"迎三送七"，即迎接客人得快走近三步，送客多送七步，这样既平息他们的情绪，又显示企业的风度和良好形象。

五、接待投诉者

秘书平时会接待一些前来投诉本企业产品、服务质量，或提出批评、建议的来客。他们能使企业了解消费者对自己产品、服务的评价，利于企业改进工作，化解矛盾，维护企业良好形象。因此，秘书要重视对这类来客的接待处理，注意把握如下环节：

（一）热情招呼

对上门来访投诉的公众，秘书要将心比心，体谅他们前来是不得已的、下了决心的，或者是不容易的，是对企业的信任或关心。因此，一见他们进门，应当略带微笑，热情地招呼他们坐下，有条件的话，还可以送上一杯水，使他们紧张、激动或愤慨的心情平静下来，对你产生一种好感，愿意向你畅所欲言。切忌居高临下、盛气凌人地发问："什么事！"或者厌烦冷淡地问："干啥！"

招呼来者入座后，秘书先应问清对方的姓名、单位、身份、住址、有无证件等背景情况，要注意语气亲切、声调平缓。然后，再询问来意。

（二）耐心倾听

来访者一般事先都经过反复的考虑，打了腹稿，因此，有满腹的话要诉说，叙述时可能很详细，一些文化水平低的来访者还往往将事情的来龙去脉讲得详而又详。对此，秘书要体谅他们的心情，耐心倾听，别表示出厌烦，或眼望别处，或心不在焉地以笔敲桌，这会使来访者感到失望，认为自己白来一次、白说一场，受到冷遇，进而对企业产生不信任的反感。当然，对于讲得过分啰嗦琐碎的来访者，秘书可以作些提醒引导，即请他叙述要点、明确要求，少讲或不讲无关紧要的琐碎细节，或者婉转地告诉他，下面还有其他来访者等候接待，请他的叙述简洁明了些。一般来说，经你这样提醒引导，对方是能接受的。

秘书在倾听的同时，要将对方叙述中的要点、要求和有价值的内容记录下来，不清楚的地方应发问，让对方补充说明。这会使对方感到你对他的反映很重视。对方讲完后，秘书应当将记录的主要内容、要求复述一遍，看有没有差异或遗漏。

（三）诚恳答复

秘书听完对方叙述后，要给对方初步的答复。如果对方询问的是一般政策或了解企业的情况，秘书可依据条文或规则，当场给予明确的答复；如果对方是提出建议、批评，秘书先得表示诚恳的谢意，然后告诉对方，企业将在什么时间、以什么方式对他的批评、建议作出答复，而不能自作主张地轻易表态，或武断地下结论。这样接待，会使对方满意而归，觉得企业对他的来访是重视、负责的，容易对企业产生好感。

如果是属于下属部门处理的问题，秘书应与下属部门电话联系，指示或陪同来人前去解决。

（四）如何接待蛮横的来访者

有些来访者对企业提出过高的要求和不切实际的希望，为达目的，他们或胡搅蛮缠，或蛮横要挟，有的甚至扬言："不达目的，誓不罢休！""问题不解决，我死给你们看！"面对这类上访投诉者，秘书一方面要冷静沉着，既不被对方的气势汹汹所吓倒，也不能以针锋相对的方式去顶撞他们，造成火上浇油、难以收拾的局面，而应以“内紧外松”的态度，表面上高度重视对方的反应，内心却镇定地通过察言观色，判断对方的真实态度，摸清情况，做到心中有数；另一方面，秘书要以不卑不亢的态度，晓之以理、动之以情，摆事实、讲道理，客观地分析问题，合情合理地劝说对方放弃过高要求，面对实际，争取使对方心服口服。

比如，某一位在一家合资企业当工人的青年在操作中违章，被削掉了3根手指。该青工在新疆农场工作的哥哥携家小赶赴上海，前去该厂吵闹，提出要厂里将自己一家调回上海工作，以补偿弟弟削掉手指的代价，扬言不能解决问题，他就带着家小住入厂长办公室。等他拍桌摔凳地发完火后，接待的秘书以平和的语气向他说明：该青工受伤，厂内负有平时安全生产教育不严的责任，对该青工的医疗、福利，厂方负全部责任，有什么困难也由厂方解决。而你提出的要求，涉及市政府的户籍迁移等政策，没有任何一条条文能满足你的要求，请你冷静地考虑吧。对方顿时语塞，只得作罢。

当然，对于仍然坚持己见，无理取闹的来访者，秘书在不得已的情况下，征得领导同意后，可以和有关政府公众取得联系，争取他们的帮助，以防止无理取闹者破坏性的行为。

（五）相送

当来访投诉者告辞时，秘书应起身相送，并说些表示感谢或安慰的话，比如请他相信本企业会对他反映的问题作出妥善的答复，要他耐心等待，别着急，以平息对方不安或焦虑的情绪。对于年老体弱者，秘书还应当送到门口，指示返回的乘车路线等，使他们感到亲切、温暖，对企业产生良好的印象。

第四节　接待重要宾客

涉外秘书有时会陪同上司到机场、车站或码头去迎接来自远方的国内外重要宾客，或重要来访团队。这类接待不同于前述的日常办公室接待来客，它正规而隆重，秘书在其中起着组织或负责作用，更应认真对待。

接待重要宾客的程序如下：

一、确定规格、制定接待方案

秘书接受了接待任务后，要协助上司做好准备工作。

准备工作大致包括摸清来宾基本情况和拟定接待方案两部分。摸清来宾基本情况包括他们前来的目的（是业务会谈、参观访问，还是寻找合作渠道等）、人数、主要来宾的身份、前来的路线、交通工具、抵达时间、国别和来宾的生活习惯等。拟定接待方案包括各项活动的安排，如迎接、宴请、会谈、欢迎仪式、参观游览、交通工具的配备、下榻宾馆的预订等。在准备工作中，核心环节是确定接待规格，它决定着礼仪活动的多少、规模大小、隆重程度，由哪些领导人前往迎接、陪同等，接待规格反映出企业对来宾的重视程度和欢迎的热烈程度，它往往依据主要来宾的身份及实际需要而确定。前往迎接、陪同的企业领导人要和主要来宾的身份对等、对口，对等就是双方地位相当，对口即双方职责范围或专业相似。比如，主要来宾是国外某一公司掌管经营业务的副总经理，我方也以掌管经营业务的副总经理前去迎接为宜。这样，来宾既感到受到了尊重，又和前来迎接的领导具有共同的话题，容易谈得投机。

接待方案要制作成接待日程表。

试举一例：

Itinerary for ___________ Delegation

(Shanghai Trip, October 17—20, 2012)

Wednesday, October 17

4:15 p. m.	Arrive in Shanghai Pudong International Airport on CEA Flight 7514
	Stay at Hua Ting Hotel
7:00 p. m.	Banquet by ABC Company at Hua Ting Hotel

Thursday, October 18

8:30 a. m.	Breakfast
9:30 a. m.	Roundtable at ABC Company
11:30 a. m.	Lunch
3:00 p. m.	Roundtable at ABC Company
7:00 p. m.	Banquet by ABC Company at Heng Shan Hotel

Friday, October 19

8:30 a. m.	Breakfast
9:30 a. m.	Visit ___________
11:30 a. m.	Lunch
2:00 p. m.	Visit ___________
7:00 p. m.	Dinner
8:30 p. m.	Sightseeing

Saturday, October 20

8:30 a. m.	Breakfast
9:30 a. m.	Visit __________
11:30 a. m.	Lunch
2:00 p. m.	Visit __________
6:30 p. m.	Banquet by ABC Company at Hua Ting Hotel
8:30 p. m.	Leave the hotel for Shanghai Pudong International Airport
10:20 p. m.	Leave Shanghai for Beijing on CEA Flight 7556

二、迎接

对重要宾客的迎接可分为几个环节：

（一）迎宾

接待方案确定后，秘书须及时和交通部门或来宾联系，准确掌握来宾抵达的实际时间，因为，飞机航班、火车班次、轮船航次有时会误点或改期。通过询问机场、车站、码头获悉实际到达时间后，秘书即可陪同领导提前到达机场、车站或码头等候。如果来宾是初次见面的，秘书应当事先准备好示意牌，上写"欢迎×国××公司××先生一行"之类醒目的文字，以便来宾及时发现。

（二）介绍

接到来宾后，应微笑问候客人，说声"欢迎您"、"一路辛苦了"，并主动帮客人提行李。同时，相互介绍双方人员。介绍可由领导承担，而更多的却由秘书承担。秘书介绍时，态度要热忱，端庄有礼，目光正视对方，略带微笑，先说"请允许我介绍一下"，然后按地位高低，将企业一方的人员依次介绍给来宾。一般，介绍中要遵循"五先"的规则，即先把主人介绍给客方；先将年轻的介绍给年长的；先将地位低的介绍给地位高的；先将男子介绍给女子；先介绍别人，再介绍自己。"五先"是表示对客方、年长者、地位高者、女子和别人的尊重。

介绍时要注意实事求是，将领导介绍给来宾时，只说明职务、姓名，切忌画蛇添足地吹捧，以免领导处于尴尬境地。介绍自己时更应谦虚，只须说明姓名，然后说"我是××先生的秘书"即可。介绍他人时，还应当伸手示意，手掌微向上翻，以示尊重。

（三）握手

握手是见面时最常见的礼节，双方介绍后，应相互握手致意。正确的握手方式是伸出右手，手掌垂直，切忌掌心向下，这显示自己高人一等、傲慢无礼。相握时，要注视对方，微笑致意，以"欢迎您"等礼貌语表示热情。握手时，要脱下手套，并在身份高者、年长者、女子伸手后，身份低者、年轻者、男士才伸手相握。如欲表示自己毕恭毕敬的心情，可以掌心向上捧接，如以双手捧接，则表示谦恭备至。

（四）献花

在高规格或隆重的接待中，当领导和来宾握手后，通常由女青年（或女秘书）向来宾献花，所献的花以鲜花为宜，并要保持花束的整洁、鲜艳，切忌用菊花、黄色花和杜鹃花。有些国家习惯以花环，一两枝名贵的兰花、玫瑰表示热情、隆重，这就得根据他们的习惯和实际可能，献上适当的花。

三、陪车

接到来客后，主人一方一般将他们先送到宾馆休息，上司和秘书应陪同上车，并要注意车内的位次安排，按照国际惯例，轿车内的位次安排规则是：右高左低，后高前低，即要先让来宾从右侧车门上车，坐在小车后排右侧，再让主人从左侧车门上，坐在后排左侧陪同，秘书为来宾开门、关门后，自己最后进车，坐在司机旁边的座位上。如只有一位来宾，位次安排如图所示：

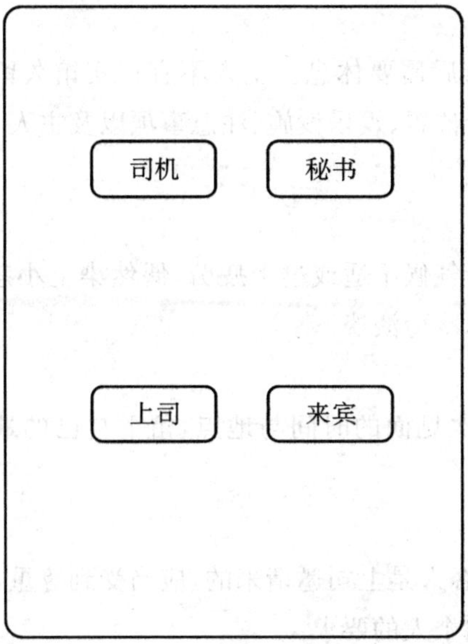

如一辆小车上由一位上司(主人)陪同两位客人,依据是否由秘书开车,有以下两种座次安排方法:

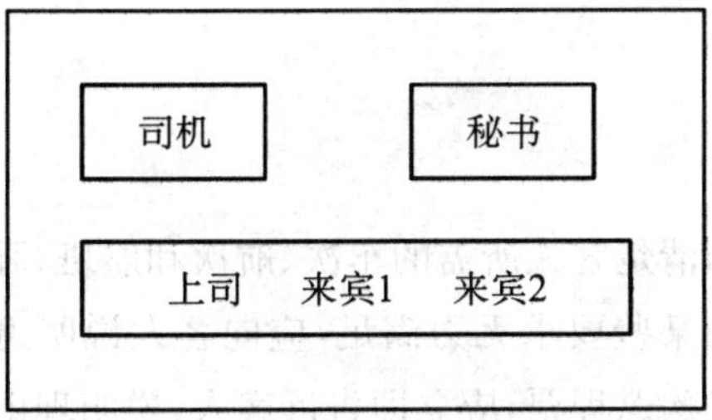

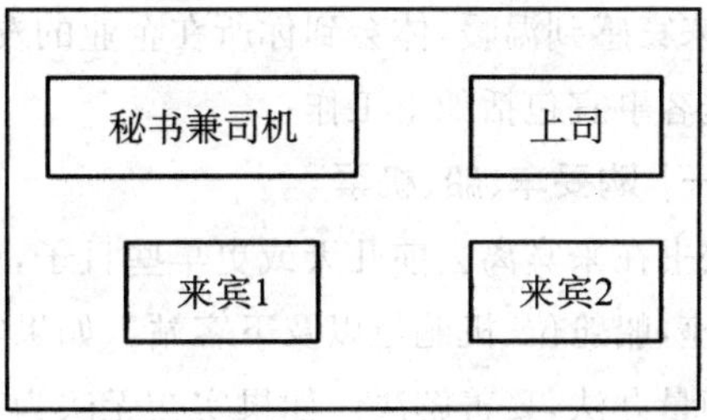

如一辆小车上有两位客人,由上司亲自驾车,则座次应这样安排:

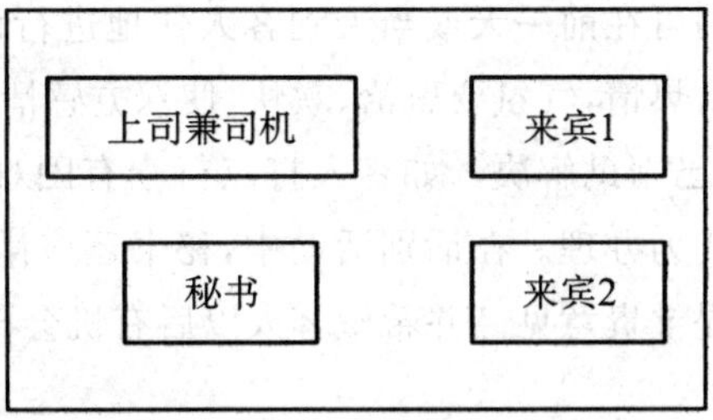

在行车过程中,上司或秘书可和来宾交谈,并对本埠或本单位的情况作些扼要的介绍。

小车到达目的地后,下车的顺序和上车时的顺序正好相反,即秘书应先下车,先后为上司、来宾打开车门,请他们下车,地位最高的来宾应最后下车。

四、注意事项

将来宾送至宾馆,秘书代他们办好手续,帮他们提取行李,送入房间后,要注意如下事项:

（一）不宜久留

客人旅途劳累，到达宾馆后需要休息。主人不宜在宾馆久留，作必要的交待后应尽快离开。要将餐厅的位置、服务台位置、娱乐设施、注意事项以及主人与客人活动的安排等，作必要的交待，让客人办事心中有数。

（二）要关心来宾

客人远道而来，可能由于气候不适或过于疲劳，偶然染上小恙。秘书应留心观察，问候关心，不应熟视无睹，不闻不问，冷冷淡淡。

（三）约定见面方法

临走时要约好与客人下次见面的时间与地点，留下自己的地址和电话号码，然后客气地与客人告别。

（四）不对客人提要求

不要对客人提出要求。客人是上司邀请来的，应当受到尊重，秘书不应随便对客人提出这样或那样的要求，更不能提出个人的要求。

五、送别事宜

来宾结束了活动，要启程回去，秘书要做好送客事宜。送客事宜仍应办得主动、热情、周到，使来宾感到温暖，体会到你所在企业的友谊。

送客事宜包括如下工作：

（一）购妥车、船、机票

秘书在来宾离去前几天或更早些日子，就得问清楚客人所需的车次、航次和航班，卧铺、硬座、软座，船舱位、机舱位以及下客站。如果客人的某些要求无力满足，应向客人说明道理，与客人商量办法，妥善解决。如果实在无法为客人代购返程票，应立即告诉客人，说明理由，以免客人临时措手不及，延误时间，并恳切地向客人致歉。

（二）话别

在客人即将离开前，秘书可在前一天或当天到客人住地进行话别。话别活动切忌搞形式主义，敷衍了事，态度要真诚、热情，气氛要融洽、欢快，使双方感情达到一个新的高潮。秘书还应询问客人还有什么事要自己帮助解决。如客人打点行李有困难，秘书可协助一起捆扎。如客人有行李需托运，秘书应代为办理。在话别活动中，秘书还应谦虚地说：“招待不周，请多多原谅。有什么不当之处，请提宝贵意见。”并希望客人以后有机会再来。

（三）送行

秘书应准备好车辆，并陪同来宾前往车站、机场、码头。临行前，要询问、提醒客人是否忘了东西，并在房间内代为察看一遍。送至目的地后，秘书要与来宾握手告别，说“欢迎您再来”、“祝您一路平安”等告别语，并应等到飞机、火车、轮船启动后并消失在视野里，再转身离去。

思考题

1. 秘书接待的要领是什么？

2. 如何接待有约而来者？

3. 如何接待无约而来者？

4. 陪车的座次怎么安排？

5. 什么是接待中的对等对口？

第九章　协助上司处理社交事宜

“三资”企业和涉外单位的上司需要进行广泛的社交，以结交众多朋友，寻求各方支持，维持、拓展业务，并提高企业的知名度和美誉度。有人作过调查统计，目前“三资”企业的上司，40％的工作时间用于社交，40％的工作时间用于开会、会见、谈判，20％的工作时间用于处理企业日常事务。由此可见社交在上司工作中的重要性。涉外秘书作为上司的助手，安排上司的社交、组织筹办社交活动、协助上司处理社交事宜，也就成为工作中的组成部分。

秘书协助上司处理的社交事宜，常见的有邀请与答复，赠礼、祝贺与感谢等。

第一节　邀请与答复

企业之间、单位之间为了加强联系，增进友谊，会相互邀请参加各自举办的开业、庆典、联谊、会晤等活动，邀请和答复就成为相互间常见的社交事宜。

一、传统的邀请与答复方式

（一）邀请

邀请分正式邀请和非正式邀请两类。

非正式邀请指上司和熟识的外单位人员、私人朋友相互约请共进工作餐、交谈等。这类邀请比较随便，上司决定后，秘书一般只需按上司吩咐打电话给对方，讲定时间、地点即可，用不着寄送邀请函。

正式邀请指企业举办正式、庄重的活动，约请对方参加。它可以以企业的名义，也可以以上司个人的名义约请。这类邀请要事先拟定被邀请者名单，经上司审定后，由秘书一一寄送请柬。“三资”企业中，这类请柬一般都事先印制好，届时只需填上客人的姓名、时间、地点，就可寄送。

请柬上的时间、地点、姓名要核对准确，注意不能将对方的名字写成谐音字，措词要典雅、得体，不能用祈使句，如不宜写成“请你务必参加”，而宜用“敬请光临”之类的礼貌语。请柬格式可参考下例：

请　柬

________先生/小姐：

谨定于________年____月____日（星期____）____午____时____分，为____________，假座________宾馆（____________路________号），举行________活动。

恭候

光临

__________敬约

年　月　日

有的请柬还附上回条同时寄送，以便获知对方的答复，回条格式可参照下例：

回　条

收到请柬，请填写下列内容，并于×月×日前将本回条寄达本公司总经理秘书×××，地址为：××路××号××室。谢谢！

能否出席：能________否________

出席人姓名：　　　　　　　　　　　　职务：

回信地址：

联系人：　　　　　　　　　　　　　　电话号码：

有些寄送给重要人物的请柬，为了表示敬意和郑重，不用打印件，而由上司亲笔书写，使对方感受邀请者的诚意而愉快接受邀请。

（二）答复

秘书收到外单位的邀请信后，要及时报告上司。如果上司决定接受邀请，秘书就得填妥回条，或写好答复信，及时寄出。凡对方是以个人名义发来的邀请信，回信也要用个人名义；对方是以公司名义发来的，则也要以公司的名义回复，宜用公事信函。对接受邀请的回信，秘书先表示感谢，再明确表示愉快接受邀请即可。

如果上司无法接受对方邀请，秘书也要代为回信，婉言谢绝。这类回信尤其要注意礼貌，语言要婉转，措辞要谨慎，不让对方产生误解或感到难堪，其内容一是感谢对方的邀请，二是陈述不能应邀的原因，三是希望今后有机会再会面。

二、涉外邀请与答复方式

在外资企业间，正式的邀请与答复都用邀请函和答复信，信函大都用英语写成。因此，写作英语邀请与答复的信函是涉外秘书必须掌握的基本功。

涉外邀请信有两类：格式固定、事先印制好的是请柬，特为撰写的就是邀请信。

（一）请柬

写请柬时，只要将空格内的项目一一填写上去就行了。如有补充项目，可加在请柬下方，比如要求对方穿什么服装、请求答复等。参见下列格式：

Invitation Card

Request the pleasure of the company of

at

on

at

Tel:

开幕式请柬实例:

Invitation Card

The President of the International Textiles Exhibition

Request the pleasure of the company of

Mr. Bill Brown

at the opening ceremony

on Tuesday, 4th September, 2012, at 10:00 a. m.

at the Shanghai Exhibition Centre

at 1001 Yan'an Street

Please reply Tel:85257845

Dress: Formal

宴会请柬实例:

Invitation Card

Mr. Bill Brown

Request the pleasure of the company of

Mr. and Mrs. D. Smith

to dinner

on Wednesday, 31th October, 2012, at 6:30 p. m.

at 358 Beijing Street, YingHua Hotel, Shanghai

R. S. V. P. Tel:85257845

Dress: Formal

（二）请柬回条

有的涉外请柬附有回条，询问对方是否应邀前来，以便根据前来的人数安排场地、餐饮等。请柬回条可如下例：

Please complete the form below and return it to the company before Sept 18，2012.

Thank you.

Can you attend the inauguration?

Name of attendee：______________

Address：×××××××××××

Contact Person：××××××××××

（三）邀请信

对重要的邀请对象，为了表示尊敬和诚意，应写邀请信。邀请信要写得简明扼要，要问候对方，说清邀请的原因，活动的内容、安排，请对方确认能否应邀前来。邀请信语气要诚恳、热情，使对方感受到你的诚意而愉快地接受。为此，邀请信不宜打印，而应由邀请者亲笔书写。邀请信可参考下例：

Dear Mr. Brown，

Mr. John is asking the members of the Executive Committee of the Products to meet him for lunch at Hua Ying Hotel，108 Yan'an Street.

The time convenient for all members of the Committee is Tuesday，May 18，at half past eleven noon. Mr. John hopes you can attend.

Enclosed is an agenda of the items to be discussed.

Sincerely yours，

Lin Ming

Secretary to managing director

（四）答复信

收到邀请信后，如果确定应邀，就得及时回信答复。写接受邀请信先得感谢主人的邀请，然后明确表示愉快地接受邀请即可。

举例如下：

Dear Mr. Corbin：

Thank you very much for your letter of 14th July，2012. I am very glad to accept your kind invitation.

I am looking forward to this joyful meeting.

Yours truly

Li Ying

如果无法接受对方邀请，要回信婉言谢绝。

举例如下：

Dear Mr. Corbin:

Thank you very much for your letter of 14th July, 2012. I regret to say that I am unable to accept your kind invitation, because I am already made an appointment with a friend of mine.

I am looking forward to another meeting in the future.

Yours truly

Li Ying

第二节　赠礼、祝贺与感谢

为了密切单位之间、个人之间的关系，增进友谊，"三资"企业和涉外单位往往在对方单位开张，周年庆典，祝捷会，新总经理、厂长上任和新年，节日，纪念日等时候，发信表示祝贺，并赠送花篮、纪念品、画幅等礼品。

公司在国际上应当还有一些贸易伙伴，在交往中，也需要在适当的时间向对方赠送一些适当的礼物，以表示友谊。秘书要为上司策划送什么礼物，什么时候、以什么方式赠送最为合适，花篮、画幅、纪念品等礼品也由秘书选购或准备妥当。这就需要了解社交赠礼中的基本要领。

一、赠礼

(一) 一般赠礼礼节

社交赠礼中的基本要领是：要考虑对方的爱好、习俗，因人而异；要考虑赠礼的场合，恰到好处；礼品应当起到"礼轻情义重"的作用，要雅而不俗，选择有意义、有特色或有艺术价值的小艺术品、纪念品、书籍、画册等。

通常不宜送昂贵的礼品，因为对方会认为你重礼之下必有所求，勉强收下后却心中不安。当然，我们更不能以送礼为名，行腐败、收买之实。

礼品应当包装精美，要明白商品并非礼品，只有包装精美后才能成为礼品。所以，国外的礼品非常讲究包装，尤其在日本，他们的礼品常常是大盒套小盒，包装了好几层，系上一根漂亮的红白纸绳，结成剪刀状，最外层还得扎上缎带。他们认为绳结之处有人的灵魂，标志着送礼人的诚意。德国人对礼品的包装则更讲究。所以礼品必须包装好。包装时可以留下商标品牌，但得把价签摘掉，以免对方认为你是在向他要钱，或因价格高低而引起猜疑。

赠礼一般应当面赠送，也可派人送上门或邮寄。如派人送上门或邮寄礼品，应附上你的名片。如为了祝贺而赠礼，还得附上贺信。贺信由秘书撰写，它的格式较为固定，用词严谨，常运用一些套语，比如"祝愿我们的友好合作关系日益发展"等。

如属于送行之类的礼品，适宜早些送去。

收礼者受礼时，应双手捧接，握手并感谢对方。西方人习惯于当面打开包装，欣赏礼品。这时，送礼人可以对礼品作简单介绍、说明。收到送来或邮寄来的礼品，应当回复一张名片或一封亲笔信，表示感谢。

“三资”企业或涉外单位中，为了增强内部凝聚力，融洽上司与员工的关系，往往注重感情投资，在节日或者员工生日向员工祝贺、赠礼，比如在圣诞节、新年赠送贺年卡，员工生日时发贺信并赠送蛋糕、鲜花等。这些一般也由秘书筹办，这就需要秘书事先准备，如掌握全体员工的生日，以便依时祝贺赠礼等。

（二）对外国朋友的赠礼礼节

对外国人赠礼更需要了解他们的习俗、宗教信仰等，以免发生不愉快的事情，如对阿拉伯人不能送酒，对日本人不能送绘有狐狸图案的礼品等。

美国人一般只在节日、生日和对方生病时才送礼，不知送什么时，大都送鲜花。他们平时不太送礼，所以，在和他们的交往中，送礼一定要郑重，以免对方认为你是对他有所图。即使你礼节性地送他一个打火机，他也可能因为一时无礼回赠而感到尴尬。

在与英国人的交往中，送些花费不多的轻礼，如高级朱古力、名酒和鲜花最为适宜，他们不会认为这是行贿。送礼的时机最好在请他们在酒家用完餐，或在剧场看完戏后。香烟不宜作礼品，男士给没有近亲关系的女子赠送服饰也不宜。

与法国人初次见面时不宜送礼，宜在再次见面时赠送。礼品应能表达出对对方智慧的赞美。应邀到法国人家里用餐时，可送上几枝不加捆扎的鲜花。

要和日本人建立友好关系，离不开赠礼，因为，他们在商务活动中流行赠礼。他们喜欢收到自己不一定有用的礼物，因为，它可以用来转送别人。他们喜欢名牌货，礼品不能重复，而且要送得一次比一次重。所以，给同一位日本朋友送礼，一定要记住前几次送的是什么。送礼时，日本人会推辞，但是，你得坚持要送，因为，推辞是客套。同样，他们送给你礼时，你也得客气地推辞一番，以免给人以迫不及待的印象。日本社会很讲究等级，所以，给日本人送礼还得注意等级区别，送给身份高者的礼物要重于身份比他低者。比如，你公司给某日本公司的总经理、副总经理送礼，礼品是一样的，那么，总经理会感到受了侮辱，副总经理也会感到不安、为难。此外，日本人十分讲究礼品的包装，所以，你所送礼品的外包装必须精美。

德国人不看重礼物的轻重，而注重送礼者的心意，讲究“礼轻情义重”，他们希望收到自己喜爱的东西为礼物。他们爱好音乐，因此，送盒适当的音乐光盘会使他们很高兴。德国人总是追求完美，所以，你所送礼品的外包装也必须精美。

二、送花的礼节

在欧美国家，送花在社会交往中非常普遍，几乎各种场合都可以送花。随着改革开放，这一风俗也开始在我国城市流行，凡同行、朋友开业，各种庆典，迎送宾客，探望慰问等场合，人们都用送花来表示心意。“三资”企业、涉外单位在和外国朋友交往中，更是经常会送花。然而，送花有很多讲究，不管是送给外国朋友、港澳同胞，还是大陆的亲朋好友，如果不注意遵守约定俗成的送花礼节，送花的效果会适得其反。

（一）不同场合的送花

各种花有各不相同的含义，称为“花语”。所以，在不同的场合，要送不同的花，比如：

在机场迎送宾客时，一般送玫瑰、兰花、紫罗兰为好，颜色不拘，可以扎成花束、花环、花篮，以花束为多，也可以送女士襟花。花环一般送给男士。

在对方举行开幕式、落成典礼、周年庆典等场合，可以送玫瑰、剑兰、郁金香，颜色以红色为好，一般扎成花篮，并配以写上贺词的红色绸缎带子，也可以送花束、盆花。

在宴会、酒会等宴请场合，适宜送玫瑰、剑兰，颜色以红色最佳，一般扎成花篮或花束。如果宴会在主人家里举行，主宾应将花事先送去，以便主人在宴会开始前摆放停当。

在举行婚礼时，宜送玫瑰、剑兰，颜色自然以红色为好。要避免送紫色花，因为紫色是丧礼的颜色。婚礼上送花的花型最好是花篮。

对方患病，你去探望时，一般宜送玫瑰、兰花、康乃馨，颜色可以是红色、粉红色，花型以花束为好。因为医院地方有限，不宜放置大花篮。

对方生育时，以送红玫瑰、兰花为好，如果再配以满天星则更好。扎成花束、花篮都可以。国外的花店有专门为庆贺生育而扎的花篮，造型如同婴儿车，颇为别致。

丧礼时宜送玫瑰、菊花、百合花、夜来香等，颜色以白色、黄色为好。对年龄大的死者，可送紫色花。我国风俗对八十岁以上的死者可送红色花。至于花的形状，基督教、天主教徒习惯扎成十字架，我国习惯扎成大花圈，花有鲜花，大都则是塑料花、绢花或者纸花。

（二）花的禁忌

人们用花来表达自己的感情，由此在社交中产生了“花语”这种奇特的语言。由于各国各民族风俗习惯的不同，除了上述根据不同的场合，送不同品种、颜色、造型的花以外，还必须注意禁忌。

一般来说，欧洲人将菊花、杜鹃花、黄颜色的花视为不吉利的象征，所以，在欢乐喜庆的场合，不能送这类花。如今，在国际交际场合，也忌用菊花、杜鹃花、石菊花、黄色的花献给客人，已成为惯例，因此必须注意，否则会造成不良后果。

英国人、加拿大人忌讳百合花，认为它是死亡之花。

德国人认为郁金香是没有感情的花。

法国人认为黄颜色的花是不忠诚的象征，所以忌讳黄色的花。

波兰、德国、瑞士人忌讳送红玫瑰，他们认为红玫瑰代表浪漫的爱情，它只能送给妻子、未婚妻或恋人。

意大利和拉美各国认为菊花是“妖花”，是墓地和灵前的祭祀专用之花，平时室内忌讳放置菊花，更没有用菊花当礼物送人的。

巴西人认为绛紫色的花一般用于葬礼。

印度人将荷花视为祭祀之物，忌讳将它作为礼物和图案。

日本人视荷花为不吉祥之物，它意味着祭奠。

（三）“花语”罗列

金钱花——天真烂漫　　　　橄榄——和平

刺玫瑰——优美
鸡冠花——爱情
常春藤——结婚
蓝紫罗兰——诚实
红郁金香——宣布爱恋
黄郁金香——爱的绝望
黄康乃馨——伤心
红康乃馨——轻蔑
条纹康乃馨——拒绝
大丽花——不坚实
野葡萄——慈善
白茶花——真美丽
红茶花——天生丽质
野丁香——谦逊
红丁香——勤勉
紫丁香——初恋
白丁香——想念我
四叶丁香——属于我
胭脂花——勿忘我
白百合花——纯洁
香罗勒——祝愿
白桑——智慧
榛——和解
杏花——疑惑
薄荷——有德
杉枝——分别
豆蔻——别离
垂柳——悲哀
麦藁——结合在一起
黑桑——生死与共
枳——希望
柠檬——挚爱
凌霄花——慈母之爱
蓟——严肃
水仙——尊敬
榉——繁荣
桂——光荣
樱草——青春
紫藤——欢迎
冬青——喜悦
松——哀怜
剑兰——祝贺

三、祝贺

在对方单位开张，周年庆典，祝捷会，新总经理、厂长上任和新年，节日，纪念日等时候，常发信表示祝贺，并赠送花篮、纪念品、画幅等礼品。

涉外贺信例一：

Dear Mr. John,

I learned that you were branching out for yourself after 10 years with Smith, and opening your own advertising agency.

I would like to send a word of congratulations and I'm sure the new agency will be a success. I sincerely hope you will find in this new venture happiness and satisfaction you so richly deserve.

Cordially yours,
Bill Brown

例二：

Dear Mr. Harmon,

Great was my delight when I learned that you had been made senior Vice-President of the International Bank.

I would like to send a word of congratulations. It is an honour you so richly deserve and I know of no one more suited for the position. I know you have not sought it and possibly did not desire it, but I hope it has given you pleasure. It is undoubtedly a just recognition of the services you have so well rendered.

Please give my kindest regards to Mrs. Harmon. I am sure she must be proud of you.

Yours sincerely,

Bill Brown

例三：

Dear Mr. Carter,

As another year draws to a close, it gives us great pleasure to say how much we have appreciated working with you over the past twelve months. We sincerely hope that our pleasant business relationship will continue for many years to come.

Our staff here join us in wishing you a merry Christmas and a happy, prosperous new year!

Yours sincerely,

Bill Brown

四、感谢

在涉外交往中，凡得到别人的祝贺、帮助、招待、应邀赴宴，或收到礼品，都应给对方发去感谢信(Appreciation Letters)，这既是礼貌，也是文明的习惯。感谢信没有固定的格式，其文字要求简洁明快，语气要亲切、诚恳。

例一：

Dear Mr. Smith,

Thank you for sending your proposal for needed changes in the contract with dealers. For this, Mr. Brown asked me to express his appreciation to you.

Your proposal arrived in time for Mr. Brown to present your ideas to the Executives Committee, which meets this Thursday.

Sincerely yours,

Li Ying

Secretary to managing director

例二：

Dear John,

My stay in England has been an unforgettable experience. I have seen so many places of interest and met so many warmhearted people. All this is due to your thoughtful arrangements, for which I feel obliged to express my heartfelt thanks again.

I sincerely hope I'll have the opportunity to reciprocate your cordial hosipitality in the not too distant future.

With all my best wishes.

Yours sincerely,

Wang Jun

例三：

Dear Mr. Smith,

Thank you for inviting me and my wife to dine with you last night. It was an enjoyable occasion and an excellent dinner.

We value our relationship with your company, and look forward to doing more business with your company in the near future.

Yours truly,

Bill Brown

第三节　其他社交活动

一、捐赠和赞助

捐赠是指单位向慈善事业、社会福利团体、灾区和需要救助的组织、人员捐款赠物。如向希望工程、温暖工程、敬老院、孤儿院、残疾人、特困家庭捐款赠物。

赞助多指由单位提供全部或部分费用，举办些群众喜闻乐见的文娱体育节目和支持文化出版事业，设置奖学金、助学金、发明基金等。

捐赠和赞助能显示单位承担社会责任、义务的宗旨，显示自己的实力，并获得知名度、美誉度，以取得社会各界的支持。

秘书无权决定是否赞助或捐赠，但是负有协助上司处理这类问题的职责。在未设公共关系部的单位中，秘书承担这类事务的责任更重些。

近年，要求"三资"企业和涉外单位捐赠、赞助的信函不少，秘书凡收到这类信函，应送上司决定。如果上司同意，秘书对捐赠、赞助的项目要进行深入调查，报告上司后，组织落实，并记录在案；如果上司不同意，秘书应根据上司的指示和制定的政策条文，复信婉言拒绝，并也须记录在案。

捐赠和赞助有的是“三资”企业或涉外单位主动提出的，更多的是社会提出的要求。对此，最妥善的方法是企业制定一份固定的政策条文，确定捐赠和赞助的对象、范围、款项数额等，经董事会、经理会讨论通过后，交秘书或公关部执行，符合条件的则照章办理，不符合条件的也可照章解释回绝。制定这类政策条文，秘书要考虑如下因素：

第一，被捐赠和赞助的项目、对象是否合法，实施后是否会使公众对本单位产生好感。

第二，要选择最有利于造福社会，并能提高本单位知名度、美誉度的项目，为此，在实施中，可以配上本单位的标记。

第三，要量力而行，捐赠和赞助的数额应根据本单位的实力和要达到的目标来确定。

二、舞会

这里的舞会特指交谊舞会。公关部门举办舞会主要作为节庆、宴会等活动后的余兴，对于举办舞会的企业，公关部也应介入，多加指导，以保持企业的良好声誉和形象。

组织舞会，必须先确定时间，然后用专门印制的请帖发出邀请。被邀请的男、女客人数要大致相等。对已婚者要夫妇均请。请帖应提早一个星期发出，如果舞会在社交旺季举行，则应更早一些，让客人及早作好安排。

舞会包含吃、喝、跳舞和休息等活动，应该各有场所，此外，还要为客人安排好放衣物和停车的地方。舞会场地的安排，应该使客人到达后，不至于立即感到自己置身于舞池之中。理想的安排是客主寒暄之后，客人进入的第一个地方应该是舞池旁的饮料室，在那儿，客人们可以喝饮料、攀谈，老朋友共叙阔别，新朋友相互结识。此外，舞场应宽敞，灯光要柔和，地板要上蜡保持光滑，舞厅内还可用纸花彩带和各色彩灯装饰，但应注意雅而不俗。

音乐的风格必须使各种年龄的人都能欣赏。大型舞会需要两个乐队，或一个乐队一个唱片柜，以使乐师们能轮流工作，一队啜饮小憩，另一队鼓乐大作。如受条件限制，甚至一个唱片柜也可。

对于自己不熟悉的舞步不要下场。在跳舞时不可吸烟，不能戴口罩。参加舞会应注意口腔卫生，事先不应吃带有刺激性味道的食物。舞会上有各种礼节，诸如参加舞会应注意礼貌，服装整洁大方，打扮得体。到达舞场后，应先与各位朋友相聚攀谈，寒暄周旋。

第一场舞，通常由主人夫妇、主宾夫妇共舞（如夫人不跳，也可以由已成年的女儿代之），第二场舞则由男主人与主宾夫人、女主人与男主宾共舞。

男主人应陪无舞伴的女宾跳舞，或为她们介绍舞伴。男宾可以同任何一位他所喜欢的人跳舞，但不应在整个晚上独占一位女性。然而，倘若那是他应邀带来的舞伴，或者他是作为某位女宾的舞伴而出席舞会的话，另当别论，此时，使舞伴愉快是他的主要职责。

男方邀请女方共舞时，若其丈夫或父母在旁，应先向其丈夫或父母致意，以示礼貌。一曲完毕，男方应向女方致谢，陪送到原来的座处，并向其周围亲属点头致意后离去。

对女方而言，无故拒绝男方的邀请是不礼貌的，如有约在先，可以说明情况，并告诉对方愿意共同跳下一场舞，如实在不愿意与某人共舞，可婉言辞谢，已谢绝邀请后，一曲未终，不要再接受其他男子的邀请。

三、陪同观赏

陪同宾客观赏文艺演出，参观陈列馆、博物馆，观看体育表演等以及受单位委托向宾客赠送礼品，是礼仪性公关的又一内容。

陪同观赏的要求，一是陪同者与被陪同者身份要大体相当，十分重要的宾客应由总经理出场陪同，对于较重要的宾客，亦可由总经理的代表秘书作陪。二是观赏项目以及具体节目的确定，须以宾客的喜爱为准，酌情多安排一些具有我国民族特色的节目。三是要做好陪同过程中的服务工作：备好说明书（如是外宾，应用主客双方使用的文字印成）；事先安排好座位；保持良好的演出秩序；主随客便，陪同献花致谢等等。无论是陪同观赏何种节目、参观哪些场所，均不得授意宾客献花或暗示客人留言等。

陪同观赏的全过程也是开展公关活动的好时机。陪同者应做到热情友好，彬彬有礼，自爱自重，不卑不亢，不失国格、人格。

第四节　主 持 节 目

组织中举办的联欢会、联谊会、文娱活动、交际活动等，经常由秘书担任节目主持人，中小单位中的秘书更是如此。所以，秘书应当了解主持节目的知识和技巧，以主持好节目。一般来说，要注意如下问题：

一、节目主持人的形象

秘书担任了某次活动的节目主持人，就成为这次节目的主人，决定着这次节目能否成功，而其形象又起着很大的作用。联欢会等活动是一种喜庆、祥和、轻松、愉快的活动，公众是来寻求美的享受，建立或加深和企业的感情，自然要求主持人的形象具有美感。节目主持人的美感由以下一些因素组成：

（一）讲究服饰仪容

服饰是形象的组成部分，主持节目的秘书应当注重、讲究，其服饰要和现场的气氛、自己的年龄相协调。一般来说，主持文娱节目的女秘书，其服饰可以丰富多彩，淡妆，使自己显得美丽大方；男秘书则可以着西装和便装，仪容整洁，使自己显得潇洒大方。主持人的服饰要避免过于花哨，弄得像个奇异的模特儿，这会让公众看了感到别扭，或难以接受，影响节目的成功。

（二）知识丰富

节目主持人的服饰仪容悦目只是一种外在美，更重要的是需要他们具有内在美，如对节目内容有关知识的熟悉、精通，态度的真诚，举止语言的优雅，对公众的热情、亲切，主持风格的活泼等等。这种内在美才能使公众真正感到赏心悦目，对主持人产生好感，融洽现场的双方关系，增添欢乐气氛，有助于节目的成功。具有丰富的知识是主持人内在美的核心，它最能塑造主持人的良好形象。

法国电视二台有一档《书评》节目，其播出时间正是各电视台播放娱乐节目的高峰，但是，它不但没有被冷落，反而力压群雄，经常独占鳌头，经久不衰，观众甚至将是否收看它作为衡量是否知识分子的标准，一经该节目介绍的书刊，立即成为畅销书刊。有一次，一位政要在讲话中对此节目有所非议，立即激怒了大批观众，发起了一场抗议，最后，只得由总统出面美言了一番，才平息了此风波。这一清谈的节目为何能赢得大批观众如此厚爱呢？那是因为该节目主持人皮沃特具有高水平的文化修养。他不但熟谙文学大师的名作，而且能密切注视、及时了解出版界的情况，一旦选出了什么书刊，他就下苦功去研读，评论时就能旁征博引、口若悬河，使作者也不得不佩服。正是靠他的博学，这档节目倾倒了无数观众，他也成为人们崇拜的对象。

这一实例启发秘书，只有平时多读书、多思考，积累丰富的知识，主持节目时才能信手拈来，运用自如，给人以良好的印象。

（三）具有个性魅力

个性魅力是主持人形象的组成部分，它决定着主持风格。秘书在主持节目时要表现出自己的个性魅力，或温文尔雅、侃侃而谈，或热情如火、活泼欢快。这有助于吸引观众，帮助节目取得成功。要具有个性魅力，秘书在主持节目时应尽可能少拿稿纸，最好不拿稿纸。因为，节目主持人既然是节目的主人，就应当和节目融成一体，成为节目的灵魂，稿纸虽薄，常照单念的话，给观众的感觉是主持人凌驾于节目之上，处身于节目之外，会在主持人和观众之间竖起一面无形的墙壁，给观众一种高、冷、硬的形象，不利于活动的成功。

二、节目主持人的语言

秘书主要是运用语言来主持节目，因此，运用好语言，关系着节目的成败。主持人的语言包括口语和伴随语言两类。

（一）口语

节目主持人的口语要求并非单指音质动听、音调纯正，还要求带有浓厚的感情色彩、很强的驾驭口语的能力和个性特点。

秘书主持一台节目，是一种传播活动，是和观众的信息、情感交流。这种传播和交流，从内容到口语都应当为观众所认同。所以，主持人的口语需要具有感情色彩，做到像和朋友交谈那样亲切自然，让观众和自己同喜同乐，使台上台下气氛协调。那种干巴巴的照单念的报幕员式的口语，是观众最不乐意的。

节目主持人驾驭口语的能力，不但要求口齿流利、发音准确、表达无误，而且要求会运用技巧，或娓娓道来，或像促膝谈心，有时可作停顿，表示思考，有时可连续发问，以示激动，有时可提问，以活跃气氛。

主持人的个性往往通过口语表现出来，形成自己的主持风格。

（二）伴随语言

伴随语言是节目主持人之间流行的习惯用语，也就是体态语言。

对于节目主持人来说，运用伴随语言是颇为重要的，因为，主持节目既然是一种传播和交流，单用口语作用有限，会使人感到单调生厌。伴随语言能弥补口语的不足，有时还能达到口语不能企及的境界，使这种传播和交流生动而具有激情，增强效果。

伴随语言主要有眼神、表情、动作等。

在伴随语言中，眼神传递的意蕴是最丰富、最具魅力的。因此，有人认为，选择节目主持人，对其容貌、外表的要求不必过高，而对其眼睛、眼神的要求则应当要高。这就反映出主持节目中，眼神运用的重要性。

表情能有效地传递情感，如频频点头表示赞许，眉飞色舞表示高兴，笑容可掬表示热情亲切。

伴随语言中的动作如今日益被节目主持人运用，如秘书在主持节目时，能走到观众中去，就有助于造成双方的亲密气氛。

三、节目主持人的应变能力

节目主持人处于各种表演、动作和行为的现场，有时会产生意想不到的情况，需要主持人随机应变，巧妙化解，排除干扰，掩饰纰漏，以保证节目的顺利完成。这就需要主持人有很强的应变能力。如有位秘书在主持本单位年末联欢会时，正当大家围坐在大会议室中，兴高采烈，准备表演、欣赏自编自娱的节目时，现场沙发前的一块茶几玻璃不慎被撞翻摔碎了，全场顿时一片沉寂，气氛凝重。这时，那位秘书走到中央，笑着说："这是开场锣鼓，一个好兆头，预示我们岁岁平安，庆祝我们辞旧迎新。"全场响起一阵笑声，气氛又转向欢快活跃。这就是随机应变，化解意外事故，并服务于活动主题。

又如，有位秘书主持和兄弟单位人员的联欢会，会间有猜奖的余兴节目，奖品是个惹人喜爱的毛绒玩具，当最后一位猜中时，秘书发现这类奖品已经没有了，她略一思索，当即笑着说："恭喜这位兄弟单位的先生获得这份可爱的奖品，为此，我们特请本公司的王小姐献上一首歌，表示祝贺。"在王小姐献歌的时候，秘书悄然退下，向获得此奖品的本公司员工借取一个，王小姐演唱完后，秘书笑着登场，向中奖者颁奖，把这一纰漏掩饰过去。

思考题

1. 请柬的措词有什么要求？
2. 婉言谢绝对方邀请的答复信应该怎么写？
3. 涉外秘书如何处理要求捐赠和赞助的来信？
4. 试写一封祝贺同学获一等奖学金的英语信。
5. 涉外秘书如何主持好节目？

第十章　举办宴请活动

宴请是最常见的社交形式之一，单位举办庆典、庆功会或答谢协作单位时，都会举办宴请，涉外秘书还会陪同上司或代表单位出席宴请。因此，他们需要学会操办宴请活动，懂得宴请的筹办、接待和出席宴请的礼节。

第一节　宴 请 准 备

宴请首先要根据不同的目的、规模、规格，选择其形式。宴请有多种形式，主要有宴会和招待会两大类。

一、宴请活动的种类

(一) 宴会

宴会为正餐，主客就座进餐，由招待员依次上菜。宴会有国宴、正式宴会、便宴之分。按举行的时间，又有早宴、午宴、晚宴之分，其隆重程度、出席规格、菜肴的品种和质量均有区别，一般来说，晚宴最为隆重。

1. 国宴

是国家元首或政府首脑为国家的庆典，或招待外国元首、政府首脑而举行的正式宴请，规格最高。宴会厅要悬挂国旗，有乐队演奏国歌和席间乐。须排桌次、席次，宾主按身份就座。

2. 正式宴会

除不挂国旗、不奏国歌和出席规格不同以外，其余类似国宴，有时也安排乐队演奏席间乐。许多国家的正式宴会十分讲究排场，在请柬上就注明对来宾的服饰要求，以示隆重。对餐具、酒水、菜肴道数、餐厅的布置陈设，直至服务员的装束、仪表、态度都有严格要求。菜肴通常包括汤和几道热菜，中餐一般四道，西餐一般两三道，再加上冷盆、甜食或点心、水果。国外宴会习惯于餐前先在休息室稍事叙谈，通常上茶、汽水、啤酒等饮料。入席后，先上开胃酒，常用雪梨酒、白葡萄酒、马丁尼酒、金酒加汽水(冰块)、苏格兰威士忌加冰水(苏打水)，另上啤酒、水果汁、番茄汁、矿泉水等饮料。席间一般用红、白葡萄酒，很少用烈性酒，尤其是白酒。餐后习惯再在休息室叙谈，一般上白兰地酒作为饮料。中式宴会一般直接入席，餐前和餐后不进休息室。

3. 便宴

即非正式宴会，常为午宴、晚宴，它形式简便，可以不排桌次、席次，菜肴道数也可酌减。但是，它的气氛随和、亲切，适用于日常的友好交往。

4. 家宴

即在家中设宴招待客人。西方人喜欢采用这种形式，以示亲切友好。家宴往往由主妇亲自下厨，家人共同招待客人。

（二）招待会

招待会是指不如宴会正规、形式灵活的宴请活动，它不排桌次、席次，备有酒水饮料和食品，主客可以自由走动。常见的招待会有：

1. 冷餐会

也称自助餐，餐肴以冷食为主，加酒水饮料，连同餐具陈设于长餐桌上，随来客自由取用。冷餐会可以设在室内，也可以设在院子里、花园内，可以不设座位，站立用餐，也可以设些小桌小椅，供休息用。它适用于招待众多来客。

2. 酒会

酒会是形式比冷餐会更灵活自由、便于广泛接触交往的宴请活动。它以鸡尾酒等酒水饮料为主，配以三明治、小香肠、面包等小吃食品，饮食由服务员用托盘端送于人丛中，需要者自由选取。酒会不设座位，只设小桌（上置些饮料食品），以方便来客自由走动。酒会的时间灵活，可以是午宴、晚宴，也可以是早宴，请柬上写明整个酒会延续的时间，宾客可在期间的任何时候前来和离开，不受约束。

二、宴会的筹办

此处介绍正式宴会的筹办。它的筹办有以下要点：

（一）确定邀请对象

即根据宴会的目的，邀请有关对象参加，比如，为了感谢协作单位的帮助而举办宴会，就应当将协作单位的领导、帮助过本单位的人员都请来，遗漏了是不礼貌的，为凑人数请无关人员参加，也会导致理应被邀请者的不悦。

（二）确定时间地点

宴会时间应征求客方，尤其是主宾的意见，选择主客双方都方便的时间。邀请外国人时，要注意避开对方风俗中禁忌的日子，如邀请信奉基督教者，要避开 13 日，尤其既是 13 日又是星期五的日子。宴会地点应选在具有知名度、客人容易找到、环境幽雅的饭店酒家。

（三）合适的酒菜

宴会的酒菜应以客方，尤其是主宾的喜好口味为准，要注意避开对方风俗中的禁忌，如宴请伊斯兰教徒应设清真席，不用酒和带酒精的饮料食品；宴请印度教徒不用牛肉；宴请佛教徒用素食。国内单位宴请外宾好用海味、茅台酒，其实很多外宾不喜欢海味，也不喜欢茅台酒之类的烈性酒。宴会中安排一些本地的特色菜、特色食品是尽地主之谊的表示。总之，宴会的酒菜应以适合客方，尤其是适合主宾为原则。酒菜确定后，即可印制菜单，一桌三份，或人手一份。

(四) 发送请柬

正式宴会邀请外方宾客，要提前一两周发出请柬，以便客方早作安排。大型宴会的请柬上要注明桌次(Table No.)，还得用法文注明 R. S. V. P(是否出席)，并印上联系电话，以便知道对方是否能应邀，也便于统计会有多少人出席。国际上习惯于对夫妇合发一份请柬。

第二节　桌次、席次的排法

一、桌次的排法

大、中型宴会因人数多，事先得排出桌次，除了在请柬上注明外，现场还应有人接待引导入席。根据国际惯例，桌次地位的高低以离主桌的远近为准，离主桌越近的地位越高，右高左低。由于宴会厅的形状、大小不等，餐桌不一样，宴会桌次的排列有多种方法。

(一) 圆桌桌次的排法

1. 两桌横排

见下图：

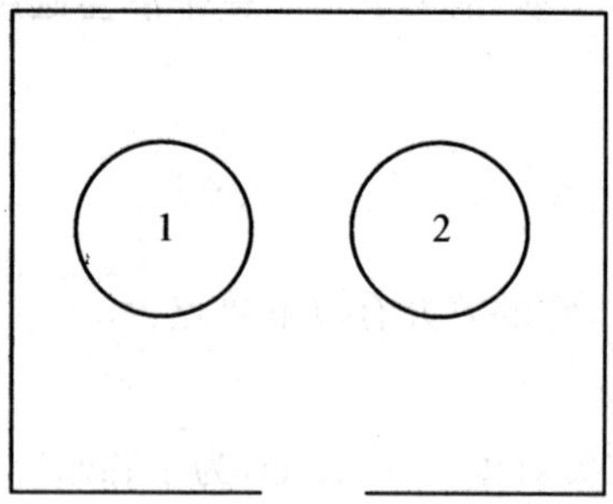

2. 两桌竖排

见下图：

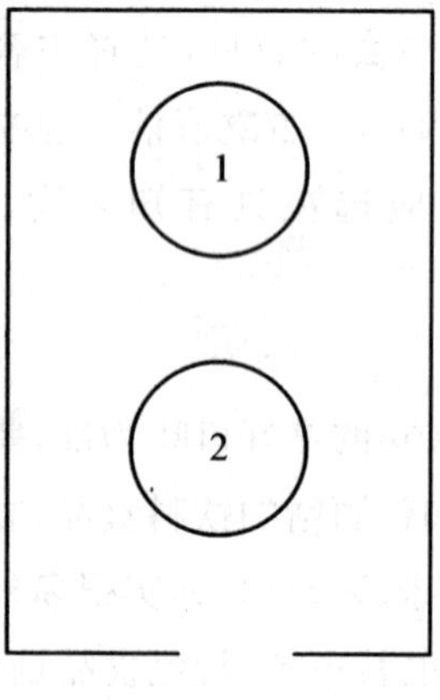

3. 多桌排法

见下图：

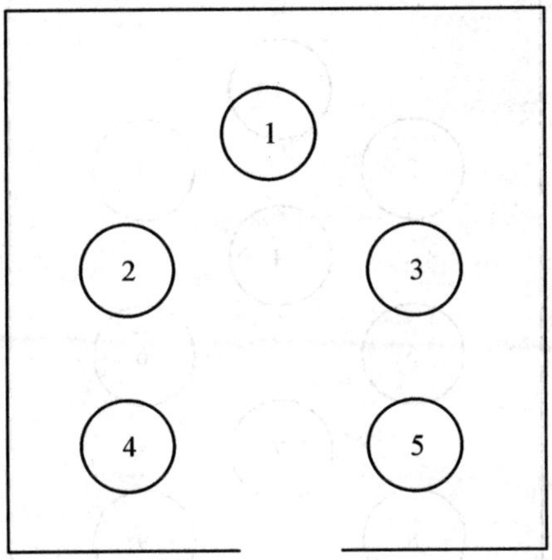

4. 多桌环排

见下图：

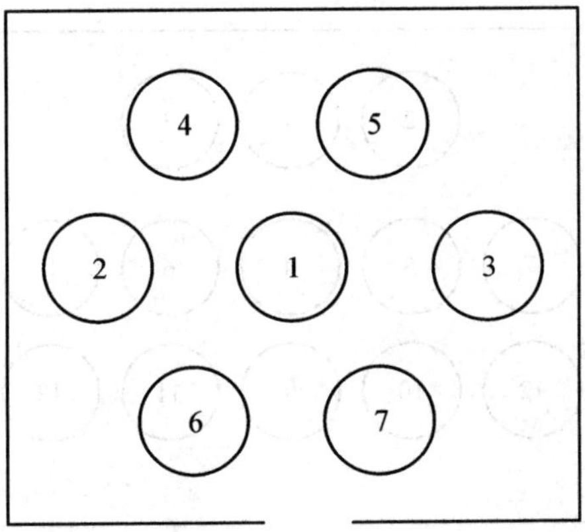

5. 多桌横排

见下图：

6. 多桌竖排

见下图：

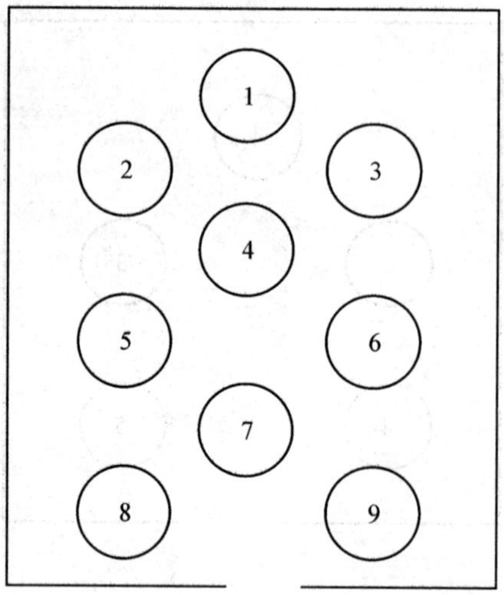

7. 多桌方形排法

见下图：

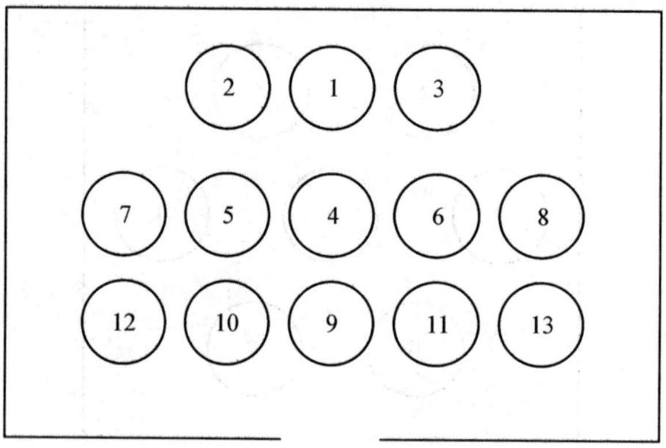

（二）长桌桌次的排法

宴会如采用长桌，其桌次的排法也依据圆桌的两条原则，即离主桌越近的地位越高，右高左低。常见的排法见如下两图：

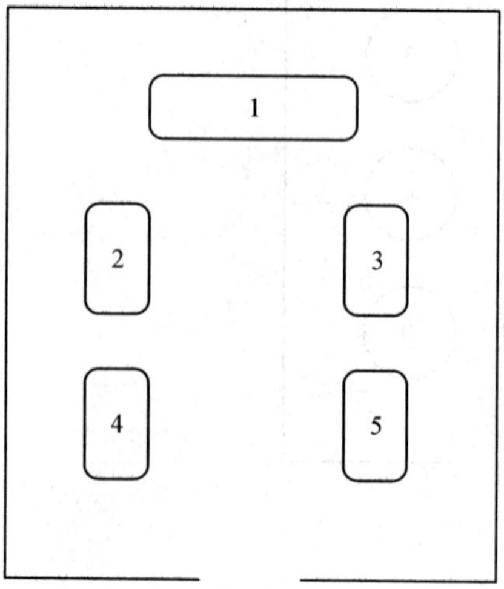

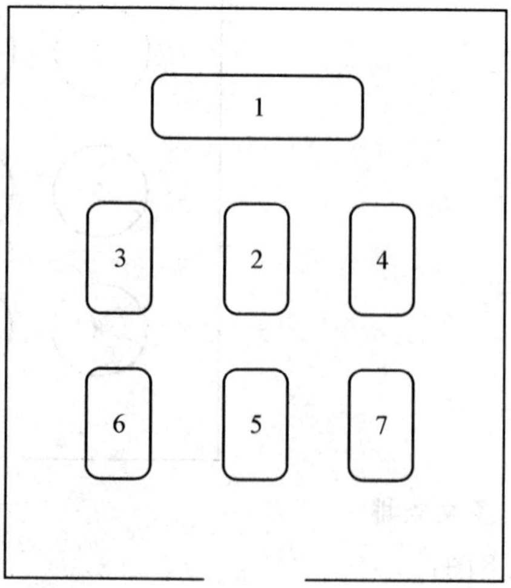

二、席次的排法

宴会上席次地位高低的表示，其原则与桌次类似，即离主人越近的地位越高，右高左低。第一位宾客应位于主人右边，第二位宾客位于主人左边。如果主宾的身份高于主人，为表示尊重，宜将主宾安排在主人位置上，主人则就座于其右边，如有第二主人，则就座于主宾左边。

关于男女宾的席次安排，中西方各有不同。西方奉行女士优先的原则，以女主人为准，主宾在女主人右边，主宾夫人在男主人右边，男女交叉就座于西餐桌旁。我国习惯于按宾客的身份排列席次，且以男主人为准，主宾在男主人右边，主宾夫人在女主人右边，就座于圆桌旁。

席次安排还得考虑一些实际情况，如将身份相当、语言相同、专业相近者安排在一起，便于他们结识交谈，而对关系紧张、意见分歧者则要避免排在一起。

(一) 圆桌席次的排法

1. 只有一位主人

一桌只有一位主人作陪时，其席次的排法见下图：

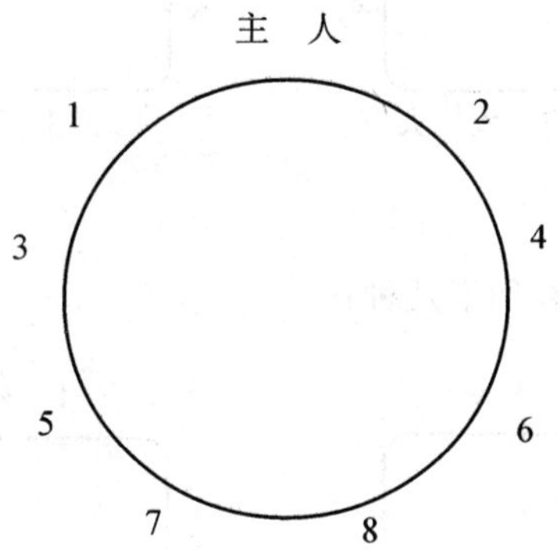

2. 有两位主人

一桌有两位主人作陪时，其席次的常见排法见下图：

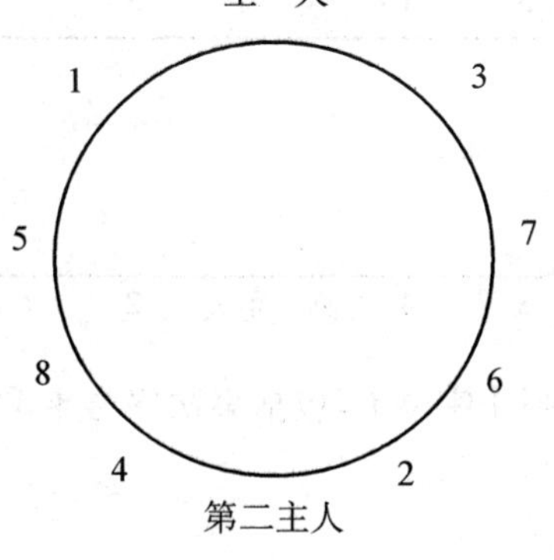

(二) 长桌席次的排法

长桌席次的排法常见的有如下几种：

1. 只有一位主人

一桌只有一位主人作陪时，其席次的排法见下图：

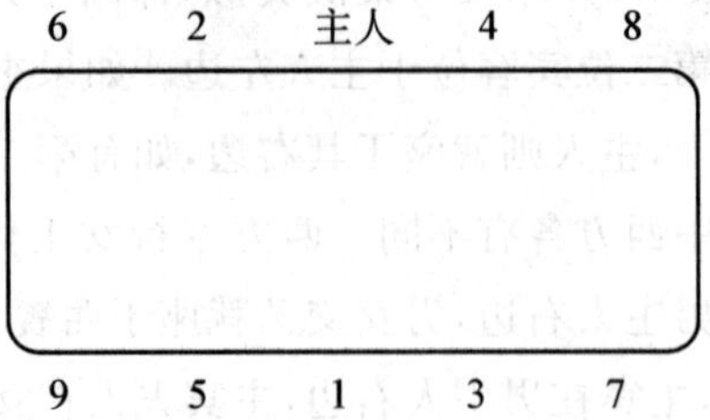

2. 有两位主人

一桌有两位主人作陪时，其席次的排法常见的有如下两种：

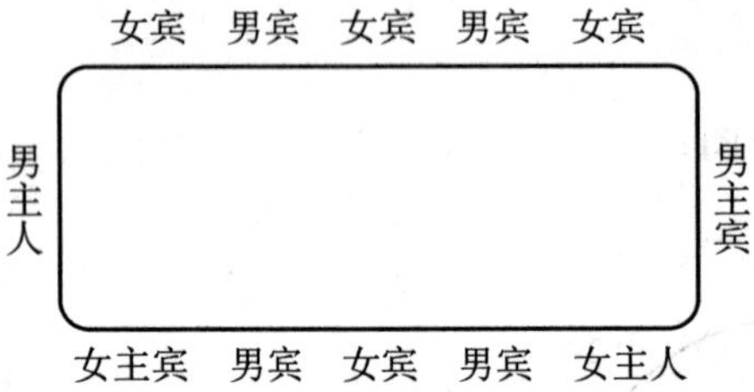

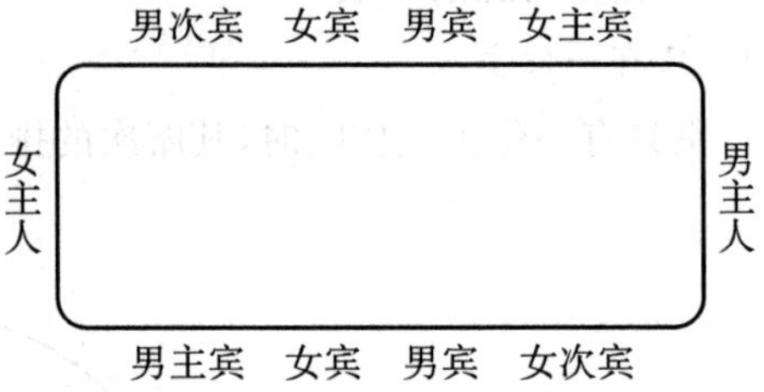

(三) 西餐桌席次的排法

西餐桌席次的排法常见的有如下几种：

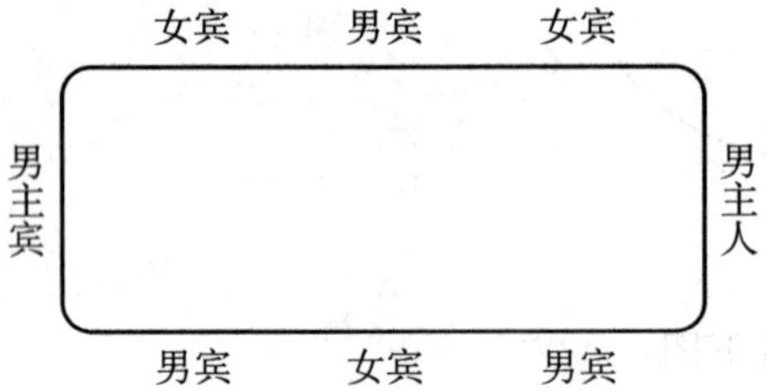

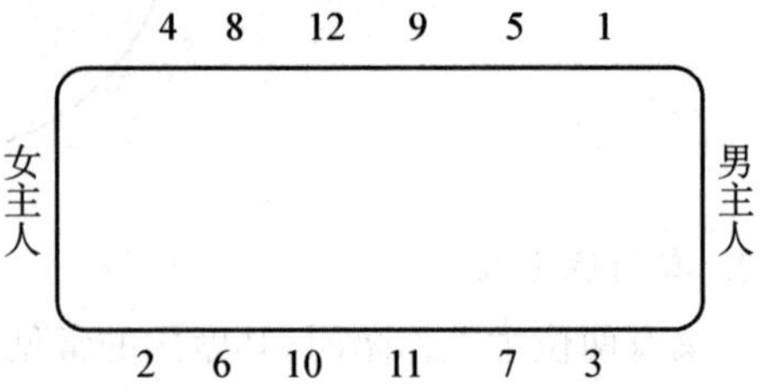

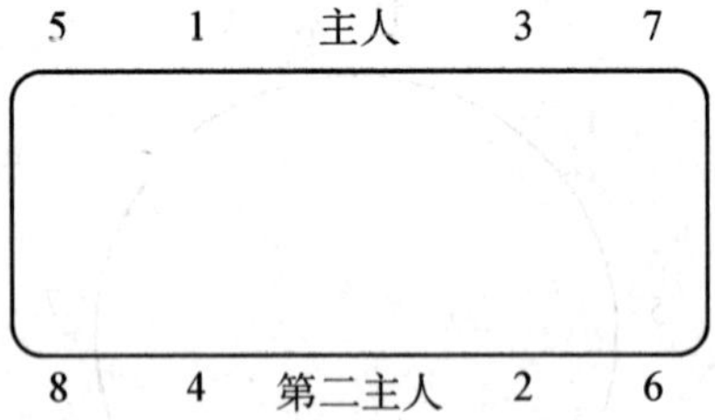

桌次、席次排妥后，秘书应制作座位卡，包括桌次序号卡和每桌的席次卡，放置妥当，以便来宾对号入座。

第三节 宴请活动程序和礼仪

正规的宴请活动有一套从迎宾到送客的完整程序，应邀赴宴者也有该注意的礼仪。兹简单介绍如下：

一、宴请程序

正式宴会的程序包括迎宾、入席、致词、进餐、结束和送客几个环节。

（一）迎宾

正式宴会时，男女主人和少数主要上司要在门口排成一行迎接宾客。

主宾到来，由主人陪同进入休息室或直接入座主桌，由其他上司在门口迎接别的宾客。

（二）入席

主宾和来宾在主人陪同下进入宴会厅，一一对号入座。如果是规模大规格高的宴会，可请其他宾客先入席，再由主人陪同主宾最后入席，宴会即开始。

（三）致词

宴会开始，由主人致词，主宾答词。宴会前，秘书要准备好讲稿，不但要为上司写好致词，还得让双方事先交换讲稿，以便双方了解对方讲话的内容，相互协调，一般由主方先提供给客方。如果需要翻译，翻译人选一般也由双方谈妥。

（四）进餐

致词和答词完毕，开始进餐，由主人和主宾先碰杯，接着依次向各位来宾碰杯，如果来宾众多，主人可和主宾等几位重要宾客碰杯后，向全场其他来宾举杯示意即可。

凡新上的菜，要放在主宾面前，上花色冷盆和全鱼、全鸡时，应将其头部对着主宾，以示尊重。

宴会的气氛应该是热烈活跃、亲切友好的，这就需要主人灵活掌握。主人要不时提一些大家感兴趣的话题，如时尚、气候、文艺体育、菜肴烹调等，而工作等严肃的话题、庸俗琐碎的话题不宜谈。

（五）结束和送客

我国的正式宴会，在用了水果后，主人和主宾起立，宴会即告结束。

西方的正式宴会，往往是由女主人起立，率领全体女宾退出宴会厅，表示宴会结束，男宾尾随女宾进入休息室，即上咖啡或茶，坐下叙谈。

当主宾告辞时，主人须送至门口，原先迎宾的上司再次顺序排列，与其他宾客一一握别。

二、出席宴请礼节

（一）准时赴宴

收到宴会请柬后，要当即答复是否赴宴。如赴宴，迟到是失礼的，过早到也不适当，最好在宴会开始前 15 分钟到达为宜。赴宴时要做到服饰整洁、精神饱满，这既表示对主人的尊重，也有助于增添宴会热烈欢乐的气氛。

（二）礼貌入座

进入宴会厅后，要对号入座。西方礼仪是男士应帮助旁边的女士和年长者就座，并等全桌所有女士就座后再入座。

入座时用右手将椅子拉开，从右边入座。入座后将餐巾对折，折口朝外，平铺在双腿上。

（三）文明用餐

宴会开始，主宾双方致词、答词时，应尽可能面对演讲者倾听，以示尊重。

服务员送上的第一道湿巾，应当用来擦手，不宜用来擦脸抹颈。吃东西时举止要文雅，声音要轻。进餐过程中不宜在席间脱去外套，放松裤带。如不小心将汤水溅在邻座身上，应道歉后递上纸巾或湿巾，让对方自己擦拭，不宜你直接去擦拭。如果参加的是西餐会，还应懂得餐具的种类和用法。最后用咖啡时，应左手托碟，右手持杯，茶匙是用来搅拌杯中方糖、咖啡的，不能用它来舀咖啡喝。

（四）道谢告别

告辞时应向主人致谢。如果有事须先退席，应向主人打招呼后悄悄离去，以免惊动大家，影响气氛。

思考题

1. 宴请活动有哪些种类？
2. 宴会的筹办有什么要点？
3. 桌次地位的高低以什么为标准？席次呢？
4. 宴请的程序是怎样的？
5. 出席宴请要注意哪些礼节？

第十一章　会议服务（上）

会议是指将有关人员召集而来，讨论和解决问题的一种社会活动形式。“会”指会合，“议”指商议。“三资”企业和涉外单位中，会议是一种重要的管理手段，上司和管理者通过会议研究问题、决定对策、交流信息、协调关系、传达指示、布置工作、表彰先进、激励士气等。这些会议的筹办、管理是由涉外秘书承担的，筹办和管理的优劣，决定着会议效果的好坏。因此，涉外秘书应了解并善于筹办、管理各种会议。

涉外秘书筹办和管理的会务，按时间前后，可分为会前、会间、会后三个阶段。

第一节　会议的种类和作用

“三资”企业和涉外单位中的会议，按不同标准，有不同的分类。如：

以参加会议人数的多少为标准，可以将各种会议划分为大型会议、中型会议、小型会议；以会议内容的容量为标准，可以分为综合性会议、专业性会议、专题会议、咨询性会议；以会议内容的性质为标准，可以划分为业务性会议、行政会议、行业会议等；以时间为标准，则可划分为定期会议、不定期会议、临时会议等；以参加会议人员的来源为标准，可划分为内部会议和外部会议。

根据“三资”企业和涉外单位的实际情况，将常见的会议划分为内部会议和外部会议较为适宜。

一、内部会议

内部会议（In-house Business Meeting）是指全部由本单位人员参加的会议。这类会议是“三资”企业和涉外单位中会议的主要部分，它们起着管理内部事务、决定重大事项、确定组织发展方向的作用。

这类会议中常见的有经理例会（Regular Executive Meeting）、员工例会（Regular Staff Meeting）、股东大会（Stockholders' Meeting）、董事会会议（Corporate Directors' Meeting）、特别会议（Special Meeting）等。

（一）经理例会

经理例会指由本单位的经理们参加，研究经营管理中重大事项的办公会议。它属于定期会议，如每月一次，或每周一次，与会人员和会议地点都相对固定。

经理例会对单位的经营管理起着决策作用，因此，它是内部会议中很重要的一种，也是涉外秘书须定期筹办的会议。

(二) 员工例会

员工例会是由某一部门召开，由全体部门员工参加的会议，如“三资”企业销售部召开的销售员会议，它一般是定期召开的。

员工例会起着如下作用：

第一，向全体员工通报近期业务等情况，包括部门业务进展状况、当前市场动向、部门未来一段时间的工作打算、要求员工合作的方面。

第二，听取各员工业务情况的汇报，讨论、解决他们所遇到的困难。

第三，交流其他方面信息，通过定期会面，使部门上司与员工感情融洽，使员工在工作中努力配合。

这类会议是部门中涉外秘书须定期筹办的会议。

(三) 股东大会

股东大会是股份公司的最高权力机关，它由全体股东组成，对公司重大事项进行决策，有权选任和解除董事，并对公司的经营管理有广泛的决定权。

股东大会有以下三种：

1. 法定大会

凡是公开招股的股份公司，从它开始营业之日算起，一般规定在最短不少于一个月，最长不超过三个月的时期内举行一次公司全体股东大会。会议主要任务是审查公司董事在开会之前 14 天向公司各股东提出的法定报告。目的在于让所有股东了解和掌握公司的全部概况以及进行重要业务是否具有牢固的基础。

2. 年度大会

股东大会定期会议又称为股东大会年会，一般每年召开一次，通常是在每一会计年度终结的 6 个月内召开。由于股东大会定期会议的召开大都具有法律强制性，所以世界各国一般不对该会议的召集条件作出具体规定。

年度大会内容包括：选举董事，变更公司章程，宣布股息，讨论增加或者减少公司资本，审查董事会提出的营业报告等。

3. 临时大会

由于发生了涉及公司及股东利益的重大事项、需要临时讨论的紧迫问题，无法等到股东大会年会召开而临时召集的股东会议。

(四) 董事会会议

董事会会议是指董事会在职责范围内研究决策公司重大和紧急事项而召开的会议，由董事长主持召开，根据议题可请有关部门及相关人员列席。

董事会会议可以分为定期会议（普通会议）和临时会议（特别会议）两种。

1. 定期会议

是指由法律和公司章程确定的每年度定期召开的董事会会议。

2. 临时会议

是指在定期会议之外于必要时召开的董事会会议。我国《公司法》规定，1/3 以上的董事提议可以召开董事会临时会议。

(五) 特别会议

特别会议指单位突然遇到特殊情况,为商讨或传达对策而临时召开的会议。这类会议,其内容是突然而仓促的,但会议却不能开得仓促,虽然准备的时间短促,但是仍需要涉外秘书抓紧时间,筹办得完备、充分,以保证会议取得成效,起到应变作用。

二、外部会议

外部会议(Out Business Meeting)指由本单位主办,有相当数量的外单位人员参加的会议。

这类会议的作用在于使单位和外界发生联系,进行信息和物资的交流、协作,让外界了解本单位,商谈贸易,介入各种社团性活动,以求提高本单位知名度,开拓更大的发展空间。

"三资"企业和涉外单位常见的外部会议有:商务和行业会议、会见与会谈、业务谈判等。

(一) 商务和行业会议

商务和行业会议指本单位与外部人员洽谈商务或行业事务的会议。

这类会议主要与外界发生联系,与会人员往往来源面广,有的来自各单位,有的来自各地区,有的来自世界各国;讨论的问题涉及范围也广,规模一般比内部会议要大,时间要长,少则几天,多则数周,因而,筹办、管理的工作量也重,秘书准备的时间也长,且其全过程要求规范,对筹办、管理的质量要求也高。秘书对这类会议要耐心、周到地筹办,并提供全面服务,这不但关系着会议的成效,也影响着主办单位的形象。

(二) 会见与会谈

会见或会谈指双方或多方单位的上司、代表就共同关心的问题交换意见的会议。

会见或会谈在国际上区分为:

拜见或拜会　指客方来会晤主方,或身份低者来会晤身份高者。

召见　指主方请客方来会晤,或身份高者主动会晤身份低者。

回访或回拜　指出于礼节,在对方来拜访以后去拜访对方。

我国习惯上将上述形式统称为会见或会谈。

会见或会谈就内容而言,可分为:

礼节性的会见或会谈　它着重于双方彼此或向外界显示相互关系及对某一问题的态度。其时间较短,一般在半小时左右,话题较广泛、自由,气氛较为轻松。

事务性的会见或会谈　它着重就双方或多方共同的业务事项进行具体、实质性的洽谈。"三资"企业和涉外单位中的会见和会谈一般都是这一类。

(三) 业务谈判

业务谈判指双方或多方的上司或代表就各自利益分割的比例、承担的义务和享有的权利等进行交谈的会议。在市场经济中,业务谈判是大量、频繁的,而谈判的成败,对各方的利益、声誉关系重大。涉外秘书在谈判中扮演着重要的角色,应当协助上司或代表作好周密的准备,并往往参与谈判中的记录、翻译等工作。

三、电化会议

电化会议是指至少三个人在两个(含)以上地点通过电话、电视或计算机等电子装置举行的会议。为了减少旅行时间、降低旅行费用,越来越多的"三资"企业、涉外单位利用电话、电视、网络召开会议。

电话会议要租用当地邮电局的长途电话线路,在一个会场同时接通若干电话会议室实现远距离通话,也称电声会议。这是目前使用最广泛的电化会议。当无需进行图像传送时,可以运用这种方式。

利用电话结合传真设备或图像定格系统(也称慢步扫描系统)进行的电化会议称作声像电化会议。这种会议可以使用传真机将文件传送到不同的电化会议场地,使用图像定格系统可以将视频图像存储在计算机内,通过电话线解读出来并显示在会议场地的监视器上。利用另外一部传真机就可以对图像进行硬拷贝。

卫星传送可以提供全视频电化会议,使两个会场相互对话。视频电化会议价格非常昂贵。

直接广播图像也称为单向图像,可以由一发射地点向所有与之相连接的接收点单向传送图像。直接广播图像对于把新产品立刻通报给公司的各个部门尤为便利。

网络会议是以网络为媒介的多媒体会议,使用者可突破时间和地域的限制,通过互联网实现面对面般的交流效果。

电化会议的准备工作与准备其他会议一样,也要定出会议时间,通知参会者,准备、汇编需要传送的材料,做会议记录,落实会后需要完成的工作。除此之外,还要安排人员充当候补会议主席,以防会议主席对正在使用的电化设备不熟悉而出现意外。

随着通讯科学技术的不断发展,电化会议的种类还在增加,如近年出现了手机会议等。

四、会议的作用

"三资"企业和涉外单位中的会议,其作用归纳起来有如下几点:

(一)交流信息和经验

通过会议,向与会者传达来自上级或相关部门的资讯,通报一些新决策,利用开会汇集信息,达到资源共享的目的,或介绍交流工作经验,使与会者获得启发。用会议的方式交流信息,具有受众面广、直接、灵活、高效的特点。

(二)发扬民主,集思广益

随着科技的迅猛发展,现代人的沟通方式越来越多,如通过 E-mail、QQ 等形式进行沟通。但是,开会是一种群体沟通,这种群体沟通方式是任何其他沟通方式都无法替代的,因为这种方式最直接、最直观,最符合人类原本的沟通习惯。

会议是一种多边交流,是一条集思广益的渠道,会议使不同想法的人汇聚一堂,思想相互碰撞,从而产生"金点子"。许多高水准的创意就是在开会期间不同观念相互碰撞的产物。

基层组织中,碰到无法解决的问题时常常开会,向群众征集意见,就是因为会议具有发扬民主、集思广益的作用。

（三）统一认识，协调行动

在工作当中，有些问题牵涉到的部门和人员比较多，会产生矛盾。通过开会可把问题细分，根据各部门的职责，分担任务，落实责任，最后统一认识，协调行动以解决问题。

（四）传达决策，推动工作

会议是实施领导和指挥的重要手段，上司通过会议传达决策意图，布置落实任务，统一思想，协调各方关系，弘扬先进，鞭挞后进，联络感情，激励士气，从而推动工作，实现目标。

第二节　会前秘书工作

会前秘书工作主要包括拟制会议计划，准备会议文件、资料，发送通知，安排会议生活和会场布置五项事务。

一、拟制会议计划

即根据上司的指示和有关规章制度，拟写出会议计划，计划应包括议题、议程、与会对象、规模、规格、经费预算、时间、地点、生活安排、会务组的组成人员和分工等。

（一）确定议题

会议议题即会议所要讨论、解决的问题。

内部会议的议题通常由上司提出，或由上司定夺，秘书应注意收集有关上司提出的议题，反映下级要求解决问题的议题，并按轻重缓急的程度进行逐条排列，交上司审定。每次会议的议题应尽可能地集中，不宜过多或太分散，特别不宜把不相干的问题放在一起讨论，否则会分散与会者的注意力。如股东大会主要讨论股票分红等事宜，不应该讨论丰富职工业余文化生活的问题，因为许多股东不是职工，职工业余文化生活问题属于企业内部管理问题。

外部会议，如行业会议的议题，则由同行之间商讨决定。

会议议题确定后，才能确定会议名称，即让会议名称明快地反映出会议主题。

会议议题确定后，才能确定与会对象，即邀请和议题有关的部门、单位、人员参加会议。

会议议题确定后，才能选定会议形式，会议形式是为达到最佳会议效果而采用的会议类型，它必须服从会议议题的需要。

（二）制定议程

议程是会议为完成议题而作出的顺序计划，即对会议所要讨论、解决的问题的大体安排。会议主席（主持人）根据议程主持会议。

拟制议程是秘书的任务，有时，议程也由会议主席（主持人）制定。

如果你的上司负责准备会议议程，他会让你打出并复印分发。在实际工作中，会议议程有可能是由你拟定。由于会议议程安排及全部议题必须经过认真的核查，故你要先拟出一份草稿并请上司批准后才能复印分发。

对内部会议而言，一张为主持人打出的议程卡片或许就完全可以了。不过，会议议程通常是分发给所有与会者的，并保证他们能在会议召开前及时收到。

请会议成员提交议程议题是一种通行的方法。采取这种方法时，要不断地落实回复的议题。因此向参会者征询议程议题时，要留有充足的时间以便收到回复，待所有成员的回复收齐后才能起草最终的议程。

一次完整的大型会议的议程一般安排如下：

开幕式，上司和来宾致词；

上司作报告；

分组讨论；

大会发言；

参观或其他活动；

会议总结，宣读决议；

闭幕式。

会议的议程比较简略，它通过会议日程显示出来。

（三）排定会议日程

会议日程是根据议程所作的具体安排，以天为单位，它是会议全程各项活动和与会者安排个人时间的依据。

1. 会议日程安排的科学性

会议日程的安排要注意科学性，即：

第一，如有几个议题，应按其重要程度排列，最重要的排列在最前面，以便于集中精力解决主要问题；

第二，上午8时至11时半，下午3时至5时半一般是人们精力旺盛，思维能力、记忆力最佳的时间，所以，全体会议宜安排在上午，分组讨论、参观、活动则可安排在下午，晚上则安排娱乐活动和自由活动；

第三，开长会时，一个半小时左右后，人们会产生疲劳感，注意力会有所分散，宜中间休息，使与会者调节一下。

2. 列出会议日程表

会议日程表的格式，试举几例：

（1）内部会议英文日程表

Meeting of ________ Company

to be held in the conference room of our company

at ________ on ________, 2013

Agenda

Call to order by presiding officer

Roll call either oral or checked by the secretary

Approval, amendment or correction of minutes of previous meeting

Reading of correspondence

Treasurer's report

Standing committee's report

Special committee's report

New business

Date and time of next meeting

Adjourment

(2) 大型会议英文日程表

Program

The Conference on ________

Shanghai

December 18—22,2012

December 17(Mon.)

All the day	Registration

December 18(Tue.)

7:30 a. m.	Breakfast
9:30 a. m.	Plenary Session: Welcome and Opening Speeches
10:00 a. m.	Read article: "××××××" by Mr. A
10:45 a. m.	Read article: "××××××" by Mr. B
11:30 a. m.	Lunch
2:00 p. m.	Workshop Sessions
3:30 p. m.	Intermission
4:00 p. m.	Workshop Sessions
6:30 p. m.	Banquet at Hua Ting Hotel

December 19(Wed.)

7:30 a. m.	Breakfast
9:30 a. m.	Read article: "××××" by Mr. C
10:00 a. m.	Read article: "××××" by Mr. D
10:45 a. m.	Read article: "××××" by Mr. E
11:30 a. m.	Lunch
2:00 p. m.	Workshop Sessions
3:30 p. m.	Intermission
4:00 p. m.	Workshop Sessions
6:30 p. m.	Dinner

8:00 p.m.	Sightseeing

December 20 (Tur.)

7:30 a.m.	Breakfast
9:00 a.m.	Workshop Sessions
10:30 a.m.	Intermission
10:45 a.m.	Workshop Sessions
11:30 a.m.	Lunch
2:00 p.m.	Visiting ________
3:30 p.m.	Visiting ________
5:00 p.m.	Visiting ________
6:30 p.m.	Dinner
8:00 p.m.	Sightseeing

December 21(Fri.)

7:30 a.m.	Breakfast
9:00 a.m.	Plenary Session: Video
10:30 a.m.	Intermission
10:45 a.m.	Workshop Sessions
11:30 a.m.	Lunch
2:30 p.m.	Meeting Closed
6:30 p.m.	Banquet

(3) 大型会议中文日程表

××会议日程

日期	时间	内容	主持人	备注
5日	全天	报到		
6日上午	9:00—11:30	1. 开幕式 2. 李总经理作报告		
下午	2:00—5:00	讨论	×××	
7日上午	9:00—11:30	会议发言	×××	每人限15分钟
下午	2:00—5:00	参观	×××	
8日上午	8:30—12:00	会议发言	×××	
下午	2:00—5:00	1. 宣读会议决议 2. 闭幕式		

(四) 与会人员

与会人员指参加会议的人员。大致由主持人、出席人员、会务人员三部分组成。

1. 主持人

主持人的职责是宣布开会、掌握会议进程、安排发言顺序、主持表决和选举、宣布表决选举结果、处理会议进行过程中临时发生的问题等,使会议按照议程正常进行,直至完成。所以,会议主持人对会议的正常进展和取得预期效果起着领导和保证作用。

2. 出席人员

此处的出席人员主要指大中型外部会议的与会者,其出席人员包括正式成员和受邀请或列席人员。正式成员是与会议议题直接相关的人员,是有权了解会情、提出意见、表示态度、作出决定的人,或是能提供信息、深化讨论、直接有助于会议达到预期效果的人。他们是会议的主体。

受邀请或列席人员是虽与会议议题没有直接的关系,但却有利于会议的进展或扩大效果的人员。

3. 会务人员

会务人员指为会议服务的工作人员,其职责是负责会议事务性工作和文字工作。他们不是会议的正式参加者,没有发言权和表决权,但他们是保证会议举行和取得实效的重要群体。

规模相对较大、持续时间较长的会议,会议服务工作相当繁杂,会议应设立秘书长和秘书处,指挥全部会务工作。秘书长对会务组人员需要分组分工,一般可设秘书组、接待组、后勤保障组、宣传报道组、安全保卫组等,各组确定人员,明确分工,各司其职,并定期碰头交流工作进度;秘书长可以把任务落实到人,并按照工作安排表逐项检查,对已办事项在备注栏注明"已办",对未完成事项查明原因,并督促落实。这样,繁杂工作就可以井然有序进行,防止挂漏失误。

(五) 编制会议预算

会议作为一种工作形式,是有成本的,也就是要花钱的。所以,根据会议规模和日程安排,要先编制会议经费预算。

会议预算包括会议经费总额、来源和开支两部分,要根据经费总额量入为出,合理安排。

1. 会议经费来源

会议经费来源包括:

上级部门拨款;

本单位拨款;

外单位赞助;

与会者交纳的会务费。

2. 会议开支

会议开支包括:

第一,租借会场和会议设备费用;

第二，印制资料费用；

第三，补贴与会者伙食、住宿费用；

第四，交通工具费用；

第五，参观、活动的费用；

第六，赠给与会者礼品的费用；

第七，其他费用(如邀请重要人物的车旅食宿费等)；

第八，会务人员的价值。

会议成本，即会议开支，由两部分组成，一部分是显性成本，另一部分是隐性成本。

显性成本包括上列开支中的第一至第七项，这些花费直观、清晰，容易预估和统计。

隐性成本是上列开支中的第八项，即会务人员的价值。指为会议服务的所有人员，从会议筹办，经会间服务，到会后处理善后工作全过程中的价值。

对会务人员价值的计算有多种方法，比较合理又简明的计算方法应是：

会务人员的价值为其日工资的 3 倍 ×2 。其中 2 表示员工因参加会务工作导致本职工作停顿而造成的价值损失。

会议隐性成本 = 每名会务人员日工资 × 3 × 2 × 会务人员人数 × 会期天数

例如：公司主办一次大型行业会议，派出本公司 20 名员工为会务人员，会期(自报到日起)4 天。假设该公司员工每日平均工资是 200 元。则这次会议的隐性成本为：

$$200 \times 3 \times 2 \times 20 \times 4 = 96000 \text{ 元}$$

这些还只是按正常程序，以会议顺利进行、完成为前提计算的。如果再将会议中的失误、无效工作等造成的花费计入其中，那会议成本就更高了。因此，决定召开会议要慎重，可开可不开的会就不开，用通讯联系等方法来替代。如果决定要开，也要将开会时间安排得紧凑、务实，派出的会务人员要少而精，不搞浮夸排场，避免铺张浪费，以减少会议成本。

(六) 确定会议地点、时间

会议地点，包括会议召开的所在地和会议举行的会场。

内部会议一般在本单位内部举行，人少时可选择单位会议室，人较多时可选择中型会议室，超过百人的会议可选择单位的礼堂或大会堂，也有的在单位外的场所举行。

规模较大的外部会议则一般在单位外的场所举行，常在宾馆举行。这就需要事先选定宾馆，租借妥会议场所。

1. 选择会场的要点

选择宾馆、租借会场时，应注意以下几点：

(1) 大小合适。根据会议的规模选择大小适当的会场，其容量应与参加会议的人数大体相当，不宜过大，也不宜过小。因为过大的会场显得空荡，会影响会议的气氛；过小的会场则显得拥挤，给与会者造成不舒适的感觉。

(2) 远近适当。首先，要考虑与会者是否便于前往，交通是否便利，避免选择偏远、荒僻的地方。其次，要考虑会议主办单位离会址不宜过远，否则会给会务工作造成不便。再次，如果是需要住宿的会议，还要考虑会场与住宿地点的距离，一般两者之间的距离越近越方便。大多数会场是选择在与会者住宿的同一宾馆。最后，还要考虑会场有无足够的停车位。

(3) 环境适宜。为了使与会人员能够专心开会，保证会议的质量，会场周边环境应当比较清静，不受干扰，避开嘈杂喧嚣的地段。

(4) 设备齐全。选择会场时，首先应察看照明、音响、投影、播放、通风、空调、桌椅用具、卫生设施及安全设备等是否齐备，性能是否良好。其次，根据会议的具体要求需要添加一些特殊设备时，应考虑会场内原有设备是否适用。例如，在用电量大的情况下，是否会超出用电负荷等。

(5) 价格适当。选择会场时，除了上述因素外，还有重要的一点，就是会场的租金适当，是预算内能承受的。

2. 定房

租借会议场所，习惯称为定房。由于外部会议大多安排在宾馆举行，与会者的食宿也安排在同一宾馆。所以，定房包括租借会场、与会者客房两部分。

宾馆内，尤其是星级宾馆内都设置有会议经理或宴会经理。秘书与宾馆联系时，他们会将你介绍给会议经理或宴会经理。

租借会场，要根据会议规模、规格、费用来确定。如按照议程，要使用几个半天(宾馆租借会场以半天为单位)的大礼堂，供分组讨论用的普通会议室、专用会议室要多少个，各使用几次，这些都得收费，秘书都得一一问清，还得问清会议设备使用费、餐费、饮料费、服务费及其他费用需多少。

秘书要根据与会者人数，事先定妥他们将住宿的客房，需要详细了解房间的大小(单人房、套房、双人房等)和价格，并考虑到与会人员的经济承受能力，选择预订。

一般来说，应当在会议召开前一个月预订会场。大型会议则要更早。因此，定房的同时，秘书应在日历中加注，以提醒准备、发送会议通知的时间。对于定期会议，可一次性将全年的安排标注在日历上。不过，平时一定要留意有关会期的任何细小变化，及时在备忘系统中修正。此外，做备忘录的另一个作用是提醒秘书在会议召开前几天再次确认定房。

租借会场的协议一旦签订，秘书就要经常与会场的管理者保持联系，并确认在开会当日是否可以使用。

3. 选择会议时间

内部会议的时间比较容易确定，例行会议的时间是事先规定的，如每周的星期几、每月的某一天。临时会议、特别会议是应特别需要而召开的，时间上一般无法预见。

外部会议，尤其是人数众多的外部会议，如行业年会，其会议时间的选择，一要考虑会议筹备工作是否来得及；二要使绝大部分与会者能准时赴会；三要选择在会议举办地一年中天气最佳的时间段，那时，该地天气晴朗、气温适中、气候宜人、景色美丽。所以，这类会议夏天都选择凉快的北方为会址，如哈尔滨、内蒙古、青岛等；冬季则选择较温暖的南方为会址，如厦门、广州、海南等。

至于确定会期的长短，则要在务实、精炼办会的原则下，考虑会议内容的多少、难易程度等实际需要而决定。

上述包括议题、议程、日程、经费预算、时间、地点、食宿安排、会务组成人员及分工等的会议计划拟成后，要送交上司审批，上司同意后，即可作为实施的依据。

二、准备文件资料

会前秘书要作好会议文件资料的准备，这是保证会议取得成效的一个重要环节。会议文件资料的准备主要包括如下方面：

（一）为上司撰写会议文稿

秘书要根据上司的指示，为其拟写开幕词、讲话稿、工作报告和决议草案，然后送上司审阅，并根据上司的要求修改、定稿，打印成文。

（二）为上司准备资料

会议日期确定后，秘书即要着手搜集上司在会议期间需要使用的资料。在会议召开前，把它们整理妥当并按上司需要的顺序排放在文件夹内。通常上司需要一份会议议程，一份常委会名单，最新的会议成员名单，上次会议的会议记录，其他尚未通过的记录、信件、备忘录，有关议程议题的报告，准备分发的资料拷贝，以及其他参会者提供的与会议议题直接相关的资料。

秘书要意识到在会议期间某些有说服力的材料可能会赢得广泛的欢迎，应当把这些资料汇编起来。如果会议是在上司的办公室进行，则把它们放在自己的桌子上。如果秘书也参加会议，则要带上装有这些资料的文件夹。但是，不要把这些资料与上司要带去参加会议的文件混在一起。这样做不仅仅会扰乱上司的思路，而且也会分散整个会议的注意力。

如果会议在外地召开，要把那些具有说服力的资料装入信封内，在信封上仔细贴上标签，以便上司能迅速找到这些文件。并且，要把这些资料亲手交给上司，由他放入自己的手提箱内。

（三）组织好发言人的文稿

凡在会上要代表单位、部门或个人作重点发言的文稿，秘书要事先同发言人联系、落实，会前收集，请发言者本人或会议秘书处代为打印，分发给与会者人手一份，并作为会议档案之一收存。

（四）准备资料袋

为了使参加会议的人员在会议期间使用方便，通常应为他们准备一个包罗万象的资料袋。为此，秘书人员需要做好会议的各种资料的收集工作，并且按照所需的规格、款式和数量打印好，这些资料通常包括赴会须知、会议日程、会议文献、入会证件和宴会及一些特别活动的凭票等。在与会者报到时，秘书将资料袋一一分发给他们。

第三节　发送会议通知

当有关会议的基本问题，如议题、议程、时间、地点、参加对象确定了，会议计划经上司批准后，就可发送会议通知。

一、会议通知

（一）会议通知的发送形式

会议通知的发送有多种形式：口头通知、电话通知、计算机传送（即将通知发至与会者的电子邮箱）和书面通知（也可用传真）。前三种形式一般运用于内部会议，书面通知则主要运用于外部会议，以示正规和庄重，在规模很大的“三资”企业和涉外单位的内部会议中，也常运用书面通知。

会议通知以书面的形式发给计划参加会议的人员，不光可以使与会议有关的基本要素在通知的过程当中准确无误传达，还可以对收件人在会议之前起到一种备忘作用。另外，如参加会议的人员在进入会场时没有其他特别的凭证，书面会议通知还可作为会议入场的凭证。

（二）书面会议通知的内容

书面会议通知的内容，一般包括标题与正文两部分。标题应说明召开会议的单位或部门、会议名称、发文号。通知的正文包括会名、会期、时间、地点及联系方式等。会议时间要写明日期、星期及具体时间。其他重要事项如食宿安排、携带的文件和其他要求（如车旅费自理、需递交论文、交纳多少会务费等）也可包括在内。有的大型会议还随会议通知一起附寄《赴会须知》。《赴会须知》的内容通常有会议所在地的交通、气候情况，会议正式语言，入会凭证，会议重要活动的安排及办理有关会务的手续等，它是所有参加会议的人员必须了解的基本情况，是保证会议正常进行的基本条件，并须得到全体与会人的有效合作。《赴会须知》也可以装入资料袋，在与会者报到时一并发给。

（三）会议通知的发送时间

外部会议通知发送过早，容易被人忘记，发送太晚，则使人仓促，应视与会者距会议召开地的远近、路途须花的时间等因素来确定。一般要在让对方在会议召开前能从容作好准备而赴会的时候发送到对方，如需要回复的会议通知或预备通知，则更需早些发送到对方，以便对方考虑后回复。如以邮寄发送，信封上最好注明“会议通知”字样及送到日期，以免延误。重要会议的通知发出后，还要及时用电话与对方联系，询问对方是否收到和是否赴会。会议通知的样本要存档备查。

会议通知拟好后交上司审阅批准，然后再复制。会议通知的复制份数根据与会者的人数、会议的规格而定，选用最有效的方法（如复印、印刷或打印）制作。大型会议的通知，每次都要完整印出。

会议通知没有法定的格式，各单位不一，以下介绍常见的几种格式。

二、外资企业中常见的会议通知格式

外资企业中，凡内部会议一般都事先印好统一的会议通知格式，届时只需将参加人姓名、会议内容、时间、地点等栏目用打字机补打进去，即可发送。这类会议通知常见的有便函式和卡片式两种。

（一）便函式通知

例：

Notice of Meeting

To: Managers of all departments

From: Li Ying, Secretary to Managing Director

There will be a meeting of the managers of all departments on Friday, November 9th, at 9:30 a. m, at the meeting room of corporation.

The plan of the Corporation's development for the next year will be discussed.

Please ring 86579498 no later than November 5th if you are unable to attend.

会议通知

致:各部门经理

发自:总经理秘书×××

定于11月9日(星期五)上午9:30,在公司会议室召开会议。

讨论明年公司发展计划问题。

如您无法出席,请于11月5日前打电话86579498告知。

（二）卡片式通知

例一：

Meeting of Managers of All Departments

Purpose: To discuss the plan of the corporation's development for the next year

Time: 9:30 a. m, Friday, November 9th, 2012

Place: The meeting room of corporation

Please ring 86579498 no later than November 5th if you are unable to attend.

全体部门经理会议

目的:讨论明年公司发展计划问题

时间:2012年11月9日(星期五)上午9:30

地点:公司会议室

如您无法出席,请于11月5日前打电话86579498告知。

例二：

邀 请 卡

××会议

______年_____月____日

议题：

出席者：

主席：

地点：

时间：

（三）大型会议预备通知

外资企业主办外部会议时，先要发会议预备通知。预备通知也称预计出席会议人数的通知，以便秘书准确落实与会人数，作好会议会场布置、住宿、膳食、用车等各方面的安排。发出这类通知时，要附上预定卡，请对方寄回，以便统计，并据此发送正式通知。

它要比内部通知详细、正规，除了写明会议议题、地点、时间、主席（主持人）等外，还得写明目的、联系地址、电话、联系人等，如下例：

××××讨论会

为了……，本公司特邀请同行举行此次讨论会，旨在交流经验，研究对策。特邀请×××先生参加。

议题：××××××

举办者：××××公司

专门小组成员：

××× ××× ××× ××× ×××

主席：××× ×××

地点：××××××××××

时间：×××××××

交纳会务费：每位××××元

联系地址：×××××××

邮编：××××××

电话：×××××××××

联系人：×××

To Estimate Attendance

To: All Branch Managers

From: Li Ying, Secretary to Managing Director

Subject: Annual Meeting

We are making arrangements for September 17th Annual Meeting of the Branch Managers at 9:30 a.m. at Hilton Hotel in Shanghai.

The program was sent to you on August 16th.

To help us make adequate room and luncheon reservations, we would appreciate knowing whether you plan to attend the Annual Meeting this year.

For your convenience, a card is enclosed for you to indicate your intention.

Please return this card in enclosed postage-paid envelope by September 5th.

Thank you.

会议预定卡格式如下：

最迟至____年____月____日，请将此预定卡寄送达总经理秘书×××。

________是的，我将参加这次会议。

________届时赴会，并带宾客来，宾客姓名为________、________、________。

________很遗憾，我不能参加此会。

署名：________

公司：________

________ Please mail the card to our secretary no later than September 5th.

________ Yes, I intend to attend the Annual Meeting.

________ I regret that I am not able to attend the Annual Meeting.

Signature: ____________

Company: ____________

当秘书收到这些预定卡后，就可以将它作为安排会议室、客房、餐饮的依据，并可以将每个参加会议的人员的姓名、头衔、所代表的公司、电话及其他一些基本的情况打印在卡片上，会议的各项费用的支付情况也记在卡片上，以便结账核算。

三、合资企业、涉外单位会议通知格式

中外合资、中外合作企业的管理模式如果倾向于国际化，则它们召开内部会议、外部会议和国际性会议的通知类同于外资企业。如果其管理模式倾向于国内模式，则其会议通知也运用国内通用的格式。其内部会议通知常见的有便函式和表格式两种。

（一）便函式通知

例：

会议通知

________先生：

兹定于×月×日（星期×）下午1:30在公司会议室召开部门经理会议，讨论下半年的工作，请准时出席。

××公司总经理办公室

×年×月×日

（二）表格式通知

表格式通知即将本单位一定时间内（如一周、一月）的各种会议安排以表格形式罗列，印发，提前分送各部门，使各与会对象按表格上的时间、地点参加会议，一般不再另发通知。例：

一周会议安排

（2013年1月21日—25日）

日期	星期	时间	地点	内容	参加者	主持人
1.21	一	上午9:00—11:00	会议室	部门经理会议	各部门经理	总经理
1.22	二	下午1:30—3:30	××宾馆	销售会议	各销售员	李副总经理
1.23	三	下午1:30—3:00	会议室	安全会议	各部门安全员	李副总经理
1.24	四	上午9:00—11:30	会议室	采购会议	各采购员	李副总经理
1.25	五	下午1:30—3:00	会议室	奖金分配	各分管经理	总经理

（三）外部会议通知

这些单位举办国内外部会议时，有的先发预备通知，让对方作好准备，再发正式通知。但是，多数情况是发一次会议通知，后面附上回执（相当于外资企业会议通知中所附的预定卡），根据回执来统计与会人数，并据此安排会场、食宿等事项。如下例：

×××会议通知

______先生(同志):

兹定于2012年12月下旬在××省××市,召开×××会议,特请您出席会议。

一、会议内容

1. ………………

2. ………………

二、会期与时间

4天,自2012年12月24日至27日。

三、会议地点

××省××市。

四、与会人员

1. ………………

2. ………………

3. ………………

五、报到时间、地点

2012年12月23日;××市××路××号××宾馆。

六、与会人员每人缴纳会务费×××元。食宿由大会统一安排,住宿费每人每天××元。

七、与会人员请事先将抵达本市的车次、航班和时间通知会务秘书处,以便接站。

八、接到本通知后,请填妥回执,于11月30日前寄达会务组。

会务组地址:

××省××市××路××号

联系人:×××

邮编:××××××

电话:××××××××

特此通知

×××公司(公章)

2012年10月12日

姓名	性别	民族	年龄	职务(称)	单位及电话号码	回程安排	交通工具及时间

此回执请务必于2012年11月30日前寄达会务组。

(四)会议邀请信

对于个别作用重要、地位很高、影响很大的与会对象，光发通知还不够郑重，如他们居住于本地，秘书应陪同上司登门邀请，开会时派小车接送，如居住于外地，则应附上邀请信或上司的亲笔信，以示尊重。

会议邀请信举例：

Dear Mr. Bill Brown:

We are glad to invite you as a guest speaker to the ____________________ Conference. We would like you to speak on the "________________". You will be given 45 minutes to speak. We will be responsible for your hotel accommodation and economy air fare.

Please complete and return the enclosed hotel accommodation form, registration form and two abstract forms as soon as possible.

With kind regards.

Yours Sincerely

Dr. John Smith

四、会见或会谈的商定、通知

会见或会谈一般人数不多，其商定、通知的程序如下：

第一，如本方作为提出会见(会谈)要求的一方时，应通过电话、电报、传真或直接派人面谈的形式，将要求会见(会谈)人的姓名、本方出面会见(会谈)的人员、会见(会谈)的目的等告知对方，请对方在约定的时间内予以回复，并在可能的情况下进一步商定会见(会谈)的时间。如果是他方要求与本方负责人会见(会谈)，则本方负责联络的人员应及时将对方所表示出的会见(会谈)的意向向本方主管报告，报告的内容包括：提出会见(会谈)方的基本情况，对方要求会见(会谈)的本方人员，对方所关心的问题及希望通过会见(会谈)所达到的目的等。如本方主管同意会见，则可将初步决定的会见(会谈)时间、地点，本方出席人及有关的事项通知对方。如对方提出会见(会谈)的要求后，本方因故不能会见，应向对方讲明情况，并希望对方予以谅解。如果有可能，还可商量采取其他变通的办法。

第二，在同意会见(会谈)之后，紧接着就是双方计划参加会见(会谈)的人员分别就会见(会谈)中可能涉及的有关问题，本方对这些问题的基本立场和态度、谈话的基调、节奏的掌握和应变的措施等进行周密的商议，以保证在会见中，本方在表达意见时能够做到明确和得体。

思考题

1. "三资"企业和涉外单位的内部会议和外部会议中各有哪几种常见会议？

2. 电化会议有哪些种类？

3. 会前秘书工作主要有哪几项？

4. 什么是议题、议程？它们有何作用？

5. 会议通知何时发送合适？

第十二章　会议服务（下）

涉外秘书筹办和管理的会务，按时间前后，可分为会前、会间、会后三个阶段。本章除介绍会前的会场布置外，着重介绍会间和会后两个阶段的秘书工作。

会间秘书工作主要有：迎接客人、签到、编制发放与会者名册、安排合影、会议记录、编写会议简报、生活服务，有些会议上，秘书有时还要主持会议。

会后秘书工作主要有：撰写会议纪要、清理会议文件、送别与会人员、落实执行会议决策、总结和争取报道等。

第一节　会 场 布 置

会场的布置是指对会场内的座位的布局、主席台的设置、座次的安排以及为烘托会议气氛所作的装饰等。

会场布置总的要求是庄重、美观、舒适。具体要求则要根据会议的性质、规模、规格而定。

一、小型会议的会场布置

小型会议，如经理例会、员工例会、与外单位人员的洽谈会议等，参加人数不多，且一般“三资”企业和涉外单位均设有专门的会议室，格局长期固定。秘书布置这类会场难度不大，常只需要整理一番，放置妥花卉、茶具就可以了。

小型会议常见的会议桌布局有：

（一）沙发式

由三四人参加的会议，其小会场可因地制宜，用平常沙发的布局，人多时可用环绕四周设置一圈沙发的布局。如下图：

（二）圆桌式

主持人和与会者围桌而坐，所有与会者能彼此直面对方，在自由的氛围中交流沟通；坐得比较紧凑，容易消除拘束感，形成轻松温暖的氛围，便于方便地交换意见。它适合于讨论形式的会议。但它容纳人数有限，一般以 10 人左右为宜，如下图：

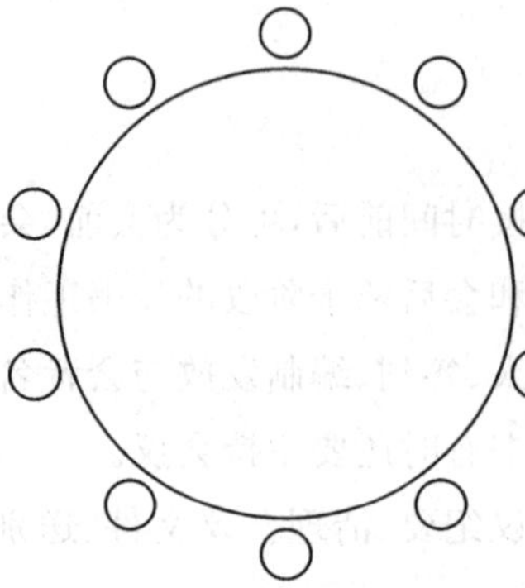

（三）椭圆式

类似于圆桌，但容纳人数比圆桌多，一般适宜于 20 人左右的会议。如下图：

（四）方桌式

主持人和与会者也能围桌而坐，交谈方便，大方桌适宜于十多人的内部会议，小方桌适宜于三四人的内部会议。如下图：

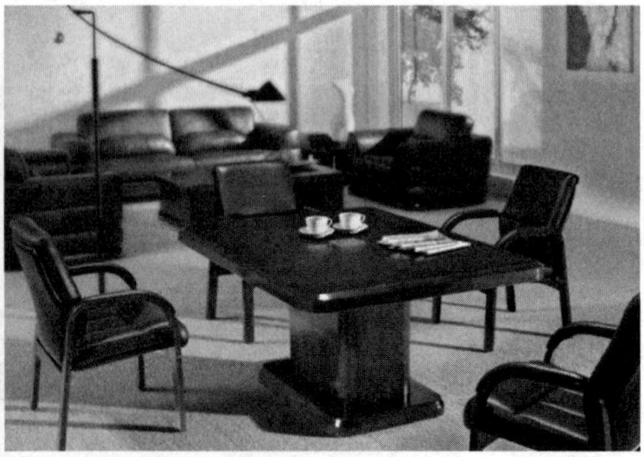

（五）长方桌式

一般适宜于20人左右的会议，会议桌中央的空间可摆放花卉以作点缀。如下图：

（六）观看式

这种布局使全体与会者都便于观看到主持人和投影屏，适宜于举办需显示幻灯片、投影和录像片的会议，如新产品或新技术介绍会、研讨会等。它有U字型、V字型、T字型、弧型等多种形式。如下图：

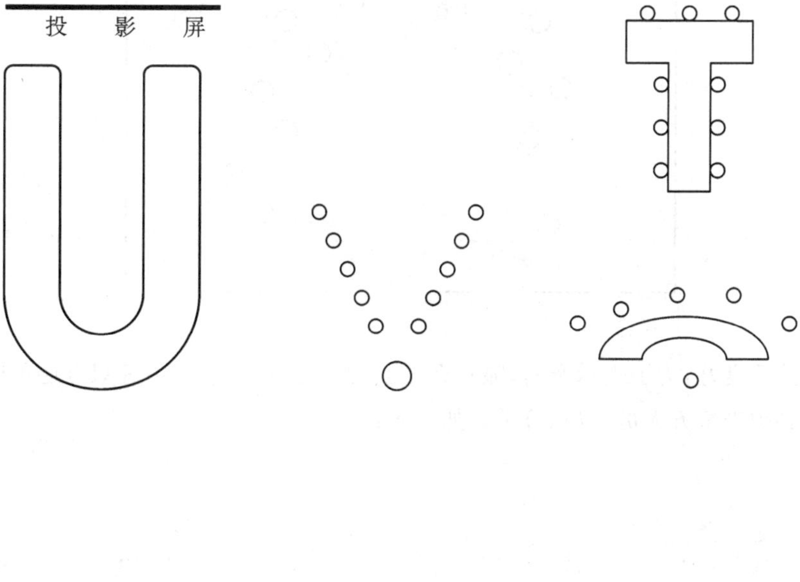

二、会见或会谈的会场布置

会见或会谈的地点确定之后，要对会见或会谈的场所作好与会见或会谈相适应的布置。首先要安排足够的座位，并根据会见或会谈的性质、人数和主谈人的身份，对会见或会谈的座席进行合理的布局。常见的格局有：

（一）半月型

如与会者人数不多，双方人员均在沙发就座、不设会议桌，主方和客方人员各坐一侧，按照惯例，以主方和客方身份最高者就座的朝向而论，客方坐于右侧，主方坐于左侧，各以身份高低就座，译员和记录者坐于主人和主宾身后。如下图：

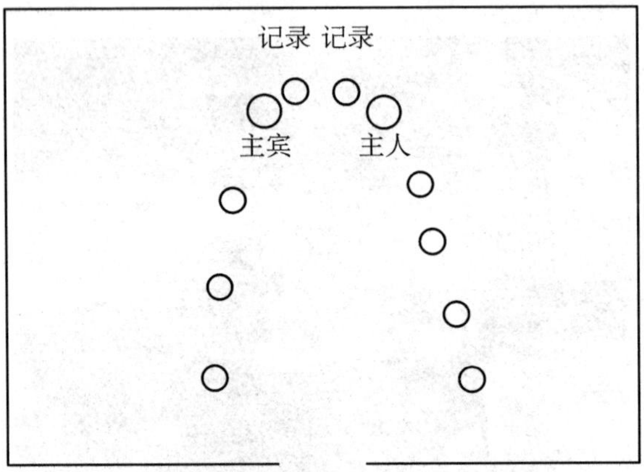

如与会人数较多，可在前排后面加第二排座位。如下图：

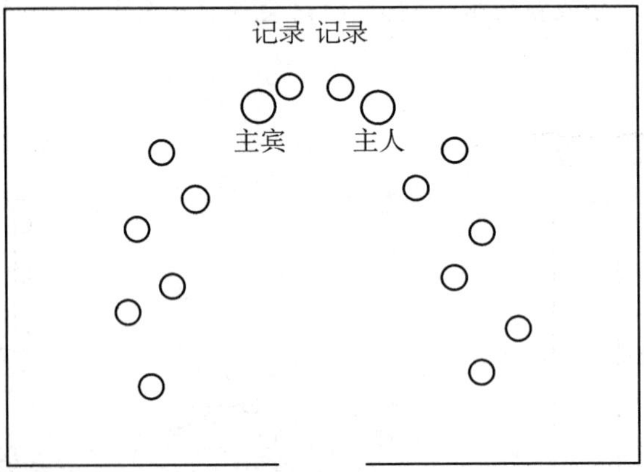

如双方关系良好，为了表示亲密，显示会见或会谈的融洽气氛，主客双方还可以交叉而坐，但两侧末端必须坐主方人员，以示尊重。如下图：

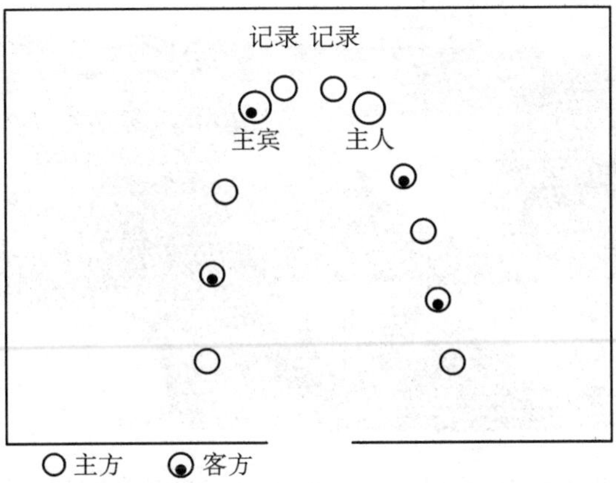

(二) 门字型

主方和客方最高身份者专坐上方，其余客方人员坐右边，主方人员坐左边，如下图：

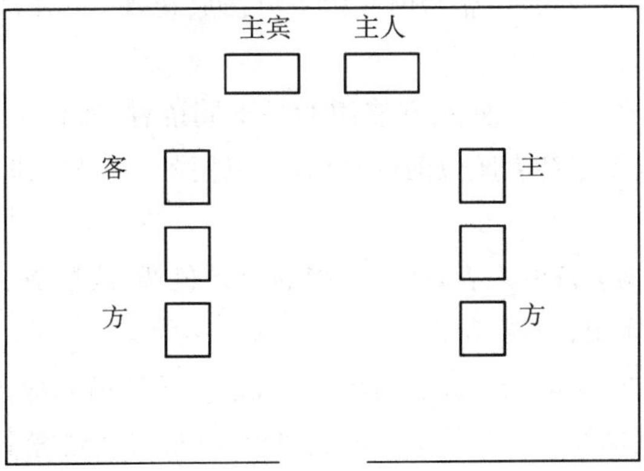

三、中大型会议会场布置

中大型会议，其布置要比小型会议复杂，一般采用礼堂式、梯形教室式的中大型会场，其布局场面开阔，形式正规，有一个注目的中心，即主席台和会议的主持者或发言人，容易形成严肃的会议氛围。它适合于内部员工大会、股东大会和人数众多的外部会议等。

在国际上，不少会议不设主席台，只设发言台。

(一) 主席台的布置

中大型会议会场的主席台是整个会场的中心，因此，它是布置、装饰的重点。

主席台大多设于礼堂的台上，如是没有台的大厅，可以垫高后作为主席台。这类会议要有会标（横幅），有的还加上会徽、标语、旗帜。会标要挂在主席台正前上方，一般为红底黄字或红底白字，字体以美术字为好。主席台上根据人数多少放置长桌和椅子，主席台背景处可悬挂会徽或红旗，以及其他艺术造型物，主席台前或台下可摆放花卉，以调节会场气氛，给人以隆重、振奋的感觉。

主席台长桌上要摆放座位卡（如双方使用的是不同语种，座位卡的两面应用不同的语种书写，以便双方识别），放置于各人座位前的桌面上，以便各人对号入座。

（二）会场的装饰

会场的装饰是指根据会议的内容，选择适当的背景色调，或摆放、悬挂突出会议主题的装点物等。会场装饰讲究实用、美观、得体。

除了主席台的装饰外，在会场四周和会场的门口，可悬挂横幅标语、宣传画、广告、彩色气球等，还可摆放鲜花等装饰物。一些礼节性的会见会场，还可在会客室四周墙壁上悬挂几幅名人字画及有特色的工艺品等作为点缀，这样更能增添典雅的气氛。

会场色调是指会场内色彩的搭配与整体基调，包括主席台、天幕、台布、场内桌椅及其装饰物等。应当选择与会议内容相协调的色调，这样可以对与会者的感官形成一定的刺激，在其心理上产生积极的影响。一般来讲，红、粉、黄、橙等色调比较亮丽明快，可以表现出热烈、辉煌的气氛，让人感到兴奋，比较适合于庆典性会议。天蓝、绿、米黄等色调庄重、典雅，比较适合于严肃的工作会议。

（三）会场座次排列

会场座次排列的重点是主席台就座者，按惯例，以职务最高者居中，然后按照他们职务的高低，向两边顺序排开。主持人的座次也应当根据其职务排列，不一定排在主席台最侧边。如果是报告会、联席会，一般采取报告人和主办单位上司或联席的各单位上司相间排列的方法。有的会议，上司对座次有专门关照，则应按上司的意见办。

中大型会议会场内的第一排座位，可安排地位较高者就座，面前放置各人的座位卡，以便各人对号入座。其他人员一般自行就座，不设座次。

小型外部会议会场，如 20 多人的椭圆式布局、长方桌式布局，一般也设座次，放置座位卡，离主持人越近者，地位越高。

会前所有准备就绪后，会议秘书长要从会议资料、会议证件及票据、会场布置到膳食住宿、会议用车、接站安排、医疗和参观访问等，一一仔细检查，堵塞漏洞，防止失误。尤其要仔细检查会场设备，如灯光照明、投影播放、音响等设备，必须保证完好，并安排专人负责。

第二节 会间服务

会间秘书工作主要有：迎接客人、签到、编制发放与会者名册、安排合影、会议记录、编写会议简报、生活服务，有些会议上，秘书有时还得主持会议。

内部会议规模小、时间短，一般进行几小时或一天，它的会间服务相对简单。

外部会议由于与会者是跨单位、跨地区、跨国别的，规模大，时间长，一般进行几天或几周，它的会间服务则从迎接客人开始至会议结束止，较为全面。兹以此为对象，介绍会间服务的各项内容。

一、迎接客人

迎接外地、外国前来赴会的客人，包括接站、简介情况、签到、安排上司看望、编制到会者名册并分发等环节。

（一）接站

发出会议通知后，秘书应根据寄回的回执，掌握与会者的人数、身份、级别、性别、年龄、单位等背景资料，做到初步心中有数。要弄清楚与会者所乘飞机、火车的班次、抵达日期和具体时间。然后，秘书须在与会者抵达之前赶到预定地点，切勿迟到，迟到是一种失礼的行为。如果秘书不认识与会者，应事先准备一块小牌子，标明接待单位和会议的名称，高举于醒目之处。客人找来后，应热情地招呼、寒暄，说些“一路辛苦了，欢迎”之类的话，主动作自我介绍，并提取客人的行李，陪同客人至下榻处。

（二）简短介绍情况

秘书礼送来客进入下榻房间后，要简短地向客人介绍住处的服务设施，如用餐、洗澡、邮电通讯情况及作息时间，并送上会议日程安排表，提供本地的一些地理、交通、气象情况。秘书不宜逗留太久，以让客人及时梳洗、整理行李和休息。告别时要向客人交代清楚与自己联系的方法，如电话号码，到哪个房间找自己等。热情周到的接站，能使客人很快消除陌生感，产生宾至如归之感，对企业产生好感。

（三）签到和编发名册

客人稍事休息后，秘书可上门或礼请客人至会议秘书处签到，也可以让客人一到住处先签到再休息。签到的方法有如下两种：

第一，簿式签到。即请与会客人在秘书事先准备好的，印有单位、姓名、职务、职称、年龄、性别、联系地址、到会后所住房间号码、备注等栏目的签到簿上一一填写清楚。

第二，秘书代签。即由秘书在与会人员初步名单上打“√”或画圈，表示已到会。这一方法适用于小型会议。它要求秘书事先已认识全部或大部分与会者，对个别不认识的可以有礼貌地问明。签到后即可将准备好的资料袋分发给与会者。

附英文簿式签到(到会登记表)格式:

Application for Registration

Name: ______

Mail Address: ______

Title: ______

Institution: ______

Town: ______

Country: ______

Phone No: ______

Telex: ______

____ I intend to participate in the Conference.

____ I wish to present a paper.

Subject: ______

Signature: ______

到会者入住旅馆登记表:

Hotel Accommodation

Name: ______

Mail Address: ______

Single Room with Bath: ______

Double Room with Bath: ______

Date of Arrival: ______

Date of Departure: ______

Signature: ______

(四)安排领导看望

来客签到、登记后,秘书应迅速作出统计,并向领导汇报,简要介绍来者的情况,并安排适当的时间,请领导去看望客人,以示欢迎。

二、编发名册

根据签到的资料,秘书在会议开始前夕,将实际到会人员编制成表或册,印制后,一一分发给与会者,作为相互认识、联系的材料。

名册要包括与会者的姓名、性别、年龄、单位、职务、职称、单位地址、邮编、电话号码、会间住所房间号等。

格式如下：

××会议名册

姓名	性别	年龄	单位	职务、职称	单位地址	邮编	电话号码	房间号

三、会场签到

会议正式开始，与会者进入会场要再次签到，以便正确统计出与会人数，在决定某项议题是否能表决的会议中，会场签到关系着法定人数是否达到，因此，这一环节必须注意。

会场签到有几种方法：

（一）证件签到法

即在客人签到登记后，秘书就发给客人一张印有会议名称、日期、编号（有的还有座次号）和签上客人姓名的签到证，客人入会场时，将此证交给秘书，秘书即在签到表上画圈或打“√”，表示到会。

（二）电子签到法

即在专用的磁卡芯片上事先将与会者的姓名及相关资料予以记录，与会人员进入会场时刷一次卡，有关信息就进入会议管理计算机系统。类似于目前许多公司、单位上班时刷卡签到。这种方式最适合于人数众多的大型会议。

与会者入场完毕，会务人员要根据签到资料迅速统计到会人数，并将应到人数、实到人数、缺席人数报告会议主持人。

四、组织合影

会议在开幕式后，会见、会谈在见面后或交谈结束后要合影，既作留念，也作为档案保存。举办会议单位的秘书要事先安排好摄影人员。如与会人数多，还要准备立架。合影时，主人居中，主宾位于主人右边，第二位宾客位于主人左边，其他主方和客方人员可相间排列，一排排不下，可站立多排，但不管排几排，每排两端者应是主方人员。如下图：

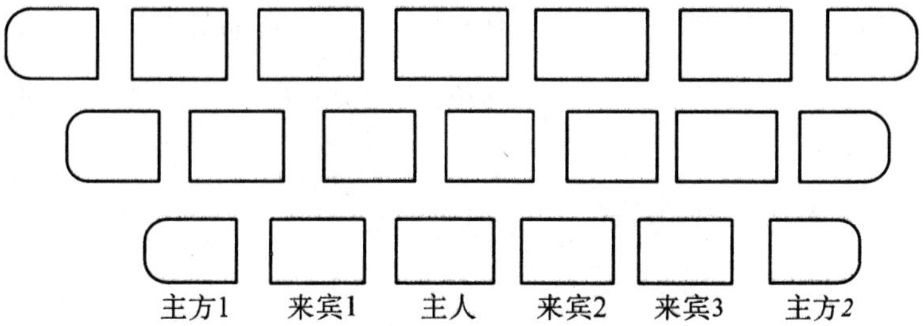

五、生活服务

会议期间，秘书要关心、安排好与会者的住宿、膳食，组织好业余文娱、参观活动及保健事宜。为此，秘书经精心编排，并征得主管上司批准后，可向具体承担各项服务的部门提前下达《会议安排清单》。在各种宾馆、饭店之内，具体服务的部门就必须忠实地执行。因此，清楚准确地填写《会议安排清单》，是与会人员能够享受到准确无误的服务的重要保证。

例：

会议安排清单

送交：行政部主管　　　　会议名称：××××××会议

来自：××××××（秘书处）　　　　会议日期：2012 年 10 月 18 日

会议地点：××××宾馆

日期	时间	会议室	活动名称	室内布置	人数	菜单
10 月 18 日	上午					
	9:00—12:00	第一会议室	销售安全会议	安排 U 型座位	30	
	10:30—10:45	休息室	休息	自助餐桌	30	咖啡、饮料
	12:15—1:15	餐厅	午餐	餐桌 5 张	30	法国套餐
	下午					
	1:30—4:30	第一会议室	售货训练	桌子 6 张	30	
	3:00—3:15	休息室	休息	自助餐桌	30	咖啡、饮料
	5:30—6:30	餐厅	晚餐		30	中式套餐
	晚上					
	8:00—9:30	六楼舞厅	舞会		30	饮料、口香糖

在有些会议活动中，一些与会人员的夫人（或其他随员）也陪同前来参加会议，因此，在会议期间，会议主办者也应为她们安排一些活动（如观光、游览或有关的社交活动）。最好印刷一本介绍这些活动和观光点的小册子分发，如有必要，还可成立一个女士接待组，并组织一些熟悉该城市的女服务生，以尽量使这些夫人感受到更多、更有趣的东西，使她们玩得开心，并以好情绪去影响她们的丈夫。

会间，秘书要为有些外地或国外与会者预订机票、车票，以便他们在会议结束后能顺利返程。

六、秘书主持会议

有些内部会议，秘书被授权主持会议，如董事会秘书被授权召集部分董事开会。

有些会议上，在某些时段，有关会务等事务性事项由秘书主持。

（一）秘书如何主持会议

秘书被授权主持会议时要掌握以下要点：

第一，根据议程提出每个项目，然后进行讨论，征求有关与会者的意见。

第二，给每一位代表阐述意见的机会。

第三，掌握讨论进程，如果偏离议题或纠缠于不必要的细节，应引导到议题本身。

第四，如果讨论中出现各种不同见解，秘书可将各种观点加以概括。

第五，在每个议题讨论结束后加以概括，以便决策或达成共识。会议结束时，对已取得的成果进行概括。

（二）秘书常用会议英语

有些会议在开始和结束时，由秘书用英语发言，如宣布开会、宣读会议记录、交代会务安排等。兹举例介绍一些常用会议英语：

Secretary：Ladies and gentlemen，may we have your attention，please? The General Assembly will start in a minute. All present are requested to be seated. Now I declare the General Assembly is open.

Secretary：Ladies and gentlemen，we are extremely happy to have all of you join us today in this hall. We are today，specially honoured to have the presence of Mr. G. Smith.

Secretary：Ladies and gentlemen，I now have the great honour to introduce to you Mr. B. Brown. He will deliver his opening address to the General Assembly. Now Mr. B. Brown...

Secretary：The next speaker is Mr. J. Bush. He will now deliver his address to the General Assembly. Mr. J. Bush ...

Secretary：I now have the pleasure of introducing to you the last distinguished speaker Mr. S. Andrew.

Secretary：I would like to close today's meeting now. Thank you again all of you.

Secretary：Ladies and gentlemen，your buses will be waiting for you on the left hand side as you get out of the hall. The destinations are clearly written on the buses, so please choose the right bus to return to your hotels.

第三节　会间秘书的文字工作

会议举行期间秘书的文字工作重点是会议记录和编写简报。

一、会议记录

会议记录是会议情况的真实反映，它是编写会议简报、撰写会议纪要的原始素材，是传达、贯彻、落实会议议题的依据，也是日后查考的重要凭证。

比较重要的会议，均有会议记录，而且要存档备查。

会议记录要求项目完整，准确反映会议全貌。

重要会议一般要安排专人做会议的录音、录像、摄影或文字记录工作。

随着办公自动化技术的迅速发展，速记技术也不断更新换代。目前，许多会议都由速录人员或秘书运用速录机同步记录。但是不少会议，如内部小型会议，不允许或不方便录音、录像，还应由秘书用笔记录。

因此，用笔记录和运用速录机记录，都是现代秘书尤其是涉外秘书应当掌握的基本功。

（一）会议记录的内容和方法

1. 会议记录的内容

会议记录的内容包括两部分：

第一，会议组织情况，写明会议名称、时间、地点、出席者、缺席者、列席者、主持人姓名和职务。这些项目要在会议主持人发言之前写好。

第二，会议内容，要把会议议题、讨论发言、形成的决议及主持人总结性发言记录下来。

2. 会议记录的方法

会议记录的方法有两种：

一种是摘要记录，适用于一般会议通用的记录要求，不必有言必录，而只记录发言要点、结论和会议讨论的问题、通过的决定等。

摘要记录的关键在于迅速分析发言的内容，把握整体、突出重点、取舍得当、适当归纳。不要歪曲发言者的原意，不可遗漏发言者的主要观点。

另一种是详细记录，要求有言必录，尽量记录原话，不改变原意。多用于业务谈判及高层会议。

做详细记录时，要求秘书认真倾听，精力集中，掌握速记技巧，不放过发言者的每一句话，可采用两人记录或录音记录，会后对比核校，综合整理，修订出最终的会议记录。会议结束后，秘书要全面检查记录，及时补写错字、漏字、字迹不清的地方。对会上未弄清或发言人表达不清的地方，及时找有关人员核对。

秘书对记录的内容负有责任，在会议记录的最后要署上自己的姓名。并且要遵守公司的保密规定，不得泄露会议内容。会议记录要妥善保管，不得外传或遗失，并使用专用记录本，按规定时间归档。

（二）会议记录技巧

涉外秘书怎样才能做好会议记录呢？不管是用笔记录或运用速录机记录，有经验的外资企业秘书归纳出如下成功的方法，可供参考：

会前研究类似会议的会议记录，熟悉所使用的格式，并预想你要写的会议记录应包括哪些内容。

坐在大会主席附近，以便你们能相互帮助。

请大会主席核对你所得到的全部供与会者阅读、讨论的材料，并把这些材料附在会议记录上，不要等到会议结束后才急忙去收集它们。

如果你没有做现场录音，则要和会议主持人商定好一个暗号，诸如略微抬起你的手，使他知道你正在逐字逐句地详细记录，以便得到他的帮助。

在你的笔记里注明提出动议的代表姓名。

记下任何要求将他们的观点写入会议记录的代表的发言。

记录所提出的每项建议的详细内容，一项动议通过后，在旁边写上“通过”。

记下休会时间，下次会议的地点、日期、时间。

休会后，立即核实记录中有疑问之处。如问清某人的职务、产品名称、地名、不熟悉的技术条款及所有为完成记录所需要的细节。

如果你是运用速录机记录的，事后要及时整理，改正错别字和误解之处，补上遗漏内容，使记录准确、完整。

（三）录音记录

录音可以将整个会议内容逐字记录下来，还原现场发言，以帮助秘书完整会议记录。秘书边笔录边自己操作录音笔，注意那些没有被录进的地方，并要做必要的补充笔录。例如：自由辩论时，未必所有发言人都报出姓名，集体讨论也不会由一个人发言，中间经常被其他发言者打断，因此，要用笔录对会议录音进行适当的补充。

在笔记本上记下会议的时间、日期、地点、出席情况，发言人的姓名，讨论材料的名称、段落和页数，负责会后落实的人员姓名，休会时间，以及有关会议记录更改和补充等任何有助于你整理会议记录的内容。

根据公司的规定，每份录音都应当保存到会议记录通过的时候，遇到有争议的或有可能有争议的议题时，现场录音应保留长久一些，有些公司永久保留现场录音。总之，在上司同意你抹掉录音之前，你要将会议录音保存好。

每份录音要注明录音的时间和内容并妥善保存。

二、外企秘书如何做会议记录

这里通过一位总经理秘书（Ms. Li Ying）和一位新秘书（Ms. Zhang Juan）的对话，介绍了在外资企业中的秘书如何做会议记录。

Zhang：What are you doing?

你在干啥？

Li：I'm just getting my notebook ready for the meeting.

我在拿会议记录簿。

Zhang：Oh, can I see how you do it?

噢，能让我看看你是怎样记录的吗？

Li：Yes, here you are. This is the heading. Then underneath that... Minutes of Meeting of Branch Managers held in managing director's office at 9:30 a. m. on Thursday，11th October，2012. Then underneath that ... present，Mr. Brown，managing director，the chairman.

行，给，这是公司名称。下面是……部门经理会议记录，时间是2012年10月11日，星期四，上午9点30分，地点是总经理办公室。下面是……出席人，主席是总经理布朗先生。

Zhang：You've left a space underneath to fill in the names of the managers.

你在下面空了一段，是用来填部门经理们的姓名的吗？

Li：Yes，that's right. Then the first item is always apologies for absence.

是，对。然后，第一项通常是写缺席者的姓名。

Zhang：What comes next?

下面是写什么的呢？

Li：The next item is always the minutes of the last meeting. As soon as the minutes of the last meeting have been read I can write"The minutes of the last meeting were read, confirmed and signed".

第二项通常是上次会议的记录。我将上次会议的记录向大家宣读后，就写下"上次会议记录已宣读、确认和签署"。

Zhang：Signed ?

签署？

Li：Yes，when the minutes have been confirmed，the chairman signs them.

是的，记录被确认后，由会议主席签署。

Zhang：Do you have to write down every word that everyone says?

你得将每个人在会上说的每个字都记下来吗？

Li：No，That's very difficult and hardly ever necessary. I just make a note of the topic that are discussed and the result of the discussions.

不，那是很难做到的，也没有必要。我只要将议题和讨论结果记录下来就行了。

Zhang：The result of the discussions?

讨论结果？

Li：When a topic has been discussed for some time, someone usually proposes that some action should be taken.

当一项议题讨论了一些时间后，会有人提出某种建议。

Zhang: Then what happens?

然后呢？

Li: Then the chairman asks whether the members agree to the proposal. And if they do agree, I write down "It was agreed that . . . " or "It was resolved that. . . "

然后主席就会征求大家的意见，如果大家同意，我就记录下"会议同意……"或"会议决议……"

Zhang: Is there a difference?

"会议同意"和"会议决议"有区别吗？

Li: Not really. "Resolved" is a special meeting word. When a propsal has been agreed by the committee, it is called a "resolution". Look, here's a copy of the minutes of the last meeting and here are my notes.

实际上没什么区别。"决议"是会议中的一个专门用语。经委员会讨论通过的建议就叫"决议"。看，这是上次会议的记录和我的笔记。

Zhang: Let me see what you wrote in your notes: Propsal that the office would be closed on 8th November. Agree.

让我看一下你的笔记是怎么记的。建议：11 月 8 日不办公。同意。

Li: Yes, here it is in the minutes: It was resolved the office would be closed on 8th November. Well, I think they must be ready to start the meeting.

是的，是这样记录的：会议决议 11 月 8 日不办公。好了，他们要开会了。

Zhang: Yes, let's go.

是的，我们走吧。

会议记录样式：

Minute of the Executive Committee of HKH Company

December 14, 2012

The executive committee of HKH Company met in regular sessions at 9:30 a. m, Friday, December 14, in Conference Room.

B. Brown president presided.

Those present were ×××, ×××, ×××, ×××, ×××.

×××, ××× were absent.

The minutes of the December 3th meeting were approved and distributed.

Reduction in Administrative Costs

The ideas presented at the December 3th meeting for cutting administrative costs were reviewed and the following decisions were made.

Travel

Effective December 26th, only coach fare for air travel for company business will be automatically approved.

First-class fare, when it is necessary, will require approval of the Vice President of Financial Operations.

Sales Meeting

The annual sales meeting will be held again this year, but the time will be reduced from two weeks to one week.

Telephone

All departments will be requested to reduce long-distance telephone calls by 20%.

Employee Appraisal Form

R. C. Smith distributed copies of the new employee appraisal form and explained how the form is to be used.

The one-hour training sessions for effective use of the form will be held for managers and supervisors on Tuesday, December 18th.

Announcements

The summer catalog is being printed and will be ready for distribution by December 23th.

Date　　　　　　　　　　　　　　　　　　　　　　　　　　　　Li Ying, Secretary

三、编写会议简报

会议简报是反映会议进程、动态和主要问题的简要报道。它有两方面作用：第一，帮助上司掌握会议全局和主要信息，以便他主持会议，引导会议健康进行；第二，让与会者及时了解会议进程、全貌，利于沟通信息，开好会议。会议简报适用于人数多、时间较长的大型会议。

（一）会议简报的写法

会议简报是在会议记录的基础上写成的，它有如下写法：

1. 摘要式　即摘要大会或分组小会的发言、情况。

2. 概括式　即秘书根据自己的理解、分析综合，概括地介绍讨论情况。

3. 重点式　即将一个或几个与会者、小组的发言编成一期，这些发言应当具有代表性、典型性，或对与会人员有启示作用。

4. 综合式　即除了选用与会者发言外，还可以加上未与会者的书面发言，对会议的贺信贺电，上级对开好会议的指示，会间轶事、花絮等。

（二）会议简报的格式

会议简报分报头、正文、结尾三部分。

报头位于简报第一页上方，占全页三分之一位置，内容包括：

简报名称，如“×××会议简报”，位于中央，字体大而醒目，一般套红。

简报期数，位于简报名称正下方。

编印单位，位于期数正下方。

编印日期，位于期数右下方。

报头下画一条粗横线，与下面的正文分开。

正文列有标题，每期可登数篇短文，也可只选一则消息、发言。

报尾：正文结束后，靠底部画两条横线，两线中间写明发送单位和印发份数。

试见下例：

×××会议简报

第　×　期

×××会议秘书处编　　　年　　月　　日

××××××××

……………………………………

……………………………………

……………………………………。

送：

发：　　　　　　　　　　　　［共印　　　份］

（三）会议简报写作注意事项

会议简报要能起到及时反映会议进程、交流信息的作用，写作时要注意如下问题：

第一，真实。即编写的内容务必可靠、准确，对发言人姓名、数字、事实要核对清楚，避免差错。

第二，简洁。即编写要简明扼要，选择材料要围绕会议主题，文字简炼，文风朴实，行文流畅，一份简报以千字左右为宜，简报要简。

第三，迅速。即编印要及时，上午的会议，下午即编出简报，下午的会议，晚上即编出简报，在“快”字上下工夫。

第四节　会 后 服 务

会后的秘书工作是体现会议成果，安排与会者返程，为执行会议决策提供依据、备忘，并予以措施落实的阶段。它的主要事务包括撰写会议纪要、清理会议文件、结算会议经费、送别与会人员、落实执行会议决策等。

一、撰写会议纪要

会议纪要是扼要记述会议情况，重点阐述会议精神、主要议程和决定事项的文件。

（一）会议纪要的作用

会议纪要的作用有如下几方面：

第一，向所属单位传达、贯彻会议精神，指导工作；

第二，要求与会单位或人员共同遵守、执行会议商定的决议；

第三，向上级报告会议情况；

第四，用于报道、传播。

（二）会议纪要的格式

会议纪要通常有两种写法：

第一种，以记述会议议程为主，综合反映会议基本精神，传达会议决定事项。

第二种，以与会者的发言要点为主，将类似的言论归纳成类，以此反映出会议的基本精神。

这两种写法的格式基本一致，全篇会议纪要都可以分成三部分：

第一部分是开头，主要介绍会议概况，要写出参加会议的单位、人员、时间、地点、会议宗旨、讨论的主题、主持人的姓名和职务。

第二部分是正文，它是全文的核心，应将会议讨论了哪些问题，解决了哪些问题，形成了什么决议，理由何在，还存在哪些问题以及努力方向分条阐述清楚。

第三部分是结尾，着重写一些贯彻会议精神的措施、要求，一般可用主持人或与会上司的讲话内容来结束全文。

（三）撰写会议纪要的技巧

会议纪要有时在会议将近结束时即需写成，以便在最后向全体与会者宣读，并通过。但是，多数是在会议结束后才撰写。

会议纪要大多数由秘书撰写，有时也由上司口授，秘书录写。为了保证会议纪要的质量和尽快完稿，秘书要掌握如下技巧：

1. 整理好会议记录

会议记录是撰写会议纪要的基本材料。如果秘书亲自参加了会议，并担任记录，事后要仔细整理，力求内容详尽，能客观地反映出会议的全部情况。

如果秘书未能参加会议，上司会将他做的记录交给秘书，作为材料，这时，秘书应当仔细阅读，如有不清楚的地方，要向上司问清，补充进去，询问上司最好在会议结束后不久，上司对会议印象尚深刻之时。

如果对会议做了现场录音，秘书要认真收听并做简要的笔记。在听录音写会议记录时，不要拘泥于个别字句的精确而浪费时间。会议进展顺利的时候，可以听完一部分，写出该部分的会议记录，然后再听下一个部分，再做下部分的记录，直至听完记完。当记录难以跟上录音的速度或难以听清录音内容时，在完整地收听录音的同时做出记录。然后分段重复收听录音以核对你记录的内容。

会议记录整理完后，就可以参照其他会议资料撰写纪要了。

2. 列好标题

会议纪要的大标题要与内容完全贴切，并用大写字母打出，有时还可以使用副标题。如不用副标题，在外资企业中，常在大标题下两行的地方打出会议日期作为副标题。要使读者一眼能够看出日期而无需在文中第一段里寻找。在每一页上都要重复标出日期。

文中的单项议题，一般都列出小标题，以便于阅读者查找。

3. 罗列各份报告

在纪要中按照报告提交顺序列出会议中作出的全部报告及其内容。会议成员通常要求通过他的报告，该举动亦应记入会议纪要。

会议上散发的每份报告都要成为记录的一部分，并在会议纪要的相应章节中提及。

所有会议上宣读的报告内容要逐字打出，把它们作为引用的材料，左起文字向右缩进五个字母的空间，该格式就可以反映引用材料的原文形式。如果某报告读起来很长，可将其复印，即拷贝散发。如果发言人没有为出席会议的成员提供拷贝的话，至少应向大会秘书递交一份。如果他没有这样做，则要向他索要。

4. 反映出各项动议

会议纪要中要写入所有会上书面提交或形成决议的动议，未形成决议的动议要写明被搁置的原因。

各项动议要按照它们提交的先后顺序来写，开头语常用“×××提出并经×××支持的决议，内容是……”

会议纪要中要写清修正的动议的背景。首先，要陈述动议内容、提议人及支持者姓名。其次，按其提出顺序逐条讨论其修正案，逐句陈述每项修正案、修正案提议者和支持者的姓名，以及投票赞成与反对的情况。如果所有修正案均遭否决，并按原动议肯定要在会议纪要中再次重述，因此在修改时，需要经过投票，故要逐字陈述动议修正内容，并说明最终采用了哪些、否决了哪些，以及投票赞成与反对的结果。

如果讨论了要采取的行动的实施方案，则要在陈述完行动内容后，写出实施方案细则，并注明责任人、时间、地点，以及相应的措施。

（四）会议纪要的制作和保存

1. 打印和签字

会议纪要的草稿拟就后，要打印成文。如果是使用英文，应运用过去时态，打印时每行之间留出二至三行行距，然后送交上司批阅，并根据上司的指示予以修改，最后打印成文。打印时宜用单倍行距或双倍行距，以节省纸张、存档空间和邮资。

将要宣读的会议纪要交由秘书长签字。需要散发则由大会主席和秘书长共同签署。如果会议设有联络秘书与记录秘书，则由后者负责会议记录。当一个秘书肩负上述双重责任时，所用名衔应为秘书长。

2. 存档和编排索引

“三资”企业和涉外单位会议纪要日积月累，由于会后可能要经常查用，所以，会议纪要写成后，要按编年体方式存档，附件也要按在纪要中出现的先后次序排列存档。还需要编排索引，索引最好按会议各项决议的标题进行排列。

会议纪要索引应永久保存，当把会议纪要移交给一位新手时，要把纪要索引一并移交。

二、清理会议文件

（一）收回文件

1. 收回文件的范围

有些在会议期间散发的文件资料，根据保密规则，只限于在会间使用，会议结束时，秘书要一一收回。这些文件大致包括三类：

第一类，高度机密的文件。

第二类，未经审核的上司在会议上的即席讲话、与会者的即席发言，属不宜扩散的内容。

第三类，与会议决议不符，泄露出去会影响会议精神传达贯彻的草稿或参考性文字。

2. 收回文件的方法

收回这些文件有几种方法：

第一，机密程度较高的会议，要求与会人员在会议结束时，根据规定将会议上发放的文件清理并退回会议秘书处。

第二，会议秘书组在会议结束前编制会议文件目录，向会议主持人汇报发文情况，提出收退建议，批准后，将清退文件目录发给各与会者，按发文登记和文件编号，逐人逐组督促限期退还。

第三，小型、内部会议的文件，可由会议主持人在宣布会议结束时，请与会者将文件放在桌上，由秘书人员统一收回。

（二）收集会议文件资料

会议过程中形成的一整套文件资料，包括会议计划、通知，上司的报告，各项动议、决议，简报，报刊上对会议的报道等，秘书都要收集齐全，整理后归档。

三、结算会议经费

会议经费结算分为收入结算和支出结算两个方面。

收入结算是将与会者向主办方支付的会务费等必要费用统计、汇总，清点无误后移交财务部门入账，并由财务部门统一出具收据或发票，交付与会者。

支出结算是在会议结束时，结清会议用房、场地、设备租赁费，住宿、餐饮费，交通、通信费，会务人员劳务费等费用，分别支付给宾馆、汽车公司、会务人员等，分别收取收据、发票，或会务人员的签收单。

然后，对照会前经费预算，逐笔对账目进行核点，将经费使用情况向上司报告，填写报销单据，请相关上司签字后去财务部门办理销账等手续。

四、送别与会者

会务人员要根据会期长短、外地与会人数多少等实际情况，及早安排好外地与会人员的返程事宜，要按照他们的意愿，代订妥飞机、火车、汽车票及船票。在一般情况下，要按先远后近的次序，优先考虑远程代表的返程要求。

会议将结束时，要提醒与会者及时归还向主办方借用的各种物品；开好发票收据，协调他们与会务组结清各种账目；帮助与会人员检查、清退房间，避免遗忘各种物品。对带有大件物品者，协助其办理行李托运，可以准备一些装资料的塑料袋和捆东西的绳子等物品，以备急需。

有条件的主办方，会务人员要根据与会者离会时间，编制他们离开的时间表，并提前安排好车辆与送站人员。如有必要，还应安排有关上司为与会者送行。与会者返程当天，按照接待礼节，会务人员要将他们一一送至机场、车站、港口，向他们告别，待他们乘坐的交通工具在视野中消失后再返回。

五、总结和报道

（一）会务工作总结

会务工作总结是大中型会议或重要会议结束后，主办方对会议的实施、进程、结果等回顾、分析和评价，并归纳成意见的过程。

会务工作总结的作用有：

第一，及时、全面地检查会议秘书处下属各组的分工执行与团结协作情况，以奖勤罚懒；

第二，为得出最终的会议评价意见奠定基础；

第三，交流会务工作经验，总结教训，解决会务工作中的遗留问题，有助于今后提高会议的管理和服务水平，提升会议效果。

会务工作总结的方法主要是：个人总结、小组评议、上司评价和与会者反馈意见相结合，对各个会务人员的工作、各个分工组的工作、整个会议秘书处的工作作出评价。通过如此全面总结，积累经验，找出不足，以利于今后把会务工作搞得更好。会务工作总结既要全面评价，突出重点，又要有所侧重，把重点放在主要工作内容、主要经验教训上。

有的主办方上司还要求会议秘书处在开好总结会的基础上，写出书面的会务工作总结报告，交上司审阅后，印发到相关部门或相关人员，并作为大会的文件资料，归入档案。

（二）争取报道

对一些影响大的会议，秘书事先要邀请新闻记者到场采访，或会后由秘书起草新闻稿，经上司审阅后，送交报社、电台、电视台等新闻媒介单位，争取报道，以扩大影响。

思考题

1. 怎样布置主席台？
2. 会间秘书工作主要有哪些？
3. 会议记录有哪两种方法？
4. 撰写会议纪要有什么技巧？
5. 会后秘书工作主要有哪些？

第十三章　协助上司谈判

“三资”企业和涉外单位为了维护自身的利益，寻求和他方的合作，开拓业务，时常要进行谈判。这种谈判主要围绕自己的经济利益。因此，它们大多数属于商务谈判范畴。

涉外秘书在谈判中一般不属谈判成员，但是，作为上司的助手，也要在谈判中发挥助手作用。在谈判前，秘书要收集和向上司提供准确、详尽的谈判资料，拟定计划；在谈判中，秘书要担任记录或翻译，协助起草协议文本；谈判结束后，秘书要整理材料。此外，秘书还负责布置会场，组织迎送，准备用品，提供各种工作、生活服务等事宜。秘书的工作，对谈判的成效有很大影响。因此，秘书必须熟悉谈判的全过程和自己应承担的工作，并努力做好，以保证谈判的成功。

第一节　谈 判 概 述

谈判是一门学问，是双方知识、信息、修养、口才、风度的综合较量。在当今社会，谈判的意义和作用越来越受到人们的重视，越来越多的人也对研究谈判的理论和技巧产生了兴趣。谈判作为一门学问，已获得了它应有的社会地位。以下对谈判的基本情况作一概述。

一、谈判的定义和组成要素

（一）谈判的定义

谈判是指对方或多方在谋求合作的基础上，就各自利益分割的比例、承担的义务、享有的权利，通过说服对方，争取实现利益均沾目标而交流观点，以求达成协议的会议。

可见，谈判也是一种单位之间双向沟通的交往形式，是通过反复协商，缓和冲突，以求达成协议的过程。

（二）谈判的组成要素

谈判由如下主要要素组成：

1. 谈判主体

谈判主体指谈判的当事人。在多数谈判中，谈判主体为两方，称双边谈判，有的谈判主体为三方或更多，称多边谈判。

每方谈判当事人可以是一个人，也可以是一个公司、单位（法人）。当谈判主体为个人时，他可以自己直接参加谈判，也可以委托代理人出面参加谈判；当谈判主体为公司、单位时，它总是选派或委托代表人或代表团参加谈判。

2. 谈判对手及类型

广义的谈判对手指谈判中的对方，即谈判参加者和他所代表的公司、单位。

狭义的谈判对手指代表对方公司、单位和我方谈判者。

所以，谈判前既要研究对方公司、单位的经济实力、当前处境、真实需要等，更要着重研究对方参加谈判者个人的情况，如他在对方组织中的实际权力（影响力）、个性特点、处事风格、谈判经验等，因为谈判者个人因素对谈判效果有很大的影响。

狭义的谈判对手通常有两种：当事人和代理人。代理人中有完全处于客观立场上的“第三者”，也有与当事人有共同利益的“同盟者”。

谈判应当尽量同当事人进行，因为当事人对谈判中提出的问题和条件有处理的全权，可以避免谈判的拖延或对实质问题的推托、回避。但是，委派适当的代理人出面谈判，赋予代理人一定的权力，或按特定指令办事，也可以取得良好的效果。因为代理人可以代当事人提出任何要求，而无须向对方作出任何承诺，在谈判中掌握主动。因此，如果在谈判中亲自出马，注意抓住对方当事人，要尽量避开与代理人打交道。如果知道对方委派代理人出面，那么自己最好回避，也让代理人出面。借助代理人出面时，必须注意根据谈判内容和要求，选择适当的人担任代理人。

3. 谈判内容和目的

谈判内容就是谈判各方共同关心、所要讨论的问题。每一次谈判都有具体的议题，其内容多种多样，但从总体上划分，无非三方面：经济商务的、政治军事的和科技文化的，所以可以按内容将谈判划分为经济商务谈判、政治军事谈判、科技文化谈判。在现代市场经济社会大势下，经济商务谈判在数量上占绝对多数，它既可能在国与国之间进行，也可能在个人与个人之间进行，至于公司、单位之间的谈判，更是以经济商务谈判为主。

谈判目的就是满足谈判者的某种需要，谈判各方的目的既有差异性，又有相容性。如果差异性大，则谈判的难度也就大；反之，如果相容性较大，则谈判就较容易取得成功；如果双方的目的完全对立，没有任何相容之处，则无法进行谈判，或谈判以破裂而告终。

所以，谈判中，既要明确我方的目的，也要清楚对方的目的；既要了解双方目的的差异性，也要分析双方目的的相容性，这样才可能使谈判取得成功。

4. 谈判结果

谈判结果只有两种：成功和失败。

根据谈判协议中双方获取权益的情况，成功的谈判结果可分为两种：

第一种，“赢—赢式”，协议中双方或多方均获取一定权益。

第二种，“赢—输式”，结果就是只有一方利益得到满足，而另一方利益受到损害。

事实上，完全的“赢—输式”结果只有在双方地位或实力悬殊的政治军事谈判中才会出现。在双方地位平等的谈判中，当谈判一方的需要得不到任何满足时，就不可能达成任何协议，谈判就会以失败而告终。因此，为了使谈判取得积极成果，双方应该在各有所求又坦诚合作的前提下进行谈判，以取得对双方都有利的结果。如果一味追求“赢—输式”结局，就会导致谈判失败，而失败的谈判不能使任何一方利益得到满足，实际上是一种“输—输式”结果。

二、谈判的基本原则

谈判，对双方来说，其基本原则都是：地位平等、求同存异、合作互利、利益均沾。这既是谈判的出发点，也应是谈判的归宿。在商务谈判中尤其应该如此。

谈判既是寻求合作的过程，也是相互竞争的过程。谈判的各方在谈判中的地位应该平等，不得以强凌弱，不得强加于人。

谈判不是为了打击对方，而是为了和对方在某一共同问题上取得一致的观点和态度。因此，谈判各方应该努力寻求各方意见或利益的共同点、相容点，并就已经取得一致或谅解的内容达成协议，允许保留无法弥合的分歧。

谈判中，双方的利益冲突不可避免，各自想方设法维护自身利益也是情理中事。但是，双方必定存在共同利益，否则也就失去谈判的基础。谈判是为了共同利益的实现而进行的协商对话，如果把对手视作“敌人”，务必使对手一败涂地才肯收兵，谈判自然不会成功。然而，只把对手看成合作的朋友，毫不顾及自身利益，一味迁就达成的“协议”，自然也是不可取的。正确的态度应是寻求双方共同利益所在，权衡利弊得失，使双方都有所得。这样，谈判才有可能获得成功，双方的合作才能实现。谈判任何一方在维护己方利益的同时，必须考虑对方的利益。为了达成一个双方都能接受、均有利的协议，必要时可以作出某些让步。如果一味坚持己方原来的谈判目标，使对方无利可得，就会导致谈判破裂，结果对双方都不利。

谈判的结果应该是双方都获得自己所需要的，达成利益均沾的协议，即我们通常所说的“双赢”，从这一意义上理解，谈判双方都是胜者，或者都是败者。一方全胜、一方皆输的成功谈判是不存在的。因此，要取得谈判的成功，没有信任和合作的诚意，不遵循求同存异、合作互利、利益均沾的基本原则，是不可能实现的。

三、谈判的模式

谈判的模式不外于竞争型谈判和合作型谈判两种。

(一) 竞争型谈判

指双方都对相同目标有共同的需要，都希望能满足这一需要而不惜作出其他方面的让步。这种模式的谈判，要么处于僵持阶段，要么一方以其他方面的代价来换取这一方面的需求。否则，谈判常常不能取得成功。

(二) 合作型谈判

指双方都愿为对方的利益作出必要让步，以达成相互合作、谋求共同利益的协议。这种模式的谈判，通常可以获得满意的结局。

无论是哪一种谈判模式，双方都必有所得才可能达成协议。竞争型谈判看上去是一方获“胜”，达到了预期目标，而另一方“败”了，放弃了原来的追求。但实质上，放弃原来追求的一方已从其他方面获得补偿，达到追求目标的一方在其他方面付出了代价。双方依然各有所得，各有所失。如果一方坚持自己的要求，无视对方的需要，不肯作丝毫让步，谈判本身就显得毫无意义，也决不会有成效。

四、谈判的程序

一次正规谈判可分为六个阶段：导入阶段、概说阶段、明示阶段、交锋阶段、妥协阶段、协议阶段。

（一）导入阶段

导入阶段指谈判双方进入面对面谈判的最初阶段。在这个阶段不进行实质性谈判，而只是见面、介绍、寒暄，让双方认识、熟悉，以及讨论谈判程序等问题。

介绍是双方人员相互认识、彼此了解的过程，可以自我介绍，也可由双方领导介绍本方人员。领导或主谈人在介绍本方人员的时候，可适当提及其工作经历、业务能力等。

这一阶段的主要任务是：创造轻松愉快、合作和谐的谈判气氛；确认谈判的时间、议题和大致议程；列出将要讨论的内容的清单和先后顺序。

尽管这一阶段时间很短，却很重要，因为它为整个谈判定下了一个基调：一方面，它决定了双方的态度。谈判开始时，双方交谈的态度与情绪，将会直接影响此后的相互关系。另一方面，它基本决定了正式谈判的方式。开始谈的话题及其形式的确定，为正式谈判的议题作出了选择，对谈判的步骤、内容、要求作出了界定，正式谈判的基本方式将据此展开。因此，作为谈判人员，应积极利用好这一阶段，为后面的正式谈判奠定有利基础。

良好的开端对谈判能否取得成效关系重大。导入阶段也是双方谈判人员的登场亮相，第一印象十分重要。谈判者的行为方式是展现给对方的第一印象。所以，谈判人员在此阶段应注意多方面的细节：

入场时应径直走入会场，表情自然，目光坦率而自信，以开诚布公、友好的态度出现。

握手应注意握手的基本礼仪，包括握手的力度、时间、方式及先后顺序等。

问候、寒暄应轻松自如，亲切友善，热情大方而又不卑不亢。可适当谈论些轻松的、非业务性的中间性话题。如来访者旅途的经历、体育表演或文艺消息、天气情况以及以往的共同经历和取得的成功等。

（二）概说阶段

这是让对方了解自己的目的、意图，也使自己了解对方的目的、意图的阶段。

表明我方目的、意图有口头和书面两种方式。

口头方式的优点在于灵活，谈判者可以根据当时的实际情况，见机行事，灵活运用措辞。不足之处在于陈述过程中，容易通过表情、动作、神态、语速、语调等细节泄露我方的商谈机密。

书面方式的优点在于表达比较清楚、完整，避免了陈述过程中的泄密可能，但书面形式所表明的我方意图，通常是谈判的终局意图，缺乏协商的余地和回旋的空间。

两种方式各有其利弊，在谈判过程中，应视实际情况选择合适的方式。很多时候，折中也是一种常用的方式，即结合使用以上两种方式，在书面方式表达的基础上，辅以口头补充，既保证了某些重要问题得以清楚、完整地表述，又可以充分利用人的因素，扩大谈判中的回旋空间。

让对方大致了解我方的目的、意图，可以避免浪费很多时间。但是，不少谈判中，各方都不会透露自己的全部意图，甚至会尽量隐瞒自己的真实意图，以免被对方发觉自己的软肋。

（三）明示阶段

这一阶段，就双方分歧问题表明我方的态度、立场，也不妨明确我方让步的条件范围。

要让对方清楚我方的利益要求，尤其是首要利益，阐明在本次谈判中，哪些方面对我方来讲是至关重要、不可变更的。

同时，要向对方表明，在对方保证我方首要利益和重要利益的前提下，愿在某些问题上作出让步，以谋求谈判的"双赢"。

（四）交锋阶段

这是谈判中的关键阶段，双方的不同意见在此时明显展开，大家列举事实，谋求对方理解和协作，寻求统一的途径。商务谈判中，这一阶段就表现为讨价还价的过程。

所谓讨价，是指一方在报价之后，另一方认为与自己所期望的目标差距过大，要求对方重新报价。讨价的目的在于改变报价方的期望值，为我方的还价作好准备。因此，在讨价时，谈判人员应该在分析对方报价内容的基础上，选取适当的讨价方式。可以从总体上谈对报价的看法，比如"我方认为贵方报价明显高于当前市场价，我方难以接受"。也可以指出其报价在规格、售后服务、付款方式等具体项目中存在的问题，要求对方重新报价。

经过讨价，谈判便进入还价阶段。所谓还价，是指一方根据对方的报价，提出自己的价格及其他交易条件。总体而言，还价时应把握两方面：一是还价时应通观全局，避免顾此失彼。因为还价内容涉及交易的许多方面，如价格、质量、数量、技术、服务、包装及交货期限等，所以在还价时必须综合考虑。二是还价时应谨慎出价。因为还价的起点、高度直接关系着本方的利益，所以在还价之前，谈判人员首先要对市场行情、对方报价的虚实、价格弹性幅度作出合适的估计，谨慎还价。

讨价还价之后，谈判人员就要进行议价，通过磋商议价，使谈判走出僵持阶段。

（五）妥协阶段

这一阶段，为了使谈判继续下去，促成合作，双方都必须要作出适当的妥协让步。否则，谈判会无法进行下去。

这是谈判中必不可少的一个阶段，谈判是双方利益相协调的过程，任何一方都不可能获得全部利益，作出某些妥协让步，是合作诚意的表示。合理、适当、科学的让步，往往可以达到让双方都比较满意的结果。

谈判中的妥协让步，其基本原则是"以小换大"、"以近换远"，即以较小的让步，换取对方的较大让步和较大满意；以放弃某些眼前利益，换取长远利益。有时，同一件事情对双方来说并不是同等重要，一方不太重要的条款反而成为对方看重的，这是"以小换大"的基础之一。

但是，要注意：

没有得到对方应允的交换条件，不作妥协让步。

重要问题上不先作让步，更不作无谓的妥协让步。

没有完全了解让步后果的情况下，不要盲目妥协让步。

妥协让步的幅度必须适当，不宜过大。

妥协让步的速度要合适，节奏不能太快，应该步步为营。

谈判人员应详细记录、记住本方的让步次数，这是继续谈判的重要筹码。

(六) 协议阶段

这是谈判的最后阶段，此刻，实质性问题都已解决，只存在形式上的问题需解决了。这一阶段主要是进行回顾分析、起草备忘录以及签订协议或合同。

首先对已达成的共识、协议等进行回顾、分析。回顾、分析的主要内容是：

谈判的所有项目是否都已经谈妥，是否存在遗漏问题。

是否所有达成的条款都和谈判目标相吻合，谈判结果是否达到了我方期望的目标。

仔细回顾分析我方的让步条款和限度，如果发现不合理，应果断收回。

确定何时、以何种方式结束谈判，进行签约。

备忘录是对于谈判成果的记录，主要包括谈判中已达成的共识、协议等。它是达成正式协议的基础，代表双方的承诺。谈判备忘录一经双方签字，就意味着谈判过程的基本完成，接下来便是签订最后的协议或者合同。

签订协议或者合同，就是在谈判达成的协议的基础上，用准确规范的文字加以表述，最终形成各方代表签字、具有法律约束效力的正式书面文件。

在日常的谈判中，也许并不需要这按部就班的六个阶段，但是，说明自己意图，点出分歧所在，并且就双方不同意见进行商讨，决定进退，这是不可缺少的。当然，协议阶段也必定存在，只是有口头协议、书面协议之分。

谈判有成功也有失败。谈判成功以后，双方为谋求共同利益的合作渠道已经畅通，以后的工作是巩固加强双方的联系和感情，使这种合作长期地持续下去；谈判失败以后，也不等于双方永远不再有握手言和的机会。因此双方关心事态发展变化，等待再次谈判的合适时机到来，双方信息的交流沟通也应进行下去。那种谈判以后各奔东西，等一旦需要时重建联系的做法是不明智的。

第二节　谈 判 谋 略

在谈判中选择巧妙的方法、掌握必要的技巧，使谈判向双方合作的轨道上顺利进展，这就是谈判的谋略。

一般说来，谈判前双方都会作好充分准备，对谈判中可能出现的情况都作了充分估计和设想。但是，谈判进行过程中，必然还会产生意料之外的情况。如果善于熟练运用各种谈判的技巧和方法，驾驭谈判的进程，无疑对取得谈判成功具有显著作用。

一、善于倾听和问答

谈判中，应当仔细倾听对方的陈述。一般来说，对方不会直接将用意陈述出来，而是用婉转的言词暗示、试探。所以，你得边听边思索，善于从弦外之音里去领会对方的意思。

在谈判中，谈判双方离不开提问和回答，提问和回答都要有利于谈判的进行。该问的不问，会影响合理的决断；不该问的问了，又会破坏谈判气氛。因此，带有尊重对方的诚意的提问、引起对方兴趣和注意的提问、带有建设性的提问或启发性的反问，是有益于谈判进行的。在回答问题时，也应注意技巧，不能信口开河。关键是要让对方感到诚实可信，有理有节。如果在谈判中发生争执，要随机应变，适可而止，留有回旋余地，切不可咄咄逼人，以避免陷于僵局。同时，要善于权衡利弊，在一些无伤大局的问题上要善于退让，或在关键时刻作出重大让步，促成谈判取得理想结果。在签定协议时，要抛开单方面考虑自己利益的狭隘思想，善于从对方利益考虑，提出足以使对方动心的方案，使对方易于接受。总而言之，谈判中应机敏灵活，察言观色，千方百计使双方在共同利益基础上达成一致。

（一）如何提问

谈判中的提问是为了理解对方的观点、明白对方的要求。提问要注意以下问题：

第一，时机，即要在适当时间、对方最适宜回答之际发问。

第二，腹稿，即提问要作好酝酿、准备，考虑成熟，不能贸然、草率。

第三，深入，即应根据谈判的进程，逐步深入提问，渐渐接近目标。

第四，语速，要把握提问的语速，一般以平缓适中为宜，避免过快过慢。

第五，语气，以商讨性的口气为宜，避免审问式的发问。

第六，观察，即边提问边观察对方的眼神、表情，洞察对方对提问的承受能力和反应，以便调整自己的发问角度。

第七，尊重，即发问中要考虑尊重对方的人格，不使用侮辱性的言词。

（二）提问的形式

谈判中根据需要，可运用多种形式的提问，如：

第一，证实性提问，即对对方的回答或陈述中的要点予以引用、补充，以引起大家对此要点的重视。

第二，坦诚性提问，即对对方怀着友好、体谅、同情的感情发问，以创造一种和谐的气氛。

第三，引导性提问，即暗示出答案的提问，它会使对方按发问者设计的答案回答。

第四，封闭性提问，即要求对方的回答明确不二，非此即彼，它具有一定的压力。

（三）如何回答

谈判中对方提问，我方作答时，要根据不同情况，以不同方式回答。比如：

对答案明确的提问，也就是自己完全有把握的，应当详尽回答，以示诚意。

对所提问题，自己局部明白的，可作此局部范围的回答；不要随意扩大范围，言多必失，以免暴露自己的缺点。

对自己无把握的问题，宜作原则性回答，不展开。

对未摸清对方用意的提问，可问明后酌情作答，不能信口开河，乱答一通。

对不便回答的问题，可以转移话头、反问等方法避开，或找出理由拒绝应答。

要利用回答的机会，争取将对方的思路引入自己设计的轨道中，以争取主动。

二、常用的谈判谋略

谈判的谋略众多，需要谈判者按实际情况灵活运用。常见的谈判谋略有：

（一）联络感情

指在整个谈判过程中，注意与对方进行感情交流，力争融洽关系，为谈判营造一种较为宽松、合作的气氛。如当客方来了，主方以礼相迎，以礼相待，生活中照顾周到，还可以赠送一些对方喜欢的、价廉物美、有纪念意义的小礼品。在谈判的业余时间，可以安排对方一起跳舞、游览、参观，让自己与对方有更多的接触机会等。但是，联络感情的方法不能表现出过分的热情，过分的热情会使对方警惕，认为你是在讨好、收买他们，引他们入瓮。所以，应当注意：

第一，要避免首次见面就邀请对方到豪华宾馆、酒家进餐，以免遭惹拉拢之嫌。

第二，如果与对方共同进餐，一般只谈家常，不宜涉及业务，实在有急事，宜在餐后喝咖啡或茶时才谈。

第三，首次见面时不宜急着赠礼，以免行贿之嫌。适当的方法是在此后见面，双方比较熟悉时赠礼，礼品价值不能过高，并要考虑对方的习俗、爱好，使赠礼成为表示友情的举动。

（二）树立自我形象

主谈的自我形象在谈判中很重要，要在客方心目中树立起一定的权威性，即让对方明白，你是受到上级倚重的首席谈判代表，有权在谈判中作出决定，这种决定对谈判会产生举足轻重的影响。但是，又不能让对方感到你具有绝对的决策权，以便遇到棘手问题时，可以以“需要请示上级”为理由而回旋。

主谈在客方面前，既要让对方觉得你专业知识丰富，富有谈判经验，以赢得尊重，又不能过分自我标榜，给人以肤浅自夸的感受。

（三）争取主动

谈判中争取主动权是至关重要的，掌握了主动权，就容易使谈判沿着你所制订的计划、设计的方案进展，达到预期目的。比如，对方在初次会谈时，一开始就宣布：“今天只是初步接触，只谈半小时就行了。”其目的是取得居高临下的心理优势。这时，你就可以提出异议，避免我方处于心理劣势，不能让对方牵着鼻子走。争取主动的策略在导入阶段一直到最后都要注意运用。

（四）求上取中

谈判前准备的方案，一般可分为上、中、下三策。谈判中，可先提出上策，争取获得最佳成果。如果对方的反对态度相当强烈，无法达到上策，就可以退一步提出中策。采取这一策略，关键是要掌握对方的心理，看对方是否急于求成，如是，可以全盘提出上策；如果对方采取稳重、从容的策略，并不急于求成，则宜提出上策中的部分内容，而不宜提太苛刻的条件，否则，会被对方认为缺乏诚意，容易进入僵局。

（五）声东击西

在谈判的交锋阶段，我方将对方的注意力引导至我方不太重要的问题上，以保证重要问题的解决。对付对方声东击西的策略，最好的方法是让自己的注意力瞄准重要问题，避免在小问题上争论，必要时可放弃小问题。

（六）暂停

当谈判交锋阶段出现僵持，比如观点尖锐对立，一方内部产生分歧等，可采取休会暂停的策略，以商定对策，协调内部意见，以利再谈。要求暂停由一方提出，并由另一方同意才能实现。因此，要求暂停一方应当委婉地向对方提出。谈判中总会出现曲折，不可能是一帆风顺的，它要求参加谈判者必须具有韧性，面对曲折、僵持不灰心，也不降低或放弃条件去急于求成，而应坚韧不拔地研讨对策，争取达到预期结果。

(七) 假设条件

谈判的妥协阶段，双方都在窥测对方的意图，寻求妥协的方法，这时运用假设条件的策略，容易使谈判取得进展，最终达成协议。因为，提出假设条件的口气是征询性的，如被否定，还可以再提出其他假设条件，回旋余地大。

(八) 坦诚

坦诚策略是指以坦诚的态度向对方陈述自己的意见，营造一种相互信任的气氛，以利于双方达成协议。这是一种开放策略，一般在妥协阶段将告结束时运用。当然，运用这一策略应视对方的态度而决定。

(九) 催促

指针对对方迟疑不决的态度，用适当的压力催促其下决心的策略。比如，主谈人可以说："很抱歉，上级突然通知我后天赴外地参加重要会议，如果明天仍达不成共识，谈判只能暂停。"对方如有诚意，会下决心尽快达成协议，结束谈判。

(十) 马拉松式

这是针对急于求成，或者过于自负、盛气凌人的对手采取的一种策略。它是指巧妙地拖延时间，避其锋芒，削弱其锐气，令对方不耐烦而最后达到我方预期的目的。

第三节　谈判准备过程中的秘书工作

谈判准备过程中的秘书工作主要包括：收集信息、提供资料，参与拟定谈判计划和设定谈判方案等工作。

一、收集信息、提供资料

谈判前详尽了解双方形势、目标意图和双方退让的幅度，是必不可少的准备工作。

古语说："知己知彼，百战不殆。"谈判前不作必要的准备，就有可能被对方左右，弄得一败涂地。只有作好了充分的准备，才能胸有成竹地坐在谈判桌旁，与对方进行协商讨论。

因此，收集谈判双方的信息，提供给谈判班子是秘书的首项工作。

关于"己"方面，要掌握我方经济实力、技术实力、竞争实力等资料，比较客观地了解自己的长处(优势)与不足(弱点)，在谈判中就可以取得主动权。

关于"彼"方面，主要掌握：

谈判对手的基本情况，即了解对方的法人资格、资信状况、法定地址、本人身份和经营范围，这是谈判的基础。对这些基本情况应予审查或取得旁证。外商必须出示法人资格、本人身份证明，出示经中国银行认可的外国银行的资本和信誉证明。

谈判对手的经营情况及历史沿革。如果对方是外商，这些信息资料最好由我国驻外商业机构和可靠的外国商社或外国朋友提供。也可由外商提供，不过要判断其是否可靠。

谈判对手，尤其是主谈人的个人情况，如年龄、学历、资历、个性、爱好、风俗习惯、价值观念等。

有关行业和市场信息，例如合作生产或经营的产品的销路、档次等。

谈判的成败，谈判者地位的强弱，往往取决于对信息资料的掌握程度。掌握信息资料越多，在谈判中越容易驾驭谈判的进程。

通过这些了解和分析，对双方在谈判中所处的地位，各自最大的需求和让步的范围、幅度，谈判的时限等等有一个清醒的认识。这样，在谈判中就能做到审时度势、进退自如，获得主动。

二、参与拟定谈判计划

参加任何一次谈判，都不能只靠灵机一动，必须精心设计好若干个谈判方案和策略，包括对我方最有利的、比较好的和可以接受的。谈判方案越多、越缜密越好，然后从中选择一个最优方案，作为谈判实施方案，其余的作为预案，谈判时择机选用，有备无患。

秘书要协助上司拟定谈判计划，以保证谈判围绕中心，有条不紊地进行。

谈判计划包括谈判主题(即谈判的主要目的)，谈判班子的分工，工作人员的分工，谈判时间、地点和谈判日程表等。以下对主要内容作一介绍：

(一) 确定谈判主题

拟定谈判计划首先得确定谈判主题，即谈判目标。谈判目标有四个层次：

最高目标——理想目标，若达成会实现利益的增值；

实际需求目标——希望达到的目标；

可接受目标——满足部份要求，在实际需求目标与最低目标之间，可灵活变化；

最低目标——谈判的底线，低于此目标，就拒绝交易。

目标的确定，可以让人正确判断如何交易、何时抽身而退。

(二) 拟定谈判议程

谈判议程指谈判的程序，包括议题、谈判日程表、谈判时间和地点。

拟制谈判计划时，常会提出多种议题，应该在谈判前或者谈判导入阶段与对方协商。双方交换议项清单，商定议题。多个议题的次序可以根据重要、次要、不重要的顺序排列，也可以先洽谈双方容易谈妥的议题，把有争议的议题往后排，以集中精力谈判，争取达成协议。谈判议程是供双方参照执行的，所以，要征求对方的意见才能拟定。

(三) 确定谈判班子

选择适当的成员组成谈判班子是谈判能否成功的关键。谈判班子一般以三四人为宜，其中一人为主谈(或者首席代表)，他必须了解全面情况，既具有很强的业务才能和高超的谈判技巧，又能协调全体成员，同心协力进行谈判。其他成员一般为专业人员，如工程师、会计师等，也须具有一定的谈判经验。此外，还得配备记录、翻译、打字等人员。谈判班子要相对稳定，一般不中途换人。

（四）确定谈判时间

谈判于何时举行、何时结束，很有讲究，这就是把握谈判的时机。

双方对某一共同问题产生兴趣，并有相互合作的愿望和诚意时，谈判的时机便已成熟。

谈判应该是双方的共同要求和愿望，只有一方的兴趣，谈判无法开展。谈判既然是为了实现利益均沾的目标，双方必定存在着某种共同利益。只有这种共同利益的存在被双方所认识，才有可能产生谈判的愿望和要求。而且，谈判双方如果在矛盾冲突之中谋求合作，还必须具有平等的地位和相仿的条件。如果在冲突中一方已处于完全的劣势，谈判的时机也就丧失了。例如企业间进行合资经营，必须要经过谈判才能成功。如果一方有独资经营的实力，在竞争中处于绝对优势地位，就不可能产生合资的兴趣和愿望，也不会有谈判要求。只有双方觉得独资经营实力不强，在竞争中各有长短得失，互相有依存需要，才会对合资经营问题产生共同兴趣，有寻求合作的愿望。因此，谈判必须等待合适时机，否则难以达到预期目标。

除此以外，要避免在主谈或其他重要谈判成员身体不适、过度疲劳、精神心情不佳时安排谈判，比如，下列时间不宜举行谈判：

长途旅行刚结束，尚未得到休息、恢复时；

连续紧张工作后身心疲倦之时；

下午 5 时至 7 时，一天工作后精神不佳时；

每周一上午，不易集中精力之时；

身体有病、不适时；

受到重大精神创伤之时。

最后，要尊重对方，在征求对方意见的基础上，选择对方都认可的时间举行谈判。

（五）确定谈判地点

选择有利的谈判地点能提高谈判地位和谈判力量，因此要尽量利用场地优势。一般来说，谈判地点无外乎我方的场地、对方的场地、中立地点三种情况。

选择在本公司或者本地的场所谈判，人们对熟悉的环境能产生一种以逸待劳的心理优势，有利于节省时间和精力，免去奔波之苦，可以多方面利用资源，如随时与上级联系，便利地寻找技术人员和资料等。不利之处在于，需要抽时间做好繁琐的接待工作，公司的日常事务会受到干扰。

一般来说，选择谈判地点，以自己越熟悉的生活环境越好，因为人们具有领域感，在自己所熟悉的生活环境里，能得心应手地发挥自己的口才、交际能力，容易说服对方。

去对方的场所谈判，条件许可的话，最好事先实地考察，或请去过那里的人员作些介绍，使谈判成员了解情况，有利于适应该环境。

选择中立地点谈判能排除主场方的影响，容易形成平等的氛围。

一些艰难的谈判，或者当谈判到了关键时刻，双方陷入僵局时，在各方的主场谈判容易增添双方的不和谐，而选择去中立场所谈判是明智的、公平的。不过，由于舟车劳顿，选择到达中立地点后，应该充分休息，恢复精力后再开始谈判。

谈判的环境不仅是指谈判的地点，而且还包括谈判时的气氛和情绪。

谈判环境的优劣会对谈判产生重大影响。一般说来，在舒适明亮、色彩悦目的房间里，双方友好亲切、情绪饱满，谈判容易成功。在这样的环境中，人们会心平气和、思维清晰，便于倾听和理解对方的意愿和要求，作出恰当的反应。如果光线阴暗，空气混浊，气氛紧张，情绪恶劣，人就会烦躁不安，思想分散，缺少明察秋毫、明辨是非的能力。因此，双方都应作出努力，创造一个良好的谈判环境，促成谈判成功。

（六）演练和保密

设计方案时，要对对方可能提出的方案作预测，并提出自己应对的方案。只有这样，对方提出方案时，才能应付自如。谈判方案应尽量切实可行，但它毕竟只是一种推测、一种或然、一种一方要求达到的目的，而不能把它当作一种事实，在谈判中要仔细听取对方意见，吸收其合理成分，作必要的调整。要本着平等合作、互利互惠的原则，既不接受对方不合理的条件，也不向对方要求特权。最后达成的协议应符合双方利益。

谈判计划制定后，为了检验谈判计划的效果，提高实战能力，秘书在上司的授意下，可组织团队模拟谈判，可以让我方从对方的立场了解对方，也可以发现计划中的不足，便于修改调整，加以完善。

所有成员都应熟谙确定后的谈判方案，争取达到最理想的效果。还要绝对保守谈判方案的秘密，否则将会造成谈判的失败。秘书作为参与设计谈判方案者，又是方案的起草、打印者，更要注意保密。

三、会务准备

如果谈判在我方场地进行，作为东道主方，秘书还得作好会务准备。会务准备着重以下几方面：

第一，将确定下来的谈判名单、时间、地点及时通知谈判双方，以便对方早作安排。

第二，准备妥谈判所需的资料。包括商务谈判中的法律类文件，如合同法、经济法；法定资料，如企业营业执照副本、工商执照副本、税务登记副本；谈判项目资料，如企业简介、产品或服务项目介绍、设计图纸、报价单、样品等。秘书将所需的资料整理后，按照谈判双方所需的份数打印装订成册，及时发到谈判人员手中。这些资料必须类目清晰，方便查阅，在谈判时使用或者在必要时提供给对方。

第三，作好谈判场所的布置及座位的安排，扩音设备、通讯、传真、复印设备以及必要的文具事先都应准备并调试好。这些事项看似琐碎，但不可忽视，往往有时因为细节疏忽而影响谈判。

第四，安排好各种仪式，包括开始、签约及赠礼等仪式。

四、谈判会场的布置

谈判场所的布置要显示出平等的格调，双方进行谈判，常见的布局有两种，均使用长方形谈判桌。

平行式指谈判桌与正门墙壁平行放置，应请客方坐在面对正门的一侧，主人一方则坐在背对正门一侧，双方为首者坐于各自一侧的正中，其余人员按身份高低分坐于两旁。如下图：

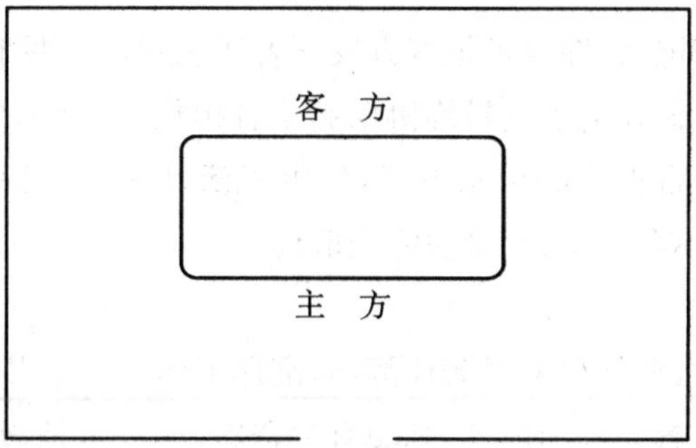

直行式指谈判桌一端对着正门，则应以面对室内的方向为准，让客方坐在右侧，主方坐在左侧，其余和平行式相同，如下图：

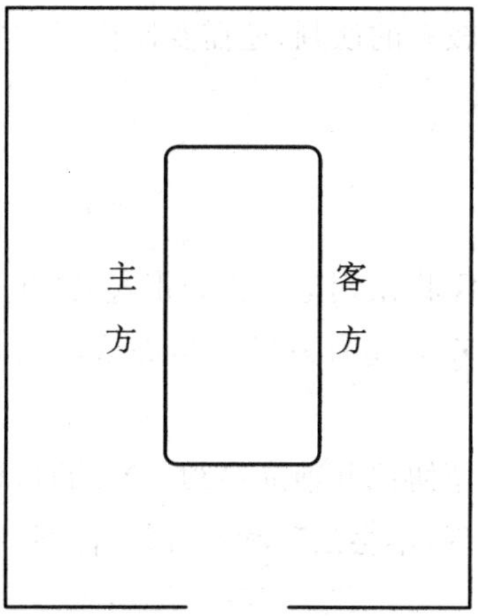

如有三方参与谈判，可使用门字形的会议桌；如有四方参加谈判，则可使用方桌，各方各坐一边。

第四节　谈判开始后的秘书工作

秘书在谈判开始后的主要工作是：记录，翻译，拟写备忘录、协议或合同，操办签字仪式等几项。

一、记录和翻译

（一）做好谈判记录

谈判双方都应有秘书做谈判记录。

谈判记录既可供谈判间隙分析对方意向和战术研究，以便调整谋略，确定下一步对策；也可以整理上报，作为向上级请示的材料。谈判记录反映出谈判原过程，是事后总结谈判经验不可缺少的原始材料；又是草拟备忘录、协议或合同的基础材料、主要依据。一些重要谈判的记录还是重要的档案材料。

所以，秘书要全面、准确地做好记录，必要时应与谈判班子核对，有时还需对方过目、签字。记录中秘书有不明白之处，可请发言者重述一遍。

对于谈判必须做详细记录，即要求把双方发言者所表达的意见和整个谈判情况都尽可能详尽地记录下来，记录人（最好由谈判最终协议起草者担任）应该掌握速记速录技巧。虽然摄像和录音技术已经成为非常重要的记录方式，但由于谈判活动的特殊性，笔记式记录将永远是谈判的主要记录方式，不会被录音、录像完全取代。

（二）翻译

谈判对方是外国人时，涉外秘书得兼任翻译，翻译工作要求秘书做到：

谈判前要向主谈人了解谈判的内容，翻阅有关资料，向专家请教有关技术问题，对不熟悉的名词术语应事先学会并记住；翻译要准确，不能擅自增减谈话内容或掺杂个人意见，如有困难，应向谈话人说明，不要不懂装懂，未经主谈人同意，其他成员的谈话不得进行翻译；笔译协议要忠于原文，不容许有歧义和疏忽；译文打印好后，要认真校对，避免差错。

有些规模较大、讨论问题比较多的谈判，还需要制作谈判备忘录。

二、拟写备忘录和协议

谈判的结果有三种：

第一种是谈判破裂，秘书只需将谈判记录作为正式文件归档备案。

第二种是没有谈出结果，但双方还有意进一步深谈，那么秘书要起草谈判备忘录或意向书，并协助签署。

第三种是谈判成功，秘书起草协议并辅助签约。签约时，秘书要仔细揣摩协议的完整性和合法性，使我方利益能够得到实现，不会出现利益分歧，使谈判顺利圆场。

（一）拟写备忘录

备忘录是介于谈判记录和协议之间的一种文书，它是在谈判记录基础上，舍弃谈判细节，保留对每个问题讨论所得到的结果而写成的。它记载的内容是：双方对哪些问题进行了磋商，哪些问题取得了怎样的一致意见，哪些问题未取得一致意见，分歧在哪里等。一般谈判每个阶段的备忘录是谈判阶段性成果的小结，可以作为下一阶段谈判的起点。整个谈判的备忘录，是起草谈判协议或合同的基础。

有些非正式谈判或未能达成正式协议的谈判，也可将备忘录作为谈判的最终文书。例如流行的《洽谈纪要》、《投资意向书》等都属于谈判备忘录。这种备忘录需由双方签字，对下一步进行实质性谈判或签订正式协议起重要作用。但它们本身不是正式协议，因此不具有法律约束力。

（二）拟写协议

谈判成功，要形成协议。协议作为谈判的成果、日后双方合作的依据，颇为重要。协议书的起草要注意如下几点：

第一，协议涉及的条款不能与国家法规发生矛盾。与国际惯例相左的，应慎重处理。

第二，对重要条款必须认真斟酌，不要轻易让步。如非让步不可，也应尽量以次要条款的损失来替代。条款是否重要，取决于谈判的主要目标。

第三，协议的内容要具体，不能含糊；文字表达要严谨，措词要明确、肯定，不容许有歧义，否则，会给以后执行留下隐患。

第四，协议签定后，为让协议更具有法律效力，秘书可以将协议公证。因为，协议签定后，也会出现违约等风险，谈判者无法预测这些未知的风险，将协议公证也是一种防范措施。

协议签署后，秘书应将协议一式多份送谈判负责人及有关部门，并以原件和谈判记录建立专门档案，为谈判结果的落实提供依据。

如谈判后需要签署合同，则合同的拟写法参见本系列教材之《秘书写作》中《经济类文书》，此处不作重复。

三、操办签字仪式

商务协议拟定后，须由双方代表签字，所以，秘书还得筹办签字仪式。签字仪式包括制定文本、商定参加签字仪式人员、签字仪式会场布置和签字仪式程序等环节。

（一）制定文本

即将定稿的协议翻译、印刷、装订，制成文本。协议文本最好经公证处公证，以保护双方的合法权益。有的协议按有关规定，还得经过我方主管部门的审批后才生效。

（二）商定参加签字仪式人员

在文本上签字者应是双方的首脑或代表，两者的职级、地位应大致相当；参加签字仪式的人员原则上是参与谈判的双方全体成员。如一方请求级别高的上司或未参加谈判者参加，另一方应予同意。

（三）签字仪式会场布置

按照惯例，签字仪式适宜在签字厅内举行，厅内设置一张长桌作为签字桌，桌面上覆盖深绿色的台布，桌后放两把椅子，客右主左，分别供双方签字人就座，桌上摆好签字人姓名牌。如果是政府与政府之间，或两国企业、单位之间的签字仪式，签字桌中央还得安放旗架，按客右主左的原则，分别悬挂各自的袖珍国旗，有时，双方的国旗也悬挂于签字方背后的墙上。座前桌上摆好各自保存的文本，上端放置签字用的文具。见如下两图：

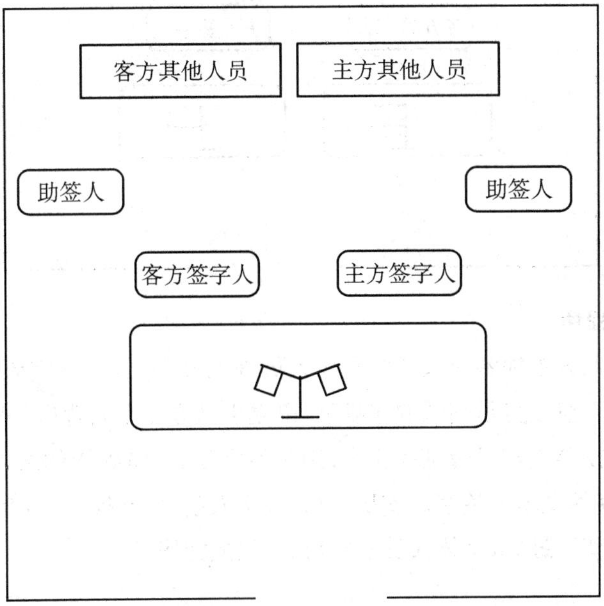

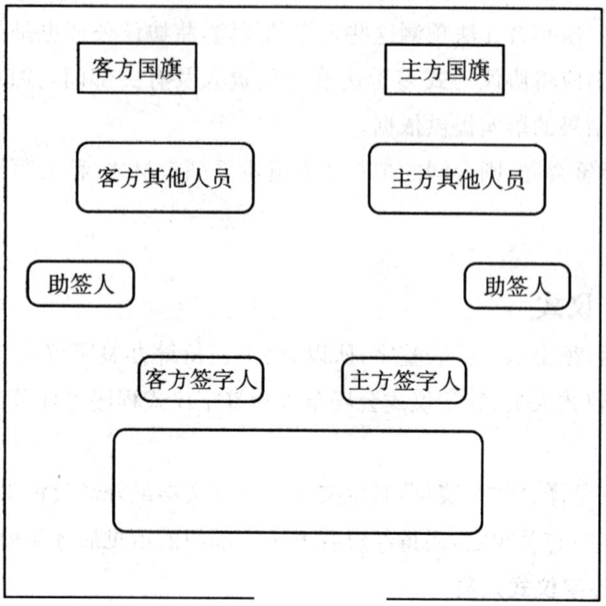

有时，签字仪式也可用两张签字桌，双方签字人各用一张。其会场布局见图：

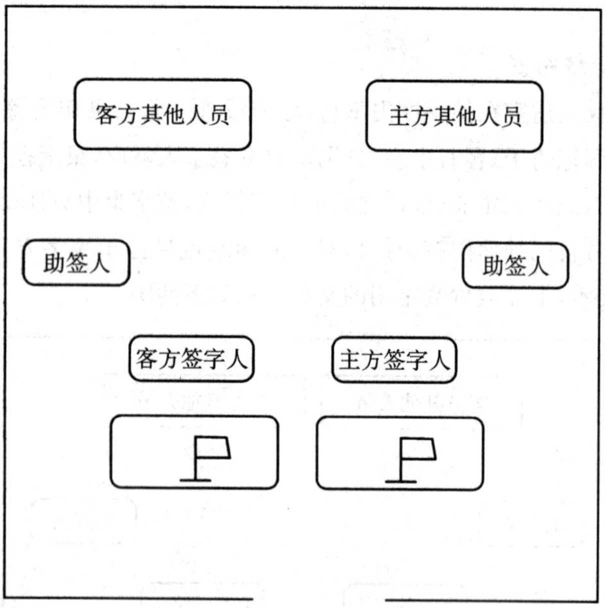

（四）签字仪式程序

签字仪式开始，双方参加签字仪式的全体人员进入签字大厅，签字人入座，助签人站在签字人身后外侧，其他人员按身份高低顺序排列，肃立于己方签字人背后。双方签字人先在自己保存的文本上签字，助签人在一旁翻揭文本，指明签字处，并将签毕的文本传递给对方，然后，签字人再在对方保存的文本上签字。签毕，双方签字人起立，互换文本，互相握手，招待员送上香槟酒，共同举杯庆贺。最后，全体人员合影留念，仪式完毕。

单位对单位的协议文本在签毕互换时，还同时互换《法定代表人证明书》或《法人授权委托证明书》。

谈判结束后，秘书要负责送别客方，整理材料上报，协助总结谈判经验等善后事宜。这些工作的操作程序可参照本书第十二章“会议服务（下）”。

思考题

1. 谈判的基本原则是什么？
2. 谈判的程序包括哪些阶段？
3. 谈判中有哪些常用的谋略？
4. 简述秘书在谈判各阶段需做的工作。
5. 签字仪式有哪些程序？

第十四章　文件处理和档案管理

“三资”企业和涉外单位、部门的文件，由秘书处理，文件处理完后，将其中有利用和参考价值的保存起来，就转化为档案。所以，文件是档案的前身，档案是文件的归宿。尽管他们的文书档案工作不如党政机关那样系统、规范，但是，文件处理和档案管理的知识和技能是涉外秘书的职业基本功，必须掌握。本章主要介绍文书与档案一般知识，偏重于“三资”企业和涉外单位的文书处理和档案管理工作。

第一节　“三资”企业文书档案工作概述

在不同性质的单位，文书档案的内容不同，文书档案工作的系统性程度不同，要求也有所不同。因此，本节主要介绍“三资”企业的文书档案工作。

一、文书、公文、文件的含义和区别

文书是人们在社会实践活动中，运用书面方式来表达思想、记录信息、表达意图、陈述意见、进行联系或作为契约的一种文字材料。

文书在人们的社会生活中被普遍使用，在私人之间、社会组织之间、社会组织与个人之间、国与国之间，无不流行，成为处理公私事务不可缺少的工具之一。

文书包括公务文书和私人文书。

私人文书是指个人或家庭、家族在自己的活动中或私人相互之间的交往中形成和使用的书信、日记、自传、遗嘱、家谱、著作手稿以及房契、地契等。

公务文书简称公文，是指行政机关、社会团体、企事业单位在行政管理活动或处理公务活动中产生的，按照严格的、法定的生效程序和规范的格式制定的具有传递信息和记录事务作用的载体。

广义的公文包括机关、团体、企事业单位的各种文件、电报、报表、会议文件、调查资料、记录、登记表册等。

狭义的公文指通用公文和专用公文。是指社会组织在公务活动中形成和使用，具有法定效力的文字材料。

依据 2012 年 7 月 1 日起施行的《国家行政机关公文处理办法》中的界定，公文是指：传达贯彻党和国家的方针、政策，发布行政法规和规章，施行行政措施，请示和答复问题，指示、部署和商洽工作，报告情况，交流经验的重要工具。

文件，是指机关、团体、企事业单位之间正式行使的具有统一格式和行文关系的公文。它是公文中的一部分，或者说是公文中的主要部分。

文书、公文、文件这三个词的内涵是相通的。但是它们之间的外延有区别，文书的外延最大，它包括公务文书和私人文书；公文的外延较大，它包括文件。

根据不同的习惯，文书、公文、文件在不同的地方，称呼不同，或用文书，或用公文，或用文件。如我们习惯说“文书工作”而不说“公文工作”或“文件工作”，习惯说“中央文件”而不说“中央文书”、“中央公文”，是约定俗成的。

我们研究的文书工作中的文书，是指公文，而不涉及私人文书。

在“三资”企业中，习惯将公文统称为文件。据此，本章尊重习俗，将“三资”企业中的公文处理工作称为文件处理工作。

二、“三资”企业文件处理工作的内容

“三资”企业文件处理工作，指“三资”企业对文件的撰制、传递处理和管理，使文件得以形成并产生实际效用的全部活动，是“三资”企业实现其职能的重要形式。

由于文件的广泛利用是现代信息社会的特征，单位的管理效率可以通过其文件管理效率即文件处理工作情况加以衡量。文件管理的每一步改善，都对单位职能的运行产生影响；所有“三资”企业的人员，从最高层到普通员工，都同文件管理有关系。所以，文件的有效管理对于“三资”企业的工作和活动有着重要意义。

“三资”企业文件处理工作的具体内容为：

（一）制发文件（草拟、会商、审核、签发、复核、缮印、用印或签署）。

（二）传递文件（按文件性质与时限要求按多种方式传递给收文者）。

（三）办理文件（对收文予以执行、办理或撰拟新的文件作出答复、批转或转发的处理，处置办毕文件）。

（四）管理文件（指对文件的平时分类保管和提供查阅）。

（五）对文件拟制办理的组织管理与监督控制。

三、“三资”企业文件的主要范围

“三资”企业文件的主要范围，按不同标准，可以分为不同类别：

（一）从文件内容的性质划分

按文件内容的性质划分，可以分为管理类、科技类、财务类和人事类。

1. 管理类

行政管理：行政事务、治安保卫、审计工作、人事劳资、教育工作、医疗卫生、后勤福利、外事工作等；

经营管理：经营决策、计划工作、物资管理、企业管理等；

生产管理：生产调度、质量管理、能源管理、安全管理、科技管理、环境保护、计量工作、标准化工作、档案与信息管理、基建管理、设备管理、合同等。

2. 科技类

产品文字材料：各种任务书、建议书、协议书、说明书、鉴定书、试验大纲、试验报告、分析报告、审查报告、运行报告、总结、产品图样等；

科研文字材料：各种合同（协议）、任务书、科研报告、调查报告、开题报告、实验报告、鉴定证书、发明申请书等；

基建文字材料：各种建议书、任务书、计算书、开工报告、概（预、决）算、检验分析材料、施工图样等；

设备文字材料：各种申请书、说明书、技术规程、维护保养规程、设备图样等。

3. 财务类

会计报表：会计决算报表、月（季）度会计报表等；

会计凭证：原始凭证、记账凭证、汇总凭证、各种借据、书面证明材料等；

账册：日记账、总账、明细账等。

4. 人事类

包括企业职工的招聘、培训、考核、奖励、处分及履历、登记、政审表等。

（二）按其他标准划分

“三资”企业的文件，按其他标准划分有：

1. 按文件的来源分：有企业收来文档、企业外发文档和企业内部使用文档；

2. 按文件的外在形式分：有文章式、表格式、图形式等；

3. 按文件的载体形式分：有纸质、磁介质、感光介质及电子文档等。

第二节 “三资”企业文件处理程序

“三资”企业，尤其外资企业的文件处理程序，不如涉外单位，不如事业单位，更不如党政机关那样系统、规范。但是，笔者在介绍文件处理程序时，却尽可能系统、完整、规范。

一、收文处理程序

收文处理程序指对收到文件的办理过程，是使文件产生实际效用的过程。它包括：签收——收文登记——收文审核——分办——拟办——批办——承办——组织传阅——催办——注办——办毕文件的处置等。

（一）签收

指涉外秘书根据规章制度，通过专门渠道收取外单位发来文件的活动。

签收是文件进入“三资”企业内运转的入口，事关文件是否能够迅速进入并及时生效。

收文渠道包括：专人传递、邮局投递、涉外机构自身的通讯设备（电话、电传、传真、计算机网络）。

签收方式有两种：一是核查投递单或送文登记簿登录的内容是否属实无误，并在相应栏目内签署收件人姓名或盖收件人的专用章及日期，快件与急件要注明收文确切时间；二是出具收条。

（二）收文登记

是对收文完整数据进行登录的活动。包括外收文登记、启封、内收文登记等环节。严格的登记制度，一方面有利于管理者掌握文件运转的原始情况，为查阅、催办、交接、统计文件提供线索和凭证；另一方面，有利于明确责任。

外收文登记指涉外秘书在完成签收后对外收文情况做简要记载的活动。

启封亦称拆封，指由文秘部门或专兼职文件人员按规定将收文统一拆阅的活动。其操作方法见本书第三章“处理邮件”第一节。

内收文登记指涉外秘书对启封后的收文情况做详细记载。登记项目：收到日期、发出日期、收到时间、发文单位（人）、收件部门（人）、来件种类（标题）、密级、份数、承办单位和分送范围等。登记的主要形式有簿册式以及电脑登录等。

（三）收文审核

指对不同方向的来文，尤其是需要答复办理的文件进行检查核实。其操作要领包括：

对下级上报的办件：主要检查是否属于本单位职权范围内应处理的文件；内容是否符合法律法规及其他有关规定，是否与上报单位的职权范围相符合；是否符合行文规则；涉及其他部门或职权范围的事项是否已协商妥当；文种使用、文件格式、文件内容表达等是否规范等。

对上级、平行或不相隶属单位来文：主要检查来文内容是否属于单位职权范围内应办理的文件。

（四）分办

亦称分发，即涉外秘书对收文筛选分类后，根据规定和常规，将文件分送有关部门或人员阅知办理。准确分办，一是确定文件运转方向（呈交上司或是分转其他部门或人员），二是具体规定每份文件的运行过程。其操作要领如下：

1. 分办依据

主要依据文件性质、重要程度、涉密程度、紧急程度、内容所涉及的职责范围，各职能部门或上司的职责分工及其他人员分工，有关办文办事的程序、规定或惯例进行。

2. 区分轻重缓急

即应分清主件与次件、急件与平件、阅件与办件，原则是优先处理主要的、重要的、紧急的、需要直接办理的文件，如电报、急件、挂号信或专递文件，将这些文件置于其他文件前面，最重要件放在最上面。

3. 分办程序

涉外秘书应当按照稳定的程序，保证分办迅速准确。具体是：“亲启件”径送上司本人；分工明确的业务性文件径送各业务部门；综合性文件径送综合办公部门；回复性文件径送原承办部门或主办人员；已注明具体阅知对象和要求的文件，直接组织传阅；不能或不便直接确定分送对象的、重要的、非常规性的以及综合性强、内容涉及多部门的业务文件，应直接呈上司或综合办公部门负责人批办或拟办，再据此分送；文件内容涉及几个部门的，可将有关部门列表附于文上，送各部门传阅，或由持有文件原件的主办部门将主要问题转告其他有关部门处理，或复印若干副本分发各有关部门同时处理。

（五）拟办

拟办又称“办文预案”，即由综合办公部门、业务部门负责人、秘书对收文提出请示性、建议性处理意见，呈交上司决策审批时参考选择。拟办意见如切实可行，可为上司节省时间和精力，起辅助决策和参谋助手的作用。在实际工作中，上司一般比较重视拟办意见，多数是同意的，因此拟办应十分慎重。

拟办存在于涉外单位和合资、合作企业，外资企业中的涉外秘书无此职权。

并非所有文件都需要拟办，拟办范围一是上司明确指示代其提供决策方案（初步处置意见）的文件；二是涉及问题应由上司处理，而自己对它较熟悉且具有发言权的文件等。

拟办意见要准确具体，应提出解决问题的方法措施、理由依据、承办部门（人员）及时限等；如有两种以上方案，应一并提出，并将自己倾向性意见及理由放前面；对难以提出具体拟办意见的可当面向上司汇报。

（六）批办

即上司或部门负责人对需要办理文件的处理，给有关承办部门或承办人批示意见。一般是通过对拟办意见的审阅、认可和修正而完成。

批办意见应明确表达上司意图，切实可行，应批明承办原则、要求、程序和方法，尤其是对需要贯彻执行的上级文件和需要答复办理的文件，要提出贯彻执行的具体措施或思路、承办部门、办理要求和时限。

（七）承办

即通过对文件的阅读，办理和解决其具体问题。承办关系着发文质量和文件处理效率，是文件处理工作的中心环节和核心部分。其操作要领是：

根据文件的不同内容和批办要求，选择承办方式。

一是领导明确批示要秘书直接承办。其中不需要回复的文件，承办方式有：发文贯彻、开会传达、当面协商、电话联系、实地调研、现场办公、督促检查等；需回复的文件采用发文回复（涉及重要决策、人事任免、案件处理等，一律用书面形式批转或批复、函复，以便有据可查）；原件批回（属于征求意见或一般工作请示可在原件上批注上司审批意见，并复印后盖章发出，原件存档）；电话答复。

二是上司批示不再办理的文件，由秘书注明办结情况，作为办毕文件处置。

三是需要有关部门办理的，要及时转出，分为原文附转办意见转出、面告转办、电话转办。办公室可以在标准型自动粘贴、可移动的提示条或机构自行设计的文件处理单上印出处理意见：

________为你提供信息；

________要你采取措施；

________征求你的意见；

________阅后请交回。

(八) 组织传阅

由涉外秘书将文件在多部门或多位上司之间传递，使之得到迅速有效的处理。当文件较少又不便复印时，可采用传阅形式，使文件最大限度地发挥作用。其操作要领是：

1. 传阅文件有阅件、办件之分。阅件的传阅，仅要求阅文人了解、知悉文件内容；办件的传阅亦称传批、阅批，要求阅文者批阅指示性意见。

2. 传阅应以秘书为中心点。除少数急件外，一般阅件应由秘书依次在阅文对象之间传递，避免因阅文者自行“横传”而发生文件失控、丢失、积压、泄密现象。

3. 合理规划传阅顺序。常见顺序是：一般文件本着“有关者必阅，无关者不阅”原则，按照参办者先阅，知晓者后阅的顺序；紧急文件、专递文件、参考性文件和需分管领导直接阅处的事项，需分清主次缓急，急用者先阅。

传阅方式，一是同时传阅，适于内容重要、时限性强、保密要求不高、阅文范围较广的文件，可设置阅文室，在公布栏公布，运用传真机、本单位局域网络等同步传阅，会议传达，复印副本传阅；二是随时传阅，适于急件、要件、密件，可专人送阅，以保密；三是循序传阅，适于决定贯彻、组织落实、答复承办的文件，这是最常用、最基本的传阅方式。

阅文者不能将传阅夹中的文件随意滞留，阅后应在传阅单上有关栏目签上姓名和日期。

(九) 催办

即根据承办时限和内容要求对部分文件的承办情况进行督促检查，以防积压的活动。

催办分为：对内催办，是对收文的催办，即由秘书对各承办部门(人员)文件办理情况的督促检查；对外催办，是对发文的催办，即由秘书对所发文件在收文单位的办理情况进行了解、催询和督促检查。

催办要突出重点，一般情况下，催办范围主要限于有承办时限规定的文件，如请示性文件，上级或本机构领导交办的或需要办复的文件，同级或不相隶属机关要求答复或办理的文件，会议决议中需要办理落实的公务文件，重要事故、事件、人物等专案的处理等。

催办方式有电话催办、文字催办、登门催办、会议催办、领导亲自催办、建立催办登记报告制度、内部公布催办情况等。

(十) 注办

即承办人在办理完毕的文件上简要注明办理经过和办理结果以备忘待查的活动。注办有利于避免办文的责任不清和结果不明，标志着收文程序的结束，注办后收文即归入办毕文件。

二、发文处理程序

发文处理程序是文件形成的重要阶段，指“三资”企业为制发文件所进行的创制、处置和管理。它包括：撰拟文稿——会商——核稿——签发——注发——缮印——校对——用印——发文登记——封装——核发等程序。

(一) 撰拟文稿

即撰写文件文稿。各种不同类型文稿的撰写，请见本系列教材之《秘书写作》。

(二) 会商

指撰拟文件过程中，对涉及其他部门职权的事项，要得其同意和配合所进行的协商。行文要协商一致，以免“文件打架”，削弱文件权威和效力。

会商方式有：书面协商，即将文件草稿清样送有关部门，就其中涉及该部门的问题征求意见，力求统一；电话协商，适用于简单、紧急问题的协商；会面协商，即双方见面或开协商会，进行讨论。如果未能就有关问题协商一致，应将各自方案向上司反映，请求裁决，未获准许不得按自己意见单独向外行文。

(三) 核稿

亦称审核，指文件草稿呈上司签发之前应由综合办公部门或秘书对文稿进行全面审查与修正。一般是以什么名义对外行文就由什么部门核稿。核稿为上司审阅批改文件奠定基础，以节约其时间和精力。其操作要领为：

1. 文件审核应把好“三关”，即行文关、内容关和形式关。如报批程序是否符合规范；是否确需行文，发文规格是否合适；内容是否符合法律、法规及上司的指示精神，是否完整、准确地体现发文方的意图。

2. 涉及有关部门业务的事项是否经过协调并取得一致意见。

3. 所提措施和办法是否切实可行。

4. 文件草稿中的人名、地名、时间、数字、引文、文字表述、密级、印发传达范围、主题词是否准确、恰当，标点符号、计量单位、数字用法及文种使用、格式是否符合有关规范。

(四) 签发

即由上司对发文稿批注核准意见并签署姓名及日期。是公务文件法定的生效程序，也是发文的决策程序。文件草稿一经签发即成定稿，具备正式文件效力。其操作要领为：

1. 签发类型

正签指签发人在自身法定职权范围内签发文件；

代签指根据授权，代他人签发文件；

加签或核签指请上级机关上司签发；

草签指对草案、代拟稿的签发；

会签指联合行文的各方上司共同签发，或由主办方起草，送到有关部门协商、签批意见，以取得一致意见。会签由主办方先签，之前应组织好会商、会稿和协调工作。

2. 签发权限

签发不能越权，以企业、单位名义发出的文件由其上司签发，内容重要或涉及面广的文件由正职或主持日常工作的副职签发，部分文件可授权综合办公部门负责人代签。

会议纪要由主持人签发；联合行文各方签发人应该是级别对等的负责人。

3. “先核后签”

指为确保文件有效，一般应先核稿，后签发，签发后的定稿未经原签发人同意，一般不能再改动。

4. 签发位置

签发位置应在发文稿纸的相应栏目内，批注同意发出的意见(如“发”、“急发”、“经×××、

×××……阅后发”等)并签上姓名和日期。《党政机关公文处理工作条例》(2012)规定:“签发人签发公文,应当签署意见、姓名和完整日期;圈阅或者签名的,视为同意。”

(五) 注发

也叫复核,是发文过程中的二次审核,指对签发过的文稿核实并批注缮印要求,将签发意见具体化、技术化,通常由秘书部门负责人完成。《党政机关公文处理工作条例》(2012)规定:“已经发文机关负责人签批的公文,印发前应当对公文的审批手续、内容、文种、格式等进行复核;需作实质性修改的,应当报原签批人复审。”

(六) 缮印

即对签发并复核过的文稿缮写与印刷,制作正式公文的过程。缮印出的文件有正本、副本、存本。正本供正式外发;副本是复制本,用来代替正本供传阅、参考、备查;存本是正本的留查样本,由发文方留存,存本不用印。

(七) 校对

缮印出的首份文件应根据签发、复核的最终定稿进行校对,发现问题及时改正,确保准确无误后,才完成所需份数的印制。校对一般由秘书和制作部门(人员)共同完成。

(八) 用印

用印指在文件正本上加盖发文机关印章或领导人印章。印章端正盖在成文日期上方,上不压正文,下压日期。

(九) 发文登记

《党政机关公文处理工作条例》(2012)规定:“对复核后的公文,应当确定发文字号、分送范围和印制份数并详细记载。”发文登记簿常用格式如下:

发文登记簿

发文日期	发文字号	密级	文件标题	收文单位		共印份数	发出份数	存档份数	拟稿单位	签发人	附件	备注

(十) 封装

指秘书将制作完毕并已登记的文件装订、拣配和封装。文件应左侧装订,分装按上司签发意见和复核要求拣配,装订、装好封套并填写好地址、邮编、收文方名称等。要回执的公文,应事先在封套的背面贴上回执单。

(十一) 核发

指核查并发出分装好的文件。要清查文件份数、有无附件及附件数量、是否用印、封套与文件内的收文对象是否一致,有密级的公文要一一检查封套标记、戳记是否标明,检查封装质量,一切都准确无误才发出。文件发送途径一般是邮寄、机要传递、直接送达三种。邮寄公文应挂号或走 EMS 即特快专递,重要公文通过机要渠道传递。

第三节 “三资”企业的档案管理

文件处理完后,将其中有利用和参考价值的保存起来,就转化为档案。所以,文件是档案的前身，档案是文件的归宿，两者相互依存。

一、“三资”企业档案管理概说

（一）“三资”企业档案及其管理的内容

什么是“三资”企业档案的内容呢？

凡是“三资”企业工作中形成、办理完毕的具有一定保存价值的各种内容、形式和载体的文件，均应归档。

我国《外商投资企业档案管理暂行规定》中规定的外商投资企业（包括中外合资、合作经营企业、外资企业）的档案是指“外商投资企业筹建以来的各项活动中形成的对本企业以及对国家、社会具有利用、保存价值的各种文件材料（包括不同载体形式）”。规定的归档范围为：

企业设立和变更的申请、审批、登记以及终止、解散后清算等方面的文件材料（包括企业章程及投资各方签定的合同）；董事会或联合管理机构形成的文件材料；财务、会计及其管理方面的文件材料；劳动工资、人事、法律等事务管理方面的文件材料；经营管理方面的文件材料；生产技术方面的文件材料；产品生产方面的文件材料；仪器、设备方面的文件材料；基本建设方面的文件材料；科学技术研究、技术引进、技术转让方面的文件材料；教育培训方面的文件材料；情报信息方面的文件材料；中共党组织和工会组织的文件材料；其他具有利用和保存价值的文件材料。

什么是“三资”企业档案管理的内容呢？

档案管理由档案收集归档、整理、鉴定、保管、统计、检索、编研、利用八个环节构成，这八个环节的情况并不平衡，这里主要介绍收集归档、整理、保管、检索、利用环节。

（二）“三资”企业档案的特点

“三资”企业档案具有如下特点：

1. 形成体现分散性

“三资”企业档案材料制发渠道多，分布面广，利用者众。即源于中方和外方，面及企业、对外经济贸易主管部门、地方政府以及有关单位；多数文件，如引进国外资金、技术和管理经验这些蕴含着很高价值的经济情报和科技情报，在中外双方本国（地区）所在地形成，大多散存在形成者各自手中。

2. 载体种类多样性

“三资”企业文件档案通过多种渠道传输，运用多国文字，导致载体材料形式、处理程序以及文件语种多样的局面。

3. 管理具有两重性

“三资”企业在导入外来资金、技术的同时，其投资母公司的管理方法和理念也被移入。所以，它的档案工作，一方面需要参照国内企业档案管理方法；另一方面又要受到外方档案管理体制的影响，接受中外双方的双重领导，同时适从双方的管理方式，使管理有难度。

4. 利用要求系统性

档案的整理注重成套性，利用要求系统性。但由于受以上因素的制约，这个要求很难实现。加之投资方有的人员对于自己经手的档案收集不齐全、不系统，有的只顾自己工作方便将档案占为己有，有的甚至故意封锁，给档案利用造成了障碍。

二、档案的收集与归档

档案收集，指按照有关规定把分散的档案集中到档案部门。

归档，指文件处理部门或承办部门对归档范围中的文件进行整理，定期向档案室移交。通过归档，文件转化为档案保存。

所以，归档是“三资”企业文件处理程序终结和档案管理程序启动的重要环节。

（一）归档时间

以年度立卷的企业管理类（行政类、经营类、生产技术类、党群类）文件材料，应在次年6月底以前归档；

以专题立卷的文件材料，如检修技改、课题研究、学术考察、会议以及其他专项活动或工作应在任务完成或告一段落后半年内归档；

基建工程项目所形成的文件材料应在项目验收后归档；

自制设备的文件材料应在设备鉴定验收后归档，外购设备的文件材料应在开箱验收后及时归档；

财务会计档案应参照财政部和国家档案局印发的《会计档案管理办法》（财会字〔1998〕32号）的规定，在会计年度终了一年后归档；

契约性文件在双方签字后的三日内归档；

单位建制撤销、员工调离公司时，他们所保管的档案材料在撤销或调离之前一个月归档。

（二）归档文件的质量要求

总的要求是：收集齐全，分类清楚，期限准确，装订美观，排列有序，检索科学。具体应做到以下几点：

1. 归档文件材料应是有保存价值、完整、准确、系统的原件，加盖公章或经办人签名后归档。

2. 文件书写和载体材料应能耐久保存，不得用铅笔、圆珠笔、红墨水、纯蓝墨水、复写纸、热敏纸等书写。破损的文件应予修整，字迹模糊或易褪变的应予复制并与原件放在一起。归档的电子文件应有相应的纸质文件一并归档保存。

3. 文件整理符合规范。每份文件的主件与附件、定稿与存本（印本）、请示与批复、转发件与被转发件、多种文字形成的同一文件，应放在一起。

4. 音像档案应有完整的文字说明。

5. 为了保证归档文件的质量，“三资”企业文件归档时应该参照档案工作的技术性法规和标准、国际先进方法。如文书档案要符合档案行业标准DA/T22—2000《归档文件整理规则》；科技档案要符合国家标准GB/T11822—2000《科学技术档案案卷构成的一般要求》；一些特殊载体档案要符合国家标准GB/T11821—2002《照片档案管理规范》、《磁性载体档案管理与保护》和国家标准GB/T18894—2002《电子文件归档与管理规范》。

（三）跨年度文件处理方法

跨年度的请示与批复，放在复文年立卷；无复文的放在请示年立卷。

计划、规划、总结、预决算、统计报表以及法规性文件等内容涉及不同年度的文件，统一规定为按文件签发日期（即落款日期）判定文件所属年度。例：

2013 年形成的《2013—2018 年工作规划》归入 2013 年；

2013 年形成的《2012 年××机关工作总结》归入 2013 年。

会议文件、案件材料、项目材料等跨年度形成文件归入办结年度。

几份文件作为一件时，"件"的日期应以装订时排在最前面的文件的日期为准。

没有标注日期的内部文件（白头文件），需要分析文件制成材料、格式、字体以及各种标识，通过对照等手段考证和推断其准确或近似日期，并据此按年度合理归类。

有专门年度的文件按专门年度分类。

（四）确定保管期限，划定密级

根据档案的实际价值和有关规定，确定档案保管期限。档案保管期限分为永久、长期（16—50 年）和短期（1—15 年）三种。具有长远查考利用及研究价值的要永久保存；在一定时期内有查考利用价值的长期或短期保存；凡介于两种保管期限之间的档案，其保管期限从长。

按照有关规定划定档案密级。密级一般分为秘密、机密、绝密。

此后，要编制案卷目录、卷内文件目录、归档文件目录等必要的检索工具。

三、归档文件的整理程序

归档文件整理，是指将归档文件以件为单位进行装订、分类、排列、编号、编目、装盒，使之有序化的程序。一般以每份文件为一件，同份文件的不同稿本、正文与附件、正文与文件处理单、原件与复制件、转发性文件与被转发件为一件，报表名册图册一册为一件、来文与复文为一件。

（一）归档文件的整理步骤和方法

按照《归档文件整理规则》的规范，归档文件的整理程序为：

装订——分类——排列——编号——编目——装盒

1. 装订

归档文件应按件装订。装订时，先拆除金属物，对于非标准规格尺寸的材料尽量做到左齐、下齐和牢固。印本在前，定稿在后；正文在前，附件在后；原件在前，复印件在后；转发文在前，被转发文在后；来文复文作为一件时，复文在前，来文在后；不同文字的文本，中文本在前，外文本在后；同一合同译文与原文，原文在前，译文附在后。

装订方式：线装、粘接式、穿孔式、变形材料（钢夹、塑料夹）、铆接式（热压胶管）、无酸封套（增加厚度，用于永久档案）。

2. 分类

归档文件可采用以下方法分类：

按年度分类：将文件按其形成年度分类；

按保管期限分类：将文件按划定的保管期限分类；

按机构（问题）分类：将文件按其形成或承办机构（问题）分类（本项可视情况予以取舍）。

3. 排列

按事由原则排列，即将属于同一事由的相关文件按一定顺序排列在一起。各份文件按它们形成时间的先后顺序或按重要程度排列。

排列不同事由的文件，可采用事由结合办结时间，事由结合重要程度、责任者（承办部门）等的方法。

4. 编号

归档文件应依分类方案和排列顺序逐件编号。即将归档文件在全宗中的位置标识为符号，并以归档章的形式在归档文件首页上端空白位置注明。归档章的必备项目包括全宗号、年度、保管期限和件号。选择项目包括机构（问题）等。其规格为 45 mm×16 mm。

全宗号：档案馆给立档单位编制的代号（涉外机构可暂不填）。

年度：文件形成年度，以四位阿拉伯数字标注公元纪年，如 1998。

保管期限：归档文件保管期限的简称“永”、“长”、“短”或代码“Y”、“C”、“D”。

件号：文件排列顺序号。涉外机构在归档文件整理时编“室编件号”，即在分类方案的最低一级类目内按文件顺序从“1”开始标注。

机构（问题）：作为分类方案类目的机构（问题）名称或规范化简称。如“总经理办公室”或“综合类”。

5. 编目

编目是指以“件”为单位编制《归档文件目录》。包括件号、责任者、文号、题名、日期、页数、备注。来文与复文为一件时，只对复文编目。该目录应装订成册并编制封面，可以根据需要设置全宗名称（立档单位名称）、年度、保管期限、机构（问题）等项目。

件号：填写室编件号。

责任者：文件的发文机关或署名者。

文号：文件的发文字号。

题名：文件标题，无标题或标题不规范的，可自拟标题，外加“[]”。

日期：文件形成日期，如 2005 年 5 月 8 日标为“20050508”。

页数：每一件归档文件的页数。凡有图文的页面为一页。

备注：注释文件需说明的情况。

6. 装盒

将归档文件按件号顺序装入档案盒，填写备考表，编制档案盒封面及盒脊项目。

档案盒应用防潮无酸纸制作。标准档案盒一般由地方档案部门监制或订做。档案盒正面应标明全宗名称。根据摆放方式的不同，在盒脊或底边设置全宗号、年度、保管期限、起止件号、盒号等必备项，可设置机构（问题）等选择项。起止件号填写盒内第一件文件和最后一件文件的件号，用“—”连接；盒号即档案盒的排列顺序号。

备考表放盒内文件之后，其项目包括盒内文件情况说明（文件缺损、修改、补充、移出、销毁等）、整理人、检查人和日期。

四、档案分类排序方法

除了以上方法和步骤外，“三资”企业归档文件的整理还可以按照投资方要求，根据他国或国际惯例选择文件的分类法。如剑桥秘书证书考试用书《办公室管理》中介绍采用的方法有：

（一）字母分类法

即按每一通讯部门的名称或人的姓名立一个案卷，严格按照字母顺序排列。部门名称或人的姓氏的第一个字母就是指示该卷在档案柜中存放位置最初步的索引，而部门名称或姓氏第一个字母以后的字母是确定该卷准确位置的决定因素。

此方法优点是方便实用，整理归档直接迅速，材料费用低；缺点是：查找常用名字可能遇到困难；当需要查找某一专题案卷时位置难以确定。

（二）主题分类法

某些文件可将最主要的主题作为归档的首要因素，次要的主题作为第二个因素，依次类推。这些主题往往与行文机构的职能或某项业务有关，如人事部门文件的主题大多是任命、分配、调动等。因此，此分类法可以解释为按机构职能分类归档。各主题之间的排列可以根据字母顺序进行，其优点是有关一个主题的文件资料集中存放，可以迅速方便地查阅。

（三）地区分类法

即按档案文件产生的国家、地区、省份、城市等分类，按照所在地区名称的字母顺序排列。可使有关地区所有文件集中存放，然后再按其他问题分别立卷。运输和进出口业务部门、计划部门和销售部门最适合用此法整理保存文件。

（四）数字分类法

案卷以数码排列，每一份文件给一个数码。用索引卡或索引条可以查出某一数码所代表的名字。索引卡按所标名字的字母顺序排列，集中放在一起。当需要查找某份文件时，先从索引卡抽屉中相应的字头下找出与文件相关的信息，在其指引下，在档案柜中找到标有该数码的案卷。其优点是比字母法排列的案卷更易查找，文件放错位置的可能性较小，标上数字方便查询，可以无限扩充案卷数量。缺点是建立相应的索引卡或索引条并据此查找文件比较费时间，系统的建立和保持比较费时费钱。

1. 按十进位制数码编排分类

此法常与按专题分类相结合，操作简单，主要专题分别用某个整数表示，例如：宣传部门可以使用下列数字表示其基本项目的标题：

50	广告
120	宣传品
200	展览

可以再用小数点后的数字表示分目，依序下分：

50	广告
50.1	直接邮寄
50.2	报刊
50.21	中国青年报
50.22	新民晚报
50.3	电视
50.4	电影院
50.5	展览厅

2. 按日期排列分类

此法操作简单，按照文件日期先后次序整理归档，一般作为卷（盒）内文件顺序的标准方法。

（五）字母法和数字法的综合运用

在字母顺序排列法中套编上数字索引，用数字分别表示每一个字母或字母的一部分，立卷时每个案卷再分别编号。例如假定A用1表示，该组有5个案卷，第四个案卷的编号就是1/4，此法中案卷按字母顺序排列，数字只起辅助作用，只作为查文编号以供通讯时引用。

还有把这两种方法相结合而又不另外建立索引卡的方法。即案卷按字母顺序排列，而在分组内部按数字排列，每个字母或字母的一部分分别建立一个导卡，标明该字母组内部按数字排列的案卷索引。

例：

某涉外企业文件分类表（部分内容）

B	人事
B00	总记
B01	聘任
……	
B07	测评
B07.0	职务分析
B07.1	能力评定
……	

五、“三资”企业档案的管理与利用

“三资”企业档案是该企业的历史真迹，有很好的参考价值，应当予以管理与利用。

（一）档案的管理

涉外秘书或“三资”企业的档案室，应编制档案的分类卡片目录、专题卡片目录等检索工具，以方便查找和利用。

要设置符合规范的档案房装具，采取防光、防潮、防霉、防尘、防虫、防火、防有害气体、防污染等措施，防止档案的破损、褪色、霉变和散失。

在管理档案过程中形成的电子文件材料，在提供利用时应制定防病毒、防删改、防伪造的措施，并封存电子文件副本，定期将正本与副本相对照来检查档案。

当“三资”企业合同期满、终止、解散时，其档案不得分割，即合同终止，档案续存。其档案应当移交原中方合资、合作者保存或向所属市、区、县档案馆移交。

外资企业如有延长期限、分立、合并等变更，该企业的档案向变更后企业移交；如期满或依法宣告破产的，其档案应当鉴定，有保存价值的移交上级主管部门或市、区、县档案馆。

“三资”企业在管理档案中可采用计算机、网络、光盘技术和现代化管理方法，以提高档案管理水平。

对保管到期的档案应当鉴定，应建立由企业负责人或档案部门负责人、秘书和档案人员组成的鉴定小组，对失去保存价值的档案造具销毁清册，提交销毁报告，报董事会审批。销毁档案时要按保密规定，派出人员监销，并在销毁清册上签字，销毁清单作永久保存。

（二）档案的利用

利用“三资”企业的档案，为企业的发展服务，有各种途径，如：

提供档案原件供查阅，如应特殊需要，暂时出借档案原件；

提供档案复制品，如向用户提供文件汇编、文件选编等；

提供档案信息加工品，如将利用档案编写的单位大事记、历史沿革、基础数字汇集、会议简介、专题概要、企业年鉴、图册、图集、科技成果简介等提供给用户；

利用档案解答用户提出的相关问题；

提供档案供展览与陈列展出。

总之，“三资”企业档案是一笔财富，有很好的参考价值，应当予以充分利用。

第四节　电子文件管理

当代飞速发展的电子信息技术被普遍运用于办公室工作，尤其在“三资”企业和涉外单位中，办公自动化的程度更高。电子文件管理成了涉外秘书重要的日常工作，也成为当代文书工作的重要组成部分。文件的电子化管理，使秘书只要轻点鼠标就能实现文件信息采集、处理、利用，减轻了他们的劳动强度，节省了工作时间，大大提高了工作效率。它是涉外秘书必须熟练掌握的办公自动化技能。

一、电子文件和归档电子文件

（一）两者的涵义

1. 什么是电子文件

“电子文件，是指机关、团体、企事业单位和其他组织在处理公务过程中，通过计算机等电子设备形成、办理、传输和存储的文字、图表、图像、音频、视频等不同形式的信息记录。”（2010年7月28日下发的中共中央办公厅、国务院办公厅《电子文件管理暂行办法》）

2. 什么是归档电子文件

归档电子文件指具有参考和利用价值并作为档案保存的电子文件。《电子文件管理暂行办法》第十五条指出:"电子文件形成单位应当根据国家有关规定明确电子文件归档范围和保管期限,并对具有保存价值的电子文件及时进行归档,由本单位档案部门负责管理。"通俗地说,需要归档的电子文件,就是归档电子文件,相当于电子档案。

(二) 电子文件的三要素

电子文件由三要素组成,即:内容、背景信息、结构。

内容:指电子文件中包含的表达作者意图的信息。

背景信息:指描述生成电子文件的职能活动,电子文件的作用、办理过程、结果、上下文关系以及对其产生影响的历史环境等信息。即能够证明文件形成环境、过程、存在状态以及和文件之间相互关系的信息。

结构:指文件内容信息的组织表达方式,如文字的段落安排,电子文件所使用的代码、格式,以及载体等方面的信息。

(三) 电子文件的种类

按照不同的标准划分,电子文件有不同的类别。通常按其信息存在形式(或数据类型),将电子文件分为十类:

1. 文本文件

文本文件又称字(表)处理文件,它是使用文字处理软件生成的,由字、词、数字或符号表达的文件,存储内容由 ASCII 标准代码和 GB2312—80 标准汉字代码所构成。通常的公务文件一般都是文本文件。

2. 数据文件

数据文件又称数据库电子文件,是指在事务处理系统中单独承担文件职责,或者作为文件的重要组成部分出现的数据库数据对象。也可以说是以数据库形式存在的具有文件属性的记录。一个数据库由若干记录,一个记录由若干字段(数据项)组成。机关、企事业单位和个人的各类信息都可以建成数据库。

3. 图形文件

图形文件是指根据一定算法绘制的图表、曲线图,包括几何图形和把物理量(如应力、强度等)用图标表示的图形。它是以图画的形式表示数据内在联系的图表、曲线图等。在 CAD/CAM 过程中形成的电子文件许多都属于图形文件。

4. 图像文件

图像文件是指数字设备采集或制作的画面,如用扫描仪扫描的各种原件画面,用数码相机拍摄的照片等。纸质文件、缩微胶片均可经过扫描转换成数字图像文件。图像文件的分辨率与存储空间成正比,不同格式的图像文件不能任意进行交换使用。

5. 影像文件

影像文件是指使用视频捕获设备录入的数字影像或使用动画软件生成的二维、三维动画等各种动态画面,如数字影视片、动画片等。录像材料通过视频设备将模拟影像转换成数字方式存在的影像信号。影像文件有不同的格式或标准,播放时需要使用相关的设备和程序。

6. 声音文件

声音文件又称数字语音,它是计算机对人的声音进行识别后,再将人的声音变成"0"或"1"

的符号进行传输或存储而形成的文件。它广泛应用在国际电子邮寄、办公自动化等诸多领域。

7. 程序文件

程序文件又称命令文件，是指为处理各种事务用计算机语言编写的程序，是生成电子文件所依赖的操作系统文件和命令文件。

8. 多媒体文件

多媒体文件使用计算机操作平台，把文本、图形、图像和声音等多种信息交流手段有效地结合起来，使人机之间关系更融洽，达到自然对话，形成文本、图形、图像和声音并于一体的人机界面。因而，它既是一个复合文件，又是一个复杂文件。

9. 超文本文件

超文本是一种信息管理方式，将数据与信息以节点形式组成网络数据，屏幕上窗口的各种选择皆对应于数据库的客体，用户可在任何时候从任意节点很方便地移到另一节点上去。浏览器以图形方式给出节点信息间的上下文关系，能在应用时呈现给用户，帮助用户在复杂的超文本网络中找到要查询的信息节点。

10. 超媒体文件

以超文本方式组织对交互式多媒体系统的控制，就构成了超媒体文件。因而，超媒体文件的每页信息中包含内嵌对图像、声音及其他信息页的引用。超媒体文件所表现出来的信息不仅是多种类的，而且还可用于交互环境中。因而，应属于一个复杂文件。

不管哪一类电子文件，在存储的过程中都存在着载体转换的问题，为了避免格式转换造成信息损失，最好在文件创建的时候就采用通用格式或开放格式，避免采用封闭格式。采用封闭格式，会导致在载体转换过程中出现格式不兼容的现象。如果难以采用开放格式，应尽量选用覆盖面广、成为事实标准的存储格式，以降低未来格式迁移的难度。

二、电子文件管理的标准与规范

我国政府在20世纪90年代提出企业生产经营要运用数字化、网络化技术，加快信息化步伐的要求。21世纪初，我国信息化建设进一步深入，企业加大了对文档信息化建设的投入，企业文档信息的数字化、网络化广泛开展。国家档案馆从2003年开始实施电子化归档。

自2002年开始，我国政府制定和颁布了一系列电子文件管理的标准与规范，这是顺利进行电子文件管理工作的保证。涉外秘书应当遵循执行。它们主要有：

1.《电子文件归档与管理规范》(中华人民共和国国家标准GB/T18894—2002)

2.《电子公文归档管理暂行办法》(2003年7月28日国家档案局第6号令发布施行)

3.《电子文件管理暂行办法》(中共中央办公厅、国务院办公厅制定，2010年7月28日起施行)

4.《CAD电子文件光盘存储、归档与档案管理要求》(中华人民共和国国家标准GB/T17678—1999)

5. 中华人民共和国标准(行业标准)

(1)《档案著录规则》(DA/T18—1999)

(2)《归档文件整理规则》(DA/T22—2000)

(3)《公务电子邮件与管理规则》(DA/T32—2005)

(4)《电子文件归档光盘技术要求和应用规范》(DA/T38—2008)

(5)《文书类电子文件元数据方案》(DA/T46—2009)

(6)《版式电子文件长期保存格式需求》(DA/T47—2009)

(7)《基于 XML 的电子文件封装规范》(DA/T48—2009)

三、电子文件的归档与保管

(一)电子文件的收集

电子文件的收集要从文件形成阶段就开始,收集范围应按国家有关规定执行。电子文件的收集流程是:

1. 收集

指记录重要文件的主要修改过程和办理情况,有查考价值的电子文件及其电子版本的定稿均应被保留,并与相应的纸质文件建立标识关系。对"无纸化"系统生成的重要电子文件,应在收集积累过程中制成硬拷贝或制成缩微品,以免系统发生意外情况时文件丢失,或非正常改动。

2. 存储

不同信息类型的电子文件,其存储载体和记录信息的标准、压缩方法也不同,应分别采用适合各类电子文件通用存储的格式,以保证电子文件的完整性。《电子文件归档与管理规范》要求电子文件的格式分别是:文字型电子文件以 XML、RTF、TXT 为通用格式;扫描型电子文件以 JPEG、TIFF 为通用格式;视频和多媒体电子文件以 MPEG、AVI 为通用格式;音频电子文件以 WAV、MP3 为通用格式等。

3. 登记

电子文件在计算机网络系统上进行收集积累,应用记录系统有自动记录的功能,记载电子文件的形成、修改、删除、责任者、入数据库时间等。每份电子文件均应在《电子文件登记表》(见《电子文件归档与管理规范》附录 A 的表 A1、A2)中登记,电子文件登记表应与电子文件同时保存。用载体传递的电子文件,也要按规定进行登记、签署,对于更改处,要填写更改单,按更改审批手续进行,并存有备份件,防止出现差错。

(二)电子文件的鉴定

电子文件的鉴定,主要指对它们的真实性、完整性和有效性的鉴定,对归档范围的确定,对密级和保管期限的确认。

电子文件归档前应由单位按规定对其真实性、完整性和有效性进行检验,并由负责人签署审核意见,检验和审核结果填入《归档电子文件移交、接收检验登记表》。如果文件形成单位采用了某些技术方法,以保证电子文件的真实性、完整性和有效性,则应将其技术方法和相关软件一同移交。

电子文件的归档范围参照国家关于纸质文件材料归档的有关规定执行,并应包括相应的背景信息和元数据(Metadata,是电子文件处理的常用术语,指描述电子文件数据属性的数据,包括文件的格式、编排结构、硬件和软件环境、文件处理软件、字处理和图形工具软件、字符集等数据)。

具体来说,纸质文件应归档的,其相应的电子文件也应归档;纸质文件不属于归档范围的,其相应的电子文件应根据单位需要确定是否归档。

电子文件保管期限和密级的划分,参照国家关于纸质文件材料密级和保管期限的有关规定执行。电子文件背景信息等的保管期限应当与内容信息的保管期限一致。应在电子文件的机读目录上逐件标注保管期限的标识。

同时,应对归档电子文件的基本技术条件进行检测,检测各电子文件所依赖的硬件环境的有效性、软件环境的有效性及其信息记录格式、有无病毒感染等。

(三) 电子文件的整理归档

1. 电子文件的整理

电子文件的整理是指按照一定的原则和方法,将收集的电子文件进行分类整理,为归档作准备。其整理要求同纸质文件一样,按国家档案局《归档文件整理规则》(DA/T22—2000)规定进行,归档电子文件以"件"为单位整理,同一全宗内的电子文件按照年度—保管期限—机构(问题),或保管期限—年度—机构(问题)等分类方案进行分类整理。分类整理的归档电子文件,为了方便查找利用,要编制检索利用工具,即电子文件的机读目录。具体格式可参见《中国档案机读目录格式》(GB/T20163—2006)。

2. 电子文件的归档

电子文件归档是指定期把经过鉴定、符合归档条件的电子文件向档案部门移交,并按档案管理要求的格式将其存储到符合保管期限要求的脱机载体上。电子文件的归档范围,参照国家关于纸质文件材料归档的有关规定执行,并应包括相应的背景信息和元数据。

电子文件归档要遵从归档电子文件的格式标准及配套的软、硬件环境的要求。如文字型电子文件以 XML、RTF、TXT 为通用格式,具体参见《基于 XML 的电子文件封装规范》(DA/T48—2009)。

归档时间一般在年度或任务完成后,或一个阶段之后的一段时间内进行归档(称阶段归档)。因涉及电子文件的技术环境条件,存储介质的质量、寿命等问题,一般不超过 2—3 个月。

归档份数一般应拷贝两套,保存一套,借阅一套。即使在网络上进行,也要保存一套,必要时应保存两套,其中一套异地保存,以提高信息的安全性和可行性。将相应的电子文件机读目录、相关软件、其他说明等一同归档,并附《归档电子文件登记表》(格式见《电子文件归档与管理规范》附录 A 的表 A4)。

电子文件归档有逻辑归档和物理归档两种方式。

逻辑归档指在计算机网络上进行,不改变原存储方式和位置,将电子文件的管理权限向档案部门移交的过程。凡具有稳定可靠的网络环境、有严密的安全管理措施、对内容重要的电子文件制作了纸质版本的,可以直接实施逻辑归档。

物理归档指把电子文件集中下载到可脱机保存的载体上,向档案部门移交的过程。凡在网络中予以逻辑归档的电子文件，均应定期完成物理归档。物理归档要求一式三套，一套封存保管，一套供查阅使用，一套异地保存。

电子文件归档时，应对归档电子文件的基本技术条件进行检测，检测内容包括：硬件环境的有效性，软件环境的有效性及其信息记录格式、有无病毒感染等。

（四）电子档案的保管

对电子文档的保管，应考虑环境、设备、技术、人员及电子档案特点等综合条件。

1. 对电子档案物质载体的保管

归档电子文件以脱机方式存储在磁、光介质上，保管环境要求较高，除应符合纸质档案的要求外，还应符合下列条件：一是归档载体应进行防写处理，避免擦、划、触摸记录涂层；二是单片载体应装盒，竖立存放，且避免挤压；三是存放时应远离强磁场、强热源，并与有害气体隔绝；四是环境温度选定范围为17℃至20℃，相对湿度选定范围为35％至45％。

归档电子文件在形成单位的保管，应具备上述条件。

2. 对电子档案内容进行有效性保管

文档管理人员对保存的电子档案载体，必须进行定期检测和拷贝，以确保电子档案信息的可靠性。主要做到以下几点：一是形成单位和档案保管部门每年均应对电子文件的读取、处理设备的更新情况进行一次检查登记。设备环境更新时应确认库存载体与新设备的兼容性，如不兼容，应进行归档电子文件的载体转换工作，原载体保留时间不少于3年。保留期满后可擦写载体，清除后重复使用，不可清除内容的载体应按保密要求进行处置。二是对磁性载体每满2年、光盘每满4年进行一次抽样机读检验，抽样率不低于10％，如发现问题应及时采取恢复措施。三是对磁性载体上的归档电子文件，应每4年转存一次，原载体同时保留时间不少于4年。四是要求档案保管部门应定期将检验结果填入《归档电子文件管理登记表》(见《电子文件归档与管理规范》附录A的表A6)。

归档电子文件的封存载体不应外借。未经批准，任何单位或人员不允许擅自复制电子文件。

四、归档电子文件的利用与销毁

（一）归档电子文件的利用

通俗地说，归档电子文件相当于电子档案，可以被广泛利用。利用归档电子文件的方法大致有如下几种：

1. 提供拷贝件

需要者应拥有规定范围之内的对归档电子文件的使用权限，可以拷贝所需文件资料，也可以向保管者要求提供打印件或缩微品。

2. 网络提供

通过网络查询利用。网络利用时应遵守保密规定，对具有保密要求的归档电子文件采用联网的方式利用时，应遵守国家部门有关保密的规定，有稳妥的安全保密措施。

3. 直接利用

是利用档案部门或另一检索机构的电脑，在档案部门的网络上直接查询的方法。其特点是：可为利用者提供技术支援，同通信传输相比减少了大量的管理工作，可以使更多的读者同时利用同一份电子档案。

（二）归档电子文件的销毁

归档电子文件的鉴定销毁，参照国家关于档案鉴定销毁的有关规定执行。属于保密范围的归档电子文件，如存储在不可擦除载体上，应连同存储体一起销毁，并在网络中彻底清除。不属于保密范围的归档电子文件可进行逻辑删除。档案保管部门应及时按年度对电子文件的接收、保管、利用和鉴定销毁情况进行统计。随着信息科学技术飞速发展，电子文档管理系统的功能日益完善，电子文档的管理工作在整个机关文书工作中的地位越来越重要。

思考题

1. 文件和档案的关系怎样？
2. 收文处理有哪些程序？
3. 发文处理有哪些程序？
4. 归档文件的分类方法有哪些？
5. 什么是电子文件的逻辑归档和物理归档？

第十五章　沟通与协调

在招聘涉外秘书的广告中，越来越多的“三资”企业、涉外单位要求应聘者具有沟通协调能力。也就是说，涉外秘书在单位内所处的联系上下内外、四面八方的枢纽位置，及作为上司身边的助手，日常广泛接触各色人员的岗位特点，使沟通协调日益成为涉外秘书的一项重要职责。沟通是手段，协调是目的。通过沟通，达到协调，这是一种必需的管理方法。

所以，掌握沟通协调技能，培养高明的沟通协调技巧，以协助上司进行有效管理，是涉外秘书应该具备的基本素质。

第一节　沟通概说

沟通是协调的基础，只有通过沟通，了解、掌握了情况，才能进行协调。所以，本节介绍沟通的含义、要素、种类、层次等概要知识。

一、沟通的含义和要素

（一）沟通的含义

沟通是人与人之间、人与群体之间进行思想与感情的传递和反馈，以求达成思想一致和感情通畅的过程。

从秘书学的角度而论，沟通主要指在公务活动中业务信息的传递和交流。

沟通是人类集体活动的基础，是人类存在的前提，没有沟通和群体活动，人类就不可能进化入人类社会。所以，沟通是人们生存、生产、发展和进步的基本手段和途径。

沟通是现代管理的命脉，没有沟通或者说沟通不畅，管理效率就会损失甚至断送。

沟通是人际情感的基石，良好的沟通才可以营造健康的人际关系。

（二）沟通的三要素

沟通由如下三要素构成：

1. 沟通的基本问题——心态（Mindset）

很多人以为沟通就是一种讲话的技巧，这是不对的。一个人的心态不对，他的讲话技巧再高也难以使对方接受，达不到沟通的目的。所以，沟通的基本问题是心态问题，即沟通时首先要排除不良心态，也就是端正心态，才能使沟通取得效果。

常见的影响沟通的不良心态有三种：

第一种，自私，只关心自己或自己和亲属好友，对别人毫无感情。别人的问题与我无关，多一事不如少一事，事不关己高高挂起，对他人漠不关心。

第二种，自我，以自我为中心，自我表现、我行我素，不顾他人的感受和不惜影响、损害他人利益。

第三种，自大，唯我独尊，总以为自己是最能干、最聪明的，自己的想法就是答案，藐视别人。

一个人一旦自私、自我、自大起来，就是心态不良的典型症状。

在人际沟通中，这三种不良心态时隐时现，它使人本身的辨别力不敏锐，理性受到阻碍，无法正常发挥，以致很难与别人沟通。所以，只有排除这些不良心态，才能和别人正常沟通。

2. 沟通的基本原理——关心(Concern)

关心，是一种问候与帮助别人的表达方式，是一种发自内心的真挚情感。关心和被关心是人类的基本需要。有人说，学会了关心就等于学会了做人，学会了生存。要和别人有效沟通，必须关心对方，包括关注对方的状况与难处、需求与不便、痛苦与问题。

3. 沟通的基本要求——主动(Initiative)

所谓主动，指当别人需要时，主动去帮助对方，主动反馈信息。

对涉外秘书而言，所谓主动，是在上司和同事发生问题时，主动去提供帮助；当问题产生后，主动解释，主动向上司反馈。

所以，对有效沟通而言，一要主动支援，二要主动反馈。任何公司和单位只要能同时做到这两点，沟通就会顺畅，解决问题就会轻松简捷。

二、沟通的种类

(一) 沟通的种类繁多

沟通按不同的标准，可以划分为许多不同的类型，如：

按是否使用语言，可分为：语言沟通、非语言沟通。

语言沟通是最直接有效的，是沟通的主要形式。语言沟通又可分为口头沟通、书面沟通、网络沟通等。非语言沟通指目光交流、表情反应、姿态与举止等肢体语言。它是沟通的辅助形式。

按相互间关系，可分为：个人间沟通、个人与团体沟通、团体间沟通；

按组织为主体，可分为：正式沟通、非正式沟通；

按沟通目的，可分为：工具式沟通、满足需要的沟通；

按是否经中间环节，可分为：直接沟通、间接沟通；

按信息流动方向，可分为：下行沟通、上行沟通、平行沟通，或纵向沟通、横向沟通，或单向沟通、双向沟通、多向沟通。

现就一些常用的种类作些介绍。

(二) 常用的沟通种类

1. 正式沟通

正式沟通指依据组织明文规定的原则进行的信息传递与交流。例如公司与公司之间的公函来往、公司内部的文件传达、召开会议、上下左右之间定期交流情况等。

正式沟通有下行沟通、上行沟通、平行沟通、外向沟通等几种。

2. 非正式沟通

非正式沟通是一种通过正式规章制度和正式组织程序以外的其他各种渠道进行的沟通。

3. 纵向沟通

纵向沟通是上下级之间的沟通。它是管理的重要手段。根据信息流向的不同，又可细分为下行沟通与上行沟通。

下行沟通是上级对下级的信息传递。它可以让下级机关和所属人员知晓组织的工作目标、任务和上司意图，明确自己的职责和工作要求。

上行沟通即下级对上级的信息传递。它可以使下级机关和员工表达自己的意见、建议和诉求，使上级领导了解下情，促进科学决策。

除书面沟通形式外，纵向沟通还可以采用广播、电视、电话、会议、谈话等多种形式进行。在纵向沟通中，涉外秘书起到枢纽和中介的作用。

4. 横向沟通

横向沟通也称平行沟通，即平级或无隶属关系的公司、单位、团体组织及人员之间的意见、情况交流。这种沟通，双方都是以平等的角色相互交流的，沟通的目的是为了增强彼此之间的了解、联系，减少误解和摩擦，促进合作。

5. 单向沟通

单向沟通指向一个特定对象所作的单线的定向沟通。这种沟通只要求对方接受、了解，而不要求回复，它只是单方向地传递某种信息或表达某种意向。例如向上司呈送无须批复的书面报告，礼仪性地发送贺电、贺信、感谢信等。

6. 双向沟通

双向沟通指要求对方反馈、回复，以求相互了解，进一步磋商的沟通。这种沟通的特点是信息传递有来有往，不仅要表达己方的意见、意图，还希望对方能认可、支持或合作。例如法定公文中的请示与批复、询问函与答复函，工作、外交上的互访，网上聊天等。

7. 多向沟通

多向沟通指同时向两个以上的对象所作的呈辐射状的沟通。既包括多对象的单向沟通，也包括多对象的双向沟通。这种沟通是为了达到多方面的理解、支持和合作的目的。例如，下行的普发性文件，如指示、通知、通报，公开发布的公告、通告，报刊发表的文章，广播、电视、广告等。

三、沟通的层次

在现代社会，任何个人和组织为了生存与发展，都必须与外界沟通。沟通有人与人之间的沟通，也有组织与组织之间的沟通。组织之间的沟通，从根本上说也是人与人之间的沟通。沟通就其达到的效果而言，可以分成由低到高的三个层次：

1. 信息沟通

信息沟通是初步的沟通，是全部沟通的基础部分。信息沟通就是把自己的情况告诉外界，同时了解清楚外界的情况。信息沟通是客观的，往往不涉及彼此的利害关系，容易被接受。信息沟通的作用是彼此了解情况，进而消除隔阂和误会，相互理解。

2. 认识沟通

认识沟通是比信息沟通更进一步的沟通。认识沟通是主观的，它表达各自的观点、意愿、看法和要求，涉及各自的利益，接受比较困难。认识沟通不能强迫对方接受，只能以适当的方式使对方自愿接受。

3. 感情沟通

感情沟通是更高层次的沟通。感情沟通是在彼此了解、理解的基础上建立的一种信任、友谊的联系。人是有感情的，真诚、有效的信息沟通和认识沟通必然导致感情沟通。感情沟通应当经常进行，它能强化组织内部的凝聚力，增进组织和外部公众之间的信任感，以相互谅解、理解、尊重、团结和合作。

第二节　有效的沟通方法

不管是日常生活中的人际沟通，还是单位里的工作沟通，沟通的基本方法都有语言沟通和非语言沟通两种。语言沟通又分口头沟通、书面沟通、网络沟通等。语言沟通是最直接有效的方法，因此，沟通应该以语言沟通为主，以非语言沟通为辅。

涉外秘书工作中的沟通，包括与上司、同事、来客和客户的沟通。沟通中，还得了解对方的人际性格，因人而异地采用不同的沟通方法。

一、沟通的基本方法

(一) 口头沟通

口头沟通包括当面沟通和电话沟通两种形式。

电话沟通请详见本书第二章“接打电话的艺术”。

当面沟通是面对面地沟通，能够显得亲切，也非常灵活。如果双方有不同意见，可以及时陈述、商讨，可以在吸收对方意见的基础上完善自己的想法，从而达到最佳沟通效果。因此，只要可能，涉外秘书对于那些重要或敏感的事情应尽量采用这种沟通方式。

1. 听的技巧

口头沟通包括“听”和“说”两个方面。

与人交往，融洽关系，不仅要会说，还要学会听。听是谈话艺术的重要组成部分。通过“听”，不仅可以从对方那里获得许多有用的信息，了解其情况和意图，还可以满足对方倾诉的需求，听也是尊重他人的表现。那么，怎么听才能更有效？

一要认真耐心。别人说话时，应该认真耐心地听他把话讲完。可是，有些人在别人讲话时，听到与自己意见不一致的观点或自己不感兴趣的话题，或者产生了强烈的共鸣，就禁不住插话或做出其他举动，致使说话的人思路中断、意犹未尽，这是很不礼貌的表现。当别人正讲在兴头上时，一般不宜插话，如果必须插话，也应该先举手示意并致歉后再插话。插话结束时还应该说一句“请您继续讲”。

二要专注有礼。在听别人说话时，要神情专注，精力集中，最好看着对方的眼睛，不能东张西望或干其他事情。当别人与你谈话时，你不能表现出心不在焉的样子，否则对方肯定会对你产生反感，因为他觉得你不信任他或不尊重他。相反，在对方说话时，如果你一直看着他的眼睛，表现出注意聆听的样子，他就会自然产生一种亲近感，愿意与你沟通。

三要呼应理解。当对方说到关键的地方或者快要说完的时候，听者应当点点头或者小声附和，表示自己在专注听他说话。如果对方说话时，你毫无表情，无动于衷，或者显得非常紧张，一动也不敢动，那对方就不明白你究竟是不是听懂了他的意思，所以，当对方说话时，你应该有所表示，让对方明白你已听懂了他的意思。

四要适当提问。提问也是一种呼应，表示你对谈话内容很感兴趣。但提问不能太多、太过随意，不能打断别人的讲话。在遇到冷场的情况下，可以通过提问活跃气氛。有时一个话题谈得差不多了，没有更多新的内容可谈时，也可以通过提问适时转移话题。

秘书在聆听上司谈话时，精神应该高度集中，没有听懂的地方也需要通过提问弄清楚。不能由于害怕上司责备而不问。特别是在安排工作日程的时候，对于时间和地点的安排，如果有不清楚的地方一定要问明白。

2. 说的技巧

涉外秘书日常要运用口语与上下左右、左邻右舍、四面八方联系沟通，不仅要及时，而且要准确，所以，对涉外秘书“说话”的要求很高。

秘书说话要注意以下几点：

第一，语言要准确无误。在与人交谈时语言要准确，否则不利于彼此的沟通。语言准确的含义，首先是发音准确，清晰，音量适中；其次是选词造句要准确，要选择表情达意最恰当的词句来使用；再次是内容要简明，说话要抓住要点，言简意赅，少讲废话；最后要少用方言，在公共场合交谈，应使用普通话，不能用方言土语，除不利于沟通外，也是不尊重对方的表现。

第二，语言要通俗易懂。秘书要与各方面的人打交道。这些人不止是本单位的，也有外单位的，所以，秘书说话时在语言上要有所区别，有些简称和略语在本单位里已约定俗成，大家都懂，但如果对外单位的人也这样说，则有可能让对方莫名其妙。所以，说话要看对象，要用对方能听懂的语言说话。

第三，语速要适中，语气要谦和。讲话的速度不能太快也不能太慢，太快太慢都会影响表达效果。说话太快，别人来不及反应，容易让人误解你是在吵架，说话太慢，也容易使人厌倦。另外，与人谈话时，口气一定要谦和，要平等待人，亲切自然。不要端架子、摆派头，以上压下、以大欺小，官气十足、盛气凌人，随便教训指责别人。

第四，必要时可以书面材料作补充。例如，筹备重要会议、撰写年终总结报告这类重要工作，由于事情重大，关系复杂，涉及面广，秘书在向上司口头汇报时不一定都能说得清楚；即使你说清楚了，上司对开会人数、会议程序这类细节问题也不一定记得住，所以，遇到这种情况，最好在口头汇报之外还辅以书面材料作补充。

（二）书面沟通

1. 适用书面沟通的情况

书面沟通是运用文字沟通，除了手写信函、打印的材料外，还包括手机短信、电子信函、QQ和微博等现代通讯方式。它的优点是比较简明扼要，可以反复阅读和长久保存。

书面沟通主要适用于以下几种情况：

需要沟通的人比较多而且分散，不适合当面沟通；

对方需要一定的时间来考虑你所提出的问题；

对方需要将你提出的问题当作书面记录加以保存，以便将来查询或作凭据；

对方需要按照规定的程序去完成你交待的工作，需要有书面的说明，可以按部就班，随时查阅。

2. 书面沟通的文字要求

使用书面沟通，其文字要求主要有两点：一是文字要简明、准确，二是表达要得体，语气要恰当。要用较少的文字表达丰富的信息，这样才能使人们愿意阅读、喜欢阅读，冗长的文字往往会使人望而生厌，达不到信息交流的目的；准确，是传递信息的基础，只有语言文字准确，才能进行有效的沟通；语言得体，语气恰当，才能有更好的表达效果。

3. 书面沟通的要点

书面沟通也有不利之处：一是如果对方不想看或没能看到，可以以“没收到”、“没看到”来推卸责任；二是对不利于自己的内容，对方看完了也可装成没有看。为防止出现这些情况，涉外秘书在书面沟通时应注意以下几点：

第一，信函主题鲜明，引人注目。

第二，信函措辞尽量避免使对方产生抵触情绪。

第三，信函送出后，用电话询问对方是否看到文件，有什么困难或意见，使对方没有推脱的借口。

（三）非语言沟通

1. 非语言沟通的作用

非语言沟通是相对于语言沟通而言的，是指通过目光、表情、声音（音色、音调、音量）、手势、体态、物体的使用和摆放、空间距离等方式进行沟通。

非语言沟通的作用主要有两点，一是辅助语言，非语言沟通一般情况下可以作为语言沟通的辅助手段，使语言表达得更准确、有力、生动、具体；二是替代语言，有时候某人即使没有说话，也可以从其非语言符号比如面部表情上看出他的意思，这时候非语言符号就起到了代替语言符号表达意思的作用。

涉外秘书在工作中，要同各种各样的人打交道，所以要格外注重非语言沟通在传达信息和交流思想感情方面的作用。秘书要培养自己非语言沟通的能力，配合语言沟通，使沟通更顺畅、有效。

2. 非语言沟通的要点

涉外秘书在运用非语言沟通中要注意：

第一，说话时要注意语气、语调、语速的配合。秘书在沟通过程中，根据不同的沟通对象、不同的场景，应采用相应的语气，并注意语速和语调。在沟通中，有些人喜欢用命令口气压制对方，其实这往往会使对方产生抵触情绪，适得其反。因此在沟通过程中，切忌语气强硬，语调过高，语速过快，而应多用协商的口吻，诚恳地或委婉地表达自己的意见，这样更能达到沟通的目的。

第二，善于运用目光语。“眼睛是心灵的窗口”，眼睛的奥秘在于它能如实地反映出人的喜、怒、哀、乐等情感变化和思维活动，反映出一个人的内心世界。目光语是运用眼神来传递信息、表达情感的一种表情语言。在与人沟通时，眼神要根据内容的需要而变化，不能随心所欲。眼神的运用要主动、自然。别人与你谈话的时候，你的眼睛要注视着他，不能旁顾其他，无论对方地位比你高或低，都要正视对方。眼神要随着谈话内容给对方以回应，表现自己交谈的真诚。善于运用目光语，可以使沟通更加顺利。

第三，经常保持微笑。微笑，是一种世界通用语，它可以向对方传达出友好、愉悦、欢迎、欣赏、请求、歉意等正面情感信息，它能大大缩短人们的心理距离，使沟通的双方彼此获得好感与信任，促进沟通的顺利进行。在职业活动中，当秘书走进一个办公室联系公务、坐到谈判桌前、接待来宾时，假如能首先给对方一个微笑，那么，对方就会感到你的友好与期待，从而也会报以微笑作回应，“愿意合作”的愿望就会从这无声的微笑中自然而然地流露出来。因此，微笑应该是涉外秘书最经常使用的表情语言，涉外秘书要经常保持微笑。

二、涉外秘书工作中的沟通方法

涉外秘书在工作中需要沟通的，主要是上司、同事、来客或客户。

（一）与上司沟通的方法

涉外秘书是在领导身边，帮助上司办文、办会、办事的助手。他们的工作性质决定了必须与上司关系融洽，那就要掌握与上司沟通的方法。

第一，要选择适当的沟通方法。秘书在与上司沟通时，到底是采用口头沟通还是书面沟通的方式，除了看具体情况适用于何种方式外，还要看上司喜欢哪种方式，不能以自己的喜好来决定。如果上司喜欢当面沟通，那就应尽量以当面沟通为主，书面沟通为辅；相反，如果上司习惯于看材料，不喜欢人家在自己面前罗嗦，那就应该以书面沟通为主。

第二，要摆正助手位置。涉外秘书是上司的助手，需要随时向上司汇报、请示、反映情况。在与上司的沟通中，秘书首先要注意摆正自己的位置，无论何时何地，秘书都是上司的辅助与服务者，对于份内的工作、上司安排的任务，应尽职尽责，认真完成，对职权范围外的事务不能擅作主张，要及时向上司请示、汇报。

第三，要了解上司，适时沟通。上司每天需要面对和解决的事情很多，涉外秘书要提前把沟通的目的以及表达的方式思考成熟，还要理解上司的心情。这样既能节省时间，也能使沟通更为有效。倘若在上司日程排得很满、心情又很糟糕的时候去与之沟通，往往会事倍功半，还会使上司反感。

第四，要抓住重点，及时反馈。涉外秘书每天都要处理不少的信函、接听许多电话，储存了大量的信息，这就要求他们学会筛选信息，将重要的信息及时反馈给上司，在向上司汇报工作或反馈信息时要分清主次，抓住重点，扼要切题。

（二）与同事沟通的方法

涉外秘书在公司、单位里，除了要面对上司，更多的时候是面对同事。在同事间建立良好的沟通，处理好相互之间的关系，会使工作氛围更加愉快和谐，还有利于工作的顺利开展。为此，涉外秘书在与同事沟通相处时要把握好以下几点：

第一，尊重他人，随和待人。每个人都渴望得到别人的尊重，尊重别人也就等于尊重自己。所以，在与同事的接触中，秘书一定要尊重对方，随和待人，不在同事背后说三道四，编排是非。对每一位同事都平等相待，千万不要因为对某个人有意见或看不惯，就不屑于与其说话，这样很不利于团结。有时简单的一声问候就能营造和谐的氛围，使工作顺利开展。特别对待老同志更要懂得尊重，要虚心向老同志学习。

第二，讲究诚信，对人宽容。诚信是人与人之间沟通的基础。涉外秘书在与同事相处时，要树立"诚信第一"的观念，答应别人的事情要做到，言必信，行必果。即使由于某种原因没有做到，也要诚恳地向对方说明，取得对方的谅解。与同事发生矛盾时要宽容忍让，自己错了就要道歉；工作中以大局为重，多补台，少拆台；对待分歧，应求大同存小异；听到一些议论自己的言论，也用不着去追根问底，要以一颗平常心对待，有则改之，无则加勉；如果在工作中与同事发生一些磕磕绊绊，要学会主动与对方和解。总之，宽容是一种美德，它会让你的人际关系更加和谐。

第三，关心他人，团结合作。要想和同事有良好的沟通，就要善于在"情"字上下功夫，无论是在工作中，还是在生活上，要学会和同事沟通感情。同事在工作中遇到了难题向你请教时，要耐心解答；同事在生活中遇到了难处时，要在精神上或者物质上及时给予帮助，使他感受到温暖；某些工作需要与同事配合进行时，要学会主动承担责任，不要斤斤计较。这样，会让同事认为你是一个很好的合作伙伴，从而愿意与你共事。

（三）与来客或客户沟通的方法

秘书经常接触来访的群众或办事的客户，与他们沟通时要注意：

第一，注重礼仪，热情礼貌。办公室代表着一个单位的形象，所以秘书一定要注意自身形象，包括穿着打扮、说话的语气和用词。无论来访者是何种身份，秘书都要笑脸相迎，给来者留下美好的第一印象。要主动询问来访者来访目的，尽可能地给他们提供相关的服务。

第二，耐心倾听，积极协调。办公室常常会遇到一些带有负面情绪的来访者，这时秘书首先要做一个忠实的听众，允许他们把心里话说出来，从中找出问题的症结所在。可以办理的，要与有关部门积极协商，及时给予解决；因种种原因不能办理或无法解决的，除了稳定来访者的情绪外，还要动之以情，晓之以理，耐心地向他们解释清楚，尽可能使他们满意而归。

详细方法可参见本书第八章"接待来宾"。

（四）沟通方法因人而异

为了保证沟通过程的顺利进行，首先要了解沟通对象的人际风格，是属于哪种性格的人，并顺应他的性格去沟通问题，以营造良好的沟通氛围，这容易使双方产生合作的意愿，取得彼此预期的效果。

属于分析型的人办事认真严肃、有条不紊、有计划、有步骤,动作少,面部表情少。因此,与他们进行沟通,要注意细节,遵守时间,要有记录,避免有太多的动作,尽量避免眼神的交流,身体后仰。

属于支配型的人办事独立果断、热情、有能力、有作为。因此,与他们进行沟通,要讲究实际效率,不要有太多的寒暄,直接说出目的,声音宏亮,充满信心,要有强烈的目光接触,身体要前倾。

和谐型的人比较好合作、有耐心,他们所关注的是双方良好的合作关系,喜欢别人的赞赏。因此,与他们进行沟通、交谈时需时刻充满微笑,说话要注意抑扬顿挫,并征求他的意见,要有频繁的目光接触。

表达型的人比较外向、直率、动作多、话多,与这种类型的人沟通交流时,需创造良好的气氛,眼神看着对方,声音宏亮,要伴有肢体动作,谈问题要比较宏观。

第三节　协调工作概说

协调指通过协商、调解,消除隔阂和矛盾,达到思想统一、目标明确、步调一致的和谐状态。

协调是实现组织目标的重要途径,是管理的一大职能。协调和沟通是密不可分的,沟通是手段,协调是目的,通过沟通,达到协调,这是一种日常的管理方法。

一、涉外秘书协调的作用和特点

(一)涉外秘书是合适的协调者

协调,原本是上司的一项主要职能,但是,由于上司工作的繁复,个人时间、精力的有限,决定了上司不能亲自参与许多具体事务的协调,需要依靠秘书去完成。作为上司的助手,秘书所处的联系上下内外、四面八方的枢纽位置,以及熟悉内部的全面情况、日常广泛接触各色人员的岗位特点,使他们成为适当的协调者。

所以,涉外秘书常常主动在自己的职权范围内去协调一些单位内部的纠纷,也被授权去协调各部门、各类人员、各项工作之间的一些较为重要的问题,以使企业或单位的各种活动趋向同步化、和谐化、秩序化、科学化,实现组织的整体目标。这个协调的过程就是协调工作。协调是管理的一项重要职能,涉外秘书进行的协调工作,也是协助上司在实施管理。

涉外秘书承担协调工作,也使领导从繁杂的协调事务中解脱出来,能将主要精力用于思考全局性问题和处理重要事务。如今的涉外秘书承担着越来越多的协调事务。协调已成为涉外秘书的重要职责。因此,社会上招聘涉外秘书的广告中,越来越多的"三资"企业、涉外单位要求应聘者具有沟通协调能力。

(二)涉外秘书协调的作用

1. 统一思想,步调一致

由于人们所处位置和利益关系的不同,对事物和形势的认识也不一样,在理解和贯彻上司决策的过程中，难免会出现一些认识上的分歧和行动上的不一致。通过涉外秘书的协调，能统一各部门的思想，协调各方的行动，步调一致，以保证决策的贯彻。

2. 形成合力，提高效率

任何系统和部门都是按一定规范、制度组织起来的，并按各自的目标和职责开展工作，在每个阶段都有各自的中心工作。如缺少必要的协调，势必会出现工作上的多中心、多重点、杂乱无序，造成工作上忙乱低效。只有加强协调，统筹安排，围绕中心工作，突出重点，分清轻重缓急，合理安排，才能使工作按预定程序运转，改变无序状态。协调能使无序变有序，能使每个单位、每个成员各行其权、各尽其责，使整个系统形成和谐统一的合力，同步运行，从而极大地提高整个公司或单位的工作效率。

3. 化解矛盾，融洽关系

了解和信任是做好工作的基础，失去了解和信任就无法进行富有成效的工作。在公司内部，涉外秘书是沟通上司之间、各部门之间的联系，保持组织机构上下、内外同步运转的中介。通过涉外秘书的有效协调，能够使各单位、各部门、各人员之间在工作上分工合作，增进了解，避免矛盾，扫除障碍，建立和谐默契的关系，从而化分歧为共识，使分力变合力，形成整体凝聚力。涉外秘书又是上司与部门的桥梁和纽带，他们积极主动地作好协调，有利于密切上司与基层以及广大员工的联系。

总之，涉外秘书协调的基本作用就是沟通信息，消除误会，化解矛盾，融洽关系，增强合作，使各部门和有关人员能以分工协作的形式，协同一致，形成合力，保证工作顺利进行，完成共同的使命。

（三）涉外秘书协调的特点

涉外秘书协调和上司出面协调不同，具有如下特点：

1. 主动性

涉外秘书协调工作具有主动性，是指当涉外秘书发现哪里出现了纠纷、矛盾，就自觉前去协调解决。因为，协调已成为他们的职责。无论是涉及上下级之间、部门与部门之间，还是相关员工之间的纠纷、矛盾，都要秘书发挥自身的积极性和主动性去协调，才可能被消除。被动式的协调不仅贻误战机，还会增加协调工作的难度。

2. 灵活性

由于纠纷、矛盾是随时可能产生的，涉外秘书的协调需要随之跟进，因人因事，灵活地进行调解，它没有始终固定的模式。这就要求涉外秘书具备高明的工作技巧，随机应变，才能处理好与协调对象之间的关系。协调工作本身也不是静止不变的，而是处于动态管理过程中，经常要面对突发的、复杂的状况，要根据事件的发展、变化，灵活机动地进行协调，方能奏效。

3. 时效性

秘书协调工作在大多情况下是为了解决一定时期或一个阶段工作中出现的紧急情况，所以，协调工作要及时，否则，时过境迁，会降低协调工作的实际效果，或者影响其他工作的进展。尤其是有些突发性事件的协调处理，对协调工作时效性的要求更加突出，涉外秘书要抓紧时机，及时调解，消除矛盾。

4. 差异性

涉外秘书所处的工作环境中，他们的上司、同事、来宾、客户中有外国人，这些外国人和中方同事、员工在语言、文化背景、价值观念、管理思想、工作方法，直至风俗习惯、饮食起居、穿戴修饰上都明显不同，很容易产生磨擦、矛盾。这种协调比中方人员间的协调难度自然要大。协调者既得懂外语，懂中外文化传统、文化背景的区别，又得懂业务，熟悉公司或单位情况，了解矛盾产生的原因和症结所在，才能胜任这种协调。涉外秘书正具有这些所需要的素质，因此，他们是这种协调的最佳人选。在这类协调中，涉外秘书要掌握的关键点就是理解双方文化背景、价值观念、管理思想、工作方法，直至风俗习惯方面的差异性，从此处入手，才能使协调奏效。

二、涉外秘书协调的种类

与沟通类似，协调按不同的标准，可以划分为许多不同的类型，如：

按协调对象的隶属关系，协调可分为纵向协调和横向协调；

按本单位为主体，协调可分为内部协调和外部协调；

按协调事务的角度和方式，协调可分为宏观协调和微观协调；

按协调是否有相对固定的程序，协调可分为程序性协调和非程序性协调；

按协调涉及的具体对象，协调可分为上司之间关系的协调、上下级关系的协调、部门之间关系的协调等。

现就一些常见的涉外秘书需要协调的关系作些介绍。

（一）协调上司之间关系

上司是组织的首脑、核心和灵魂，多位上司组成的领导集体的团结协作是组织充分发挥效能的决定性因素。但是，由于上司各自分管业务的局限，性格、知识、信息渠道的不同和认识上的差异，往往对同一问题会产生不同的观点，出现不和谐的情况，影响组织正常运作。

涉外秘书特殊的工作性质和地位决定他们要介入协调上司之间的关系。上司间产生矛盾后，涉外秘书应保持客观中立，采取不介入的态度，但如果影响工作，秘书则应以组织利益为重，出自公心，尽自己能力予以随机性协调。

涉外秘书协调上司之间的关系，其基本要求是为上司相互沟通情况、交换意见创造条件，避免互不通气形成隔阂和矛盾。涉外秘书要充分发挥自己处于组织信息枢纽的功能，在信息协调、目标协调和活动协调方面发挥作用，促进上司之间相互了解，消除隔阂。

涉外秘书要善于在上司之间进行沟通，如主要上司的意见、决定、签发的文件，需要其他上司知道的要及时告知；重要会议的决定、讨论意见，要将其内容及时传达给因公、因病而未出席的上司；涉及几位上司分工管理的工作，因观点不同，有时会顶住不办，秘书要主动综合各方观点，求同存异，沟通思想，使工作能顺利开展。

至于中方上司和外方上司之间，由于在语言、文化背景、价值观念、管理思想、工作方法，直至风俗习惯等方面都明显不同，更容易产生磨擦、矛盾。涉外秘书是这类协调的最佳人选。在这类协调中，涉外秘书要掌握的关键点就是理解、沟通双方的文化背景、价值观念、管理思想、工作方法，直至风俗习惯方面的差异性，从此处入手，才能使协调奏效。

协调上司之间的关系，涉外秘书尤其要掌握传话的原则，只传有利于团结的话，多做“说合”工作，不传不利于团结的话，更不能添油加醋，挑拨离间，加剧不团结。只有这样，才能使上司内部团结一致，同心协力。

（二）协调上下级关系

上下级关系是根据职务与地位高低所构成的领导与被领导的关系，它包括本级组织与上级领导机构、本级组织与下属部门之间的关系。协调上下级关系，是涉外秘书协调工作的重点。

上下级由于彼此所处的地位、职责不同，看问题的角度、认识不同而难免在工作中产生各种各样不和谐的情况。从上司来说，可能是工作方式简单，引起下级不服，或对下级不够爱护和关怀；从下级来说，可能是对上司不够尊重和支持，过多地考虑眼前利益和个人利益。尤其是牵扯到诸如工资、奖金、晋级、任务安排等切身利益时，与上司的隔阂、矛盾、冲突就特别明显。这时，秘书得积极主动地做好上下协调工作，运用各种手段沟通信息，疏通渠道，将上情及时下达，将下情迅速上传，不拖拉积压贻误时机，争取理顺关系。

协调上下级关系，关键是要促使双方换位思考，理解对方，明确自己的角色职责，做好本职工作。

（三）协调部门之间关系

“三资”企业和涉外单位整体功能的实现，一方面要靠上司和各职能部门各自尽责，另一方面要靠各职能部门的协调配合、整个单位的有序运转来实现。因为上司一般只是宏观指挥、大体控制，所以具体协调工作还是由助手涉外秘书来承担。

一项工作常需要多个部门共同参与，协作完成，涉外秘书往往受上司委派，牵头安排部署。这类协调，涉外秘书首先要认真分析工作涉及的部门，根据各部门的职责分工，召开会议，落实具体任务，并初步提出完成的时间期限。其次，工作开展后，要经常了解各部门的工作进展情况，并向上司汇报，经上司同意后提出新的要求。工作进行过程中，要和各部门进行经常性的信息沟通，使部门相互沟通了解，密切配合，做好工作。

（四）协调内外关系

内外关系指本单位与外单位之间的关系。对这种关系的协调，也称横向协调、对外协调。

任何一个单位都要和外单位发生联系，在改革开放深入发展的当今，各单位的横向联系日益频繁，协调内外关系显得更加重要。由于本单位与外单位没有隶属关系的制约，这种协调要以诚相待，在平等互利、互通有无的基础上，争取达到互相支持、相互合作、共同发展的目标。

协调中，涉外秘书既要维护本单位的利益，也要考虑外单位的利益，利益要均衡，分配要合理。协调还要注意社会效应，要树立本单位的良好形象。对与本单位关系密切的“关系单位”更要加强联系，主动搞好关系。

三、协调工作的范围

涉外秘书工作的复杂性决定了其协调范围很广泛，主要包括政策协调、计划协调、事务协调和人际关系协调多个领域。

（一）政策协调

政策协调就是在制定、贯彻政策过程中的协调。

在制定政策的过程中，涉外秘书要了解情况，收集信息，甄别归纳，提供给上司作为制定政策的依据。政策制定后，涉外秘书要将它拟成文件下发或口头传达，让各部门了解，明确各自的任务职责，协调各方面关系，使大家意见达成一致，共同努力落实政策。

在政策贯彻实施过程中，由于人们对某一项具体政策理解不尽一致，往往会出现一些矛盾和分歧，并且反映到上司这里来，这需要涉外秘书出面解释和协调，促进政策的贯彻执行。

（二）计划协调

计划协调是在制订和执行发展计划、行政工作计划时所进行的协调工作，目的是使整个单位按照既定的程序，步调一致，共同实现组织的既定目标。一般而言，计划的制订应充分考虑全局与局部、长期与近期目标的一致性，以及目标与区域、工作实际情况的适应性；计划的执行过程还受到人事、财务、政策、社会环境等因素的影响或制约，因此，需要对相关要素和计划各子系统的行动进行合理的协调。

计划协调包括以下两个主要环节：

一是计划制订环节的协调。这部分既包括总体规划与局部（部门）计划的协调，又包括长期计划与短期计划的协调，以及计划之间的衔接与过渡。通过对某项决策的实施作出切实可行、科学合理的计划，促进项目计划层层分解，任务具体落实，职责分工明确，让整个系统按照统一部署行动，出现不协调的可能性就较少。二是计划实施环节的协调。在决策目标实施过程中，各职能部门之间常因理解力、执行力不同，沟通协调不畅而发生问题，有些问题可以由部门自行协调解决，而有些问题因为本身复杂或涉及部门较多，就需要涉外秘书及时行动，通过调查研究、召开会议、通报进度等方式予以协调。

（三）事务协调

事务协调指日常具体工作安排中的微观协调。这种协调几乎渗透在秘书每一项日常工作之中。事务协调主要是办文、办会、办事的协调。具体而言就是文件制发处理的协调、会务工作的协调、信息工作的协调、办公经费与用品的协调等。

秘书要按照上司的意图，根据工作目标，考虑工作的轻重缓急，具体安排工作项目、工作步骤与活动日程等，使各项工作环环紧扣，密切配合，确保不因某一环失灵而影响全局工作。

以会务协调为例，单位内部提出要举行各种会议后，秘书需要按照精简会议、提高会议效率的原则，协调会议议题，对哪个会可开、哪个会可不开、哪些会可合并开，拿出具体的意见；如果会议涉及邀请上司或部门负责人，秘书还需要根据上司分工、日程安排和会议性质等情况，对上司的会议工作作出协调安排，提出建议意见。如此统筹兼顾，合理部署，可以避免会议重叠或人员交叉。同时，还可为上司腾出更多的时间、精力去研究本单位的重大事项，以提高工作效能。除此之外，例如会议室的综合调度、会议设备的使用管理、会议接待服务等更是秘书会务协调的应有之义。

(四) 人际关系协调

人际关系协调指使各对象之间关系达到和谐而进行的协调。涉外秘书的人际关系协调主要包括前述的上司之间关系、上下级关系、部门之间关系、内外关系的协调。

第四节 协调的原则、方法和技巧

协调工作有基本的原则,在这些原则指导下,可以创造出许多有效的方法和技巧。本节对之作些简要的介绍。

一、协调的三原则

涉外秘书要使协调取得成效,在协调中应该遵循如下原则:

(一) 服从全局

公司或单位的整体利益是协调工作的出发点,处理好全局利益与局部利益的关系,是协调工作成功的关键。全局利益往往带有战略性、长远性、根本性,但处于某一部门的人往往注重自身的局部利益和眼前利益。服从全局原则,要求秘书在对待协调问题时,必须有大局意识和全局观,坚持局部利益服从全局利益,个体利益服从整体利益,不得以全局利益的损害作为维护局部利益的代价;必须要求涉及的各个部门通晓大义,着眼长远,以大局为重,相互理解、合作,同心同德。

(二) 分级负责

分级负责是组织治理结构的核心,是管理协调工作的基础。该原则要求针对协调事项所涉及的具体内容,根据部门职责进行分工,按照管理权限和各负其责的要求,明确责任,分工落实,该由哪一层次协调的问题就由哪一层次负责协调。上级组织不要越级处理下级职权范围内的问题,下级组织也不要把自己职责范围内能够解决的问题上交给上级组织,

如果部门能解决的矛盾,自己不去积极协调,只知推卸给上级,这不仅影响工作效率,使矛盾久拖不决,而且会助长下级的依赖思想,不利于调动各方面的积极性,甚至会破坏整体的和谐。

对于下级组织解决不了而确需上司出面协调的问题,涉外秘书要及时汇报,并做好了解情况等基础工作,为上司协调作好准备。

(三) 平等协商

秘书在组织系统内的地位与权力特性,决定了其在从事协调工作中必须坚持平等协商的原则。秘书工作部门作为综合机构介入协调工作,它与协调对象并不是领导和被领导的关系,而是相互依赖、相互协调的合作关系。因此,秘书只有坚持平等协商、互惠互利的原则,在利益共享的基础上真实地传播信息、协调沟通,才能实现组织工作关系状况的良性循环。也就是说,涉外秘书必须平等地对待协调对象,主动、热情地传播信息,认真听取和考虑对方的意见、建议和要求,以促进理解,寻求合作,而相关职能部门也需要自觉配合秘书的信息反馈和协调沟通,以此使自己的需要得到充分、高质量的满足。只有这样,两者才能处于一种在平等基础

上的双向互动的关系中，这种关系的存在非常有利于组织的稳定和发展。

二、协调的方法

协调内容的广泛性决定了协调方法的多样性。常用的协调方法有以下几种：

（一）个别沟通法

个别沟通是指协调者与相关当事人采取一对一的沟通方式，就双方有关问题进行一对一的协调，这是秘书协调最基本、最常见的方法。这种方法主要适用于协调对象比较单一，协调事项较为个别化、纯粹化，且多属于认识、思想、感情领域的情形。与文件会签法、会议座谈法等相比较，个别沟通避免了过分拘泥于程序性的缺陷，手段更为直接、灵活，更有利于保护协调对象意见表达的私密性。通过建立相互信任的沟通基础，沟通双方均能无拘无束表露真实思想，提出不便在正式或公开场合提出的问题，从而统一思想，认清目标，明确各自的责任和义务，使问题得到解决。

个别沟通的渠道主要包括面对面、电话、短信、书信沟通等形式，在具体协调时，需要注意依据沟通对象的偏好、沟通环境的特征、沟通内容的侧重点，选择合适的沟通渠道，避免渠道的无效、单一和缺乏灵活性等问题。一般来说，面对面沟通是最有效的个别沟通形式，但有的人可能更喜欢进行书面沟通，尤其是向上司反映情况或汇报工作时，应该注意使用书面的形式；正式的业务内容沟通常采用书面沟通，但遇到需要反复沟通才能产生效果的情形，则用电话沟通显然更加高效；意见不同时，正式交流用当面沟通，试探性的问题用电话沟通效果更好，提醒问题，用便条或短信沟通即可。

（二）文件会签法

这是事务协调（尤其是文书处理）中常用的方法，目的是为了提高文件质量和效益，增强政策制定过程的严肃性、权威性和程序性，保证各职能部门意见磋商一致，措施得力可行。文件会签的方式有三种：一是会议会签，就是将有关单位集中在一起开会，对相关问题和文稿草案进行认真讨论，仔细磋商，取得一致意见后，进行会签；二是专业会签，就是对一些专业技术性较强的文件（如合同、协议等），采用专业会签进行协商，在双方认可的基础上会签，以便执行和检查；三是信函会签，就是对涉及范围广，又不急于下发的文书，可以把初稿打印若干份，附上要求，寄送有关部门征求意见，这样在文书下达后，有助于按文执行，统一行动。

（三）会议座谈法

会议座谈法主要适用于协调事项较为重要，涉及部门或单位较多，以及协调基层的有关事项等情况。采取会议座谈的方式，秘书可在作好充分准备的基础上，引导相关协调对象进行一种开放的和深入的讨论，交换意见，沟通思想，研究形成一致的协调意见，而不是简单地提出问题并征得参与者回答。与一般的文件会签等方法相比，会议座谈法覆盖的主题更加广泛，结构和深度更加灵活，数据收集和分析过程都更加便捷，参加者想要表达他们的观点和感情的愿望也更强烈，可以产生更广泛的信息、深入的理解和看法，更有助于协调者深入了解协调对象内心的真实动机。

（四）信息交流法

在现代组织管理中，决策者、管理者必须依赖信息来发挥计划、组织、领导、控制等职能，信息交流不畅、缺失，信息过载或延迟都会影响管理活动，阻碍管理目标的实现。在组织结构中，与其他机构相比，秘书机构具有明显的信息优势。秘书人员在日常工作中经常接触大量的文件、资料和消息等，通过对这些信息有意识地收集、筛选、加工、分析、分类整理、贮存与传输，并将有价值的信息汇报递送给有关领导和职能部门，秘书就能够为决策提供可靠依据，充分发挥参谋咨询职能；并且，通过信息交流反馈，上级和有关部门利用秘书提供的信息，也比较方便掌握全局或基层信息，判断和检验决策的理解和执行情况，从而促使有关各方加强理解，协调配合。

三、协调的技巧

涉外秘书们在协调工作实践中积累了不少行之有效的技巧、经验，兹归纳一些，以供参考。

(一) 对协调者的要求

1. 调查研究，实事求是

调查研究是协调处理问题的前提和基础。协调工作所面对的往往都是较为复杂的问题，涉外秘书切忌偏听偏信，主观武断，贸然行事，要通过科学的调查研究，弄清事实情况和原委，找出症结所在及对全局的影响，作出客观、准确的判断和实事求是的结论，才能使协调措施具有针对性。在主动协调时，涉外秘书通过走访、深入调研、收集热点难点问题，常常能把矛盾化解在萌芽状态，得到事半功倍的效果。

2. 统一协调，避免冲突

在协调中，协调主体应力求单一，尽量避免在同一协调事项中同时出现几个协调者。如果在同一事项中出现了多个协调者，这些人在协调目标的把握、协调方式的应用等方面很难达到完全一致，其结果往往是令人无所适从，甚至产生分歧冲突。当然，统一协调并不排斥这种情况：一个协调者协调无效后，由更高层机构的上司出面协调，此时，原来的协调者就需要视具体情况，判断是否要再介入协调。

如果双方矛盾太深，直接沟通有困难，可以寻找与双方都能沟通的第三方，请其出面进行协调。

3. 掌握政策，便于宣传

涉外秘书事先要了解掌握有关政策、方针、法律、法规，便于向协调对象宣讲、解释、教育，以期提高双方的认识并改变态度，达到在大方向、大原则下的协调。

(二) 协调技巧

1. 先易后难，逐步解决

当协调对象之间矛盾错综复杂时，涉外秘书不要企求马上或完全解决问题，而应分析矛盾的主次、轻重、缓急，分析各种有利与不利的条件，采取先易后难的解决办法。先解决好一两个容易解决的问题，增强信心，然后再逐步解决其他问题。

2. 求同存异，打开僵局

涉外秘书在协调中听取、了解双方的意见、要求时，应尽可能发现或寻找双方的共同点或近似点，并以此作为突破口，促使双方达成初步协议。其他不同意见可以各自保留，不必强求马上都解决，留待以后时机、条件成熟时再逐步协商解决。在这里，双方的共同点、近似点很重要，它往往就是打开僵局的关键。有了共同点或近似点就有了共同语言，有了讨论的基础，有了合作的可能。

3. 避虚就实，把握实质

协调中，当双方为了一些名义、提法或礼节等枝节问题而争论不休时，秘书应该引导、劝说双方避虚就实、增强理性、注意务实，以实际利益、根本利益、长远利益为重，把注意力转移到解决实质性问题上来。

4. 组织交谊，联络感情

在协调过程中，秘书可以提议或组织双方开展一些交谊活动，如到对方单位参观，一起聚餐、郊游、观看文艺演出等。这些活动便于彼此多接触、多了解，有利于培养感情、建立信任、增进友谊、促进合作，使协调顺利进行。

5. 避其锋芒，降温情绪

当协调对象双方矛盾较深，当事人又感情用事，情绪激动、言语激烈时，不要顶撞，应避其锋芒，不要急于求成，这时可让双方终止会谈，待各自冷静一段时间，情绪降温，恢复正常后，再行协调。冷处理期间，秘书可以从其他方面多做些积极、促进的工作，以求扭转局势，向好的方面转化。

思考题

1. 什么是沟通？什么是协调？两者的关系如何？
2. 按信息流动方向分，沟通有哪些种类？
3. 沟通有哪些层次？
4. 涉外秘书协调中的差异性特点指什么？
5. 协调有哪些方法和技巧？

第十六章　信 息 工 作

涉外秘书工作是建立在信息工作基础之上的，他们辅助上司实施管理也是建立在信息工作基础之上的，可以说，信息工作是秘书业务之源。

在“三资”企业或涉外单位内，涉外秘书是各种信息的集散中心，四面八方的信息传到涉外秘书那里，经过他们的甄别整理，再将有价值的信息分别转送给上司或各相关部门。因此，处理信息也就成为从事涉外秘书工作的基本能力，涉外秘书理应掌握信息的收集、筛选、加工、传输等基本知识和基本能力。

第一节　信息的特征和种类

信息是决策的基础，全面真实的信息是管理好企业所必不可少的，信息工作是管理和经营不可或缺的重要组成部分。本节介绍信息的含义、信息的特征和信息的种类。

一、信息的含义

信息的含义有广义、狭义之分。

广义的信息指各种事物运动特征和变化的客观描述。

与涉外秘书工作有关的是狭义的含义，即：以适合于通信、存储或处理的形式来表示的知识或消息。也就是说，信息是接受者原先不知道的事物发出的消息、指令、数据、符号等所包含的有用的内容。

人类通过获得、识别自然界和社会的不同信息来区别不同事物，得以认识和改造世界。这一狭义的信息是一个相对概念，因为接受者的情况不同，对一位接受者来说是新的有用的消息，对另一位接受者来说可能是早已知道的或无价值的明日黄花。

二、信息的特征

信息是物质的普通属性，但它不是物质本身。就一般信息而言，它主要有以下几个方面的特征：

（一）可识别性

信息是可以识别的，识别又可分为直接识别和间接识别，直接识别是指通过感官的识别，间接识别是指通过各种测试手段的识别。不同的信息源有不同的识别方法。

（二）可传递性

信息是可以传递的，传递信息的手段主要有视觉信号传递、听觉信号传递。视觉信号主要有文字、图像、表情、动作等，听觉信号主要有语言、音乐等。日常生活和工作中，人们常用语言、表情、动作、报刊、书籍、广播、电视、电话等来传递信息。现代数字信号传递是一种远距离快速传递信息的手段，它将信源发出的视觉和听觉信号转化为数字信息，再将数字信息转化为可感知的视觉信号或听觉信号输送给接受者。信息的可传递性是信息的本质特征，没有传递就没有信息。传递速度的快慢，对信息的效用影响极大。

（三）实效性

信息可供人们利用而产生实效性。信息作为一种资源，取之不尽，用之不竭，因而可以不断被开发利用。从信息所载的内容看，由于客观事物的复杂性和事物之间的相互关联性，反映事物本质和非本质的信息常常交织在一起，加上它们难免受历史和人们认识能力的局限，因而需要开发；从信息的价值看，利用信息可以开发出新的材料和新的能源。不仅新材料和新能源的开发有赖于信息的利用，而且新材料和新能源要得到充分和有效的利用，也有赖于信息。

（四）可分享性

信息一经传播，所有接受信息的人都可以利用它，这就是信息的可分享性。因此，对于那些涉及国家、单位或个人利益的不宜公开的信息，需要控制传播，注意保密；而对于那些传播出去有利于我方的信息，则要疏通传播渠道，加快信息的扩散，让尽可能多的人接收到。

（五）时效性

人们获取信息的目的在于利用，而只有那些及时传递出来并适合需求者的信息才能利用。信息的价值在于及时传递给更多的需求者，从而创造出更多的物质财富。信息时过境迁就往往失去价值。所以，信息必须具有新内容、新知识，“新”、“快”是信息的重要特征。对信息的接受者来说，信息价值的高低主要取决于其时效性，一般来说，超前信息和及时的信息具有很高的价值，而滞后信息则价值很小甚至完全失去价值。

（六）可存储性

信息可以通过各种方法存储，以便在将来提取供自己或他人利用。存储的方式有两种：通过人的大脑的记忆功能加以存储；借助于文字、摄影、录音、录像以及计算机存储器等进行存储。正因为信息可以存储，人类社会所拥有的信息总量才会不断增长。

（七）可扩充、压缩性

随着人们认识能力的提高和记录、传输信息手段的进步，整个社会所拥有的信息总量处于不断增长扩充的过程中。信息可以进行压缩，人们可以用不同信息量来描述同一事物。人们常常对信息进行加工、整理、概括、归纳，使之精炼、浓缩，用尽可能少的信息量描述一件事物。

（八）可转换性

信息经过处理后，可以由一种形态转换成另一种形态，以其他形式再生。如自然信息经过人工处理后可转换为语言、文字和图像等形态，也可转换为电磁波信号和计算机代码。输入计算机的各种数据文字等，可用显示、打印、绘图等方式转换成信息。

三、信息的种类

信息按不同的标准划分，可分成不同的种类。如：

（一）物化信息和非物化信息

按信息的存在方式进行划分，可分为物化信息和非物化信息。

物化信息又称有记录信息，包括实物型信息、文献型信息、电子型信息和网络信息。

文献型信息指记载在纸张上的书面文字信息，如书报刊物等，这类信息变化较慢，相对稳定、成熟，而且正规、严肃、庄重，但加工、传递速度慢；

电子型信息也称声像（电讯）信息，是记载在胶片、磁盘、光盘等材料中的信息。这类信息往往零散、不系统，动态性强、不成熟；

网络信息指从互联网上获得的信息，是由文字、视频、照片、图片等表达的信息。它是将信息变成电磁讯号或数字进行传播，形象感强，但储存和传递需要一定的设备和技术。

非物化信息也称无记录信息，指无物质载体的转瞬即逝的信息，如人们的口头语言、动作、表情，人们对事物表象的感知，以及凭大脑记忆的信息等。这类信息方便、快捷、形象，但不够严谨、正规。无记录信息被记载下来，就成了有记录信息。

（二）第一手信息和次级信息

按获取信息的方式划分，可分为第一手信息和次级信息。

第一手信息也称直接信息，是人们通过实地调查、直接观察获得的信息。这类信息来自实践，生动、鲜活，比较可靠，但数量有限。

次级信息也称间接信息，是人们从传播渠道和信息载体获得的信息，是经过他人加工制作过的信息，属于二三手资料。这类信息是大量的，但可靠性程度差别很大，需要加以鉴别。

（三）动态信息和静态信息

根据信息变化的快慢进行划分，信息可分为动态信息和静态信息。

动态信息是正在进行中的事物的信息，通常具有极强的时效性，新闻媒介每天发布的新闻、公司某项目的进展状况、工厂每天的生产情况都属于动态信息。

静态信息是记载过去事物情况的信息，它一般不具有明显的时效性，图书资料、文献档案中所记载的信息是静态信息。

动态信息通过记载和贮存可以转化为静态信息。

（四）初级信息和高层次信息

按信息价值高低划分，可分为初级信息和高层次信息。

初级信息是指零散的、粗浅的原始信息，它尚未经过深度加工、开发和处理，是对工作、生活中和网页上的信息以及各部门报送材料的初加工，如项目进度、情况报告、统计报表等。其特点是生动、具体，是对信息进一步作精加工的基础。但不成熟、不稳定、不系统、不完整、缺乏针对性，上司可以用它了解动态，但不能据此决策。因为它只是一些情况、事实，反映的只是事物的现象和外部联系，有待进一步开发。

高层次信息是指经过对粗浅、零散的初级信息进行重点调研、综合归纳，对积累资料进行深度开发、升华突破后形成的信息，如调查报告、可行性研究报告等。其特点是真实、系统、完整、宏观、典型、深刻，而且有情况、有分析、有预测、有对策意见，参考价值很大，作用显著，大大有助于上司作出全面、严密、准确和超前的决策。

高层次信息还可细分为三类：

1. 问题型信息

问题型信息指所反映的问题具有普遍性和典型性。其三大要素是问题、原因、对策，核心要素是对策意见。所谓“建设性意见”就是针对问题型信息中的对策意见而言的，其价值也体现在这里。

2. 经验型信息

经验型信息指做法具体、经验典型、借鉴性操作性强的信息。这类信息需要具备三个要素：做法（成绩）、效果、经验，核心要素是经验。

3. 建议型信息

建议型信息指针对某些人所共知的热点、难点问题而提出的解决方案。其三大要素是建议事项、建议理由、建议方案，核心要素是建议方案，即解难良策。建议型信息的价值在于所提出的解决方案必须具有可行性。

第二节　涉外秘书信息工作

涉外秘书工作是建立在信息工作基础之上的，他们辅助上司实施管理也是建立在信息工作基础之上的。所以，信息工作是秘书业务之源，是工作的重中之重。本节介绍涉外秘书信息工作的含义、主要作用和基本要求。

一、涉外秘书信息工作的含义

涉外秘书信息工作是指在辅助上司从事管理活动中，涉外秘书对信息收集获取、甄别整理、传递反馈、开发利用、储存保管的一系列程序活动。

这一概念包含丰富的内容：

第一，涉外秘书信息工作的目的是为了辅助上司从事管理；

第二，涉外秘书信息工作的主体是涉外秘书；

第三，涉外秘书信息工作的客体是信息，也就是其工作对象是信息；

第四，涉外秘书信息工作是一个对信息从收集获取到开发利用、储存保管的系列过程。

在“三资”企业管理的基础工作中，则习惯把包括原始记录、统计分析、技术经济情报、科技档案工作以及数据和资料的收集、处理、传递、储存等工作，统称为信息工作。

二、涉外秘书信息工作的主要作用

在“三资”企业或涉外单位内，涉外秘书是各种信息的集散中心，四面八方的信息传到涉外秘书那里，经过他们的甄别整理，将有价值的信息再分别转送给上司或各相关部门。涉外秘书信息工作的目的是为了辅助上司从事管理。

归纳起来，涉外秘书信息工作能产生如下主要作用：

（一）为上司决策提供依据

决策是上司最基本的职能。任何正确决策都不能仅凭主观意愿和经验，而必须建立在充分而准确的信息基础之上。

上司决策的目的有两个：一是为了解决实际问题；二是为了制定全局计划、规章制度，拍板重大业务等。正确、有效的信息是决策的基础，也是“三资”企业、涉外单位生存发展的保障。一个单位的管理是否有效，关键在于信息反馈是否灵敏、准确、有力，及时、准确的信息为上司正确决策提供了依据。

当上司的一项决策作出后，在贯彻执行的过程中还要接受实践的检验，正确的坚持，不完善的部分修改补正，错误的废除。决策的修改完善或废除，也必须以大量准确及时的反馈信息为依据。

市场经济条件下，竞争激烈，对于企业来说，信息的重要性是不言而喻的。即使有了资金、厂房、物资和能源，如果缺乏信息，那就是聋子、瞎子，难以办好企业，因此，信息是企业最重要的资源，谁占有的信息多、掌握的信息准确，谁就有了制胜的先机。

上司只有拥有充足、准确的信息，依据它作出正确的决策，才能领导企业前进，使它立于不败之地。而充足、准确的信息，是由涉外秘书提供的。所以说，涉外秘书信息工作能为上司决策提供依据。

（二）促进企业管理创新

涉外秘书是协助上司进行管理的助手，涉外秘书信息工作的目的就是为了辅助上司从事管理。

在传统企业管理中，一直把管理理解为通过计划、组织、人事、指挥、控制等各种职能的发挥，保障企业按预定方向、规则运行。当前，全球经济一体化进程的加快、资本市场竞争的加剧以及互联网的冲击，使企业必须摒弃以前滞后的管理模式，大胆探索，进行有效的管理创新，以赢得竞争。

面对挑战，人们都期望信息技术能成为企业的重要竞争力之一，能显著提高工作效率和质量，继而利用信息技术创新业务模式，增强企业的核心竞争力。这就是管理信息化。

管理信息化指企业广泛利用现代信息技术，开发信息资源，把先进技术、管理理念引入到管理流程中，实现管理自动化，提高企业管理效率和水平，从而促进管理现代化，转换经营机制，建立现代化企业制度，实现有效降低成本，加快技术进步，增强核心竞争力。

信息化的实现，会使企业的生产经营模式发生深刻的变化。对信息的快速反应能力是检验工作效率和竞争力的重要标志，建立企业和部门信息网络，实现信息化，既是社会需求，也是企业适应市场，促进自身发展的需要。随着信息化技术的发展和企业改革的不断深入，企业管理方式正在向创新管理转变。为适应企业管理方式的变革，就必须加强管理信息化创新方面的建设。涉外秘书信息工作将在其中起到不小的作用。

（三）保证日常秘书工作顺利进行

涉外秘书工作是建立在信息工作基础之上的，信息工作是秘书业务之源。任何具体秘书业务都离不开信息，信息工作既是涉外秘书的一项常规业务，又贯穿于秘书其他工作过程之中，是保证日常秘书工作顺利进行的前提。如：

涉外秘书起草各种文件时，所需要的数据、材料来源于平时收集积累的信息，信息是起草文件时的重要素材来源，起草文件材料必须首先掌握大量详细的信息，在此基础上，根据上司意图，经过分析、综合，形成更系统、更准确的新的书面信息，其写作过程就是对信息的加工处理过程。

涉外秘书每天都要处理大量的文件，从文件的起草、制作、分发，到收文、传阅、归档就是信息工作。这当中，不仅有有助于决策的信息，也有方便秘书自身工作的信息，应留心收集、保存，以备使用。

涉外秘书是会议的筹办者。会议是信息沟通、处理的重要途径，开会的过程就是信息交流、信息处理的过程。会务工作是确保会议信息有效流动，实现会议目的，涉外秘书又可以通过会议掌握新信息。因此，要做好会议期间信息的收集、传递、反馈等工作，做到多听、多记、多想，全面地收集掌握第一手资料。

涉外秘书要做好上下沟通联络、协调工作，必须先通过收集、处理信息，了解、熟悉沟通、协调对象的具体情况，才能有针对性地去调解。

涉外秘书经常接受上司和各部门主管的询问咨询，要知道诸如全公司员工的数字，去年产值的数据，某家客户的地址、电话号码，乃至一次航班起飞的具体时间等等。这就要求涉外秘书平时得注意收集积累，分门别类地储存、保管好这些信息，当遇到询问咨询时，才能及时检索、提供。

涉外秘书可运用各种信息，把相关部门沟通、协调起来，消除矛盾、明确分工，同步协作去完成共同的任务。

涉外秘书可利用信息之便，向部门主管反映各种情况，提建议，出主意，为部门服务。

总之，秘书工作的一切方面都离不开信息，各项日常秘书业务必须依靠各种信息作依据。涉外秘书信息工作是日常秘书工作顺利进行的保证。

同时，信息多，耳朵灵，综合判断、处理事务的能力就强，这也提高了秘书工作的效率。

涉外秘书每天接触到大量信息，也就是新知识、新消息，使自己，也使分享信息的上司增加了知识，开阔了眼界，有利于提高自身的管理水平和工作能力。

三、涉外秘书信息工作的基本要求

(一) 准确完整

准确，是指提供的信息要真实地反映客观事物。真实是信息的生命，科学决策和有效管理以及秘书自身工作，都是建立在真实准确的信息的基础上的。因此，涉外秘书在信息工作中，要以坚持实事求是的科学态度，尊重客观事实，如实收集、提供准确的信息。如向上司报送信息，应当有忧报忧，有喜报喜，不能只报喜不报忧。如果是间接得到的信息，则应该进行严格的鉴别和核实，不能将虚假信息提供给上司，更不能为了投上司所好，夸大、隐瞒、歪曲甚至杜撰信息。这会造成上司判断、决策的失误。

完整，就是要求提供的信息全面、系统、完整地反映事物全貌。为了保证提供信息的完整性，涉外秘书收集信息时，既要注意正面信息，也要注意反面信息；既要注意上层信息，也要注意基层信息。一件事情发生的时间、地点、人员（部门）、原因、结果、现状以及影响和采取的措施等，在信息中要反映齐全。为了抢时间一时报不全的，可以分阶段报，这时，可以加一些限制词语，如“据说”、“据初步了解”等，过些天再报来经过核实的材料。这样即使与前面的有出入，上司也可以理解。

（二）及时高效

及时，指涉外秘书在信息工作中要有时间观念，以最快的速度收集新的动态信息，并且及时将其中有价值的信息提供给上司和相关部门。

高效，主要指信息的加工整理、传输等环节要讲求效率，要用最少的时间、精力，最快的途径传递出高质量、大容量的信息。

对信息工作及时高效的要求，是由信息本身的时效性决定的。领导工作固然需要利用过去的静态信息，但大量需要的则是动态信息，动态信息的价值取决于是否及时利用。因此，涉外秘书对动态信息收集要快，整理要快，传输要快，以使信息获得最高的效益。

（三）经济适用

经济，是指提供的信息量既要满足上司工作的需要，又不过多过滥。信息不足固然会使上司耳目闭塞，信息过量也会分散领导的精力，干扰工作，提供的信息要适量。

适用，就是信息工作要有针对性、选择性，要符合上司的实际需要。不同性质的单位需要不同的信息，不同层次和分工的上司对信息的需求也不一样，同一单位、同一上司在不同时间对信息的需求也有差别，这就要求涉外秘书根据不同情况，收集并提供对当前工作有较大参考价值的信息，避免盲目性。

经济和适用是相互关联的，信息过量是由于提供许多不适用的信息造成的，另一个原因，是缺乏对信息的加工。许多原始信息虽然及时适用，但是，如果条目过多，文字量过大，也不利于上司利用，需要涉外秘书归纳、综合，或摘要、提炼，将经过浓缩的信息提供给上司。

（四）明确服务对象

涉外秘书是上司身边的助手，上司是他们第一位的服务对象。尤其外资企业中的涉外秘书，他们和上司是一对一的隶属关系，一位上司只配备一名秘书，制度规定这位涉外秘书是为这位上司的工作服务的。所以，涉外秘书在信息工作中，要明确服务对象，首先是为该上司提供信息服务，满足其对信息的需求，根据他的要求进行信息工作，以保证他获得充足、准确、有价值的信息，使他的管理工作得以顺利进行；其次是为上级领导机构提供信息服务；再次是为下级部门提供信息服务。

第三节　信息处理程序

信息处理程序指信息的收集、甄别、核实、分类、提炼、分析、归纳、编制、传输、反馈、存储、开发利用等一系列活动的步骤和方法。

一、信息的收集

信息的收集指涉外秘书通过平常积累和临时突击收集等方式，有意识地获取各类与本单位相关的信息。这是信息处理的开端，也是整个信息工作的基础。

（一）信息收集的范围和渠道

“三资”企业和涉外单位的涉外秘书，其需要收集信息的范围，除了历史信息外，大致包括内部信息和外部信息两部分。

1. 内部信息

内部信息可以分为管理类、科技类、财务类和人事类。

（1）管理类

行政管理：行政事务、治安保卫、审计工作、人事劳资、教育工作、医疗卫生、后勤福利、外事工作等；

经营管理：经营决策、计划工作、物资管理、企业管理等；

生产管理：生产调度、质量管理、能源管理、安全管理、科技管理、环境保护、计量工作、标准化工作、档案与信息管理、基建管理、设备管理、合同等。

（2）科技类

产品文字材料：各种任务书、建议书、协议书、说明书、鉴定书、试验大纲、试验报告、分析报告、审查报告、运行报告、总结、产品图样等；

科研文字材料：各种合同（协议书）、任务书、科研报告、调查报告、开题报告、实验报告、鉴定证书、发明专利申请书等；

基建文字材料：各种建议书、任务书、计算书、开工报告、概（预、决）算、检验分析材料、施工图样等；

设备文字材料：各种申请书、说明书、技术规程、维护保养规程、设备图样等。

（3）财务类

会计报表：会计决算报表、月（季）度会计报表等；

会计凭证：原始凭证、记账凭证、汇总凭证、各种借据、书面证明材料等；

账册：日记账、总账、明细账等。

（4）人事类

包括企业职工的招聘、培训、考核、奖励、处分及履历、登记表等。

2. 外部信息

外部信息主要有：

（1）政府颁布的与本企业或本单位有关的方针、政策、法规等，这些信息是企业或单位经营的法律保障、办事依据。

（2）上级领导机关或主管部门发布的与本企业或本单位有关的指挥性、指导性或参考性意见。

（3）对本公司、本单位的产品、服务、工作的反馈信息，如用户的评价、意见、要求、建议等。

（4）同行单位以及国外同行的新进展、新做法、新经验、新产品、新技术等，这些信息可与本单位的情况比较，具有重要的参考价值。

（5）企业和单位所在社区的社情民意。

3. 信息收集的渠道

涉外秘书获取信息的渠道众多,常见的有:信息网络渠道、文件渠道、书刊渠道、调查渠道、会议渠道、来访渠道、科研渠道、档案渠道、新闻传媒渠道、通信渠道。

其中的信息网络渠道是指企业、单位通过设立信息部门、信息联络点或信息联络员,组成纵横交错的信息网,通过它们把分散在各处的有价值的信息直接、及时地汇总到涉外秘书处,经处理后提供给上司参考利用。这是“三资”企业和涉外单位内部收集信息的制度性渠道,也是收集内部信息的最主要渠道。

(二) 收集信息的常用方法

涉外秘书获取信息的方法颇多,常见的有:网络查询法、文字阅读法、收看收听法、会议记录法、专题调查法、留心观察法、相互交流法、索取求购法。

其中的留心观察法是指用感官认识客观事物的方法,在日常工作及调查研究中,这是收集直接信息的主要方法。用观察法收集信息,需要有敏锐的观察力,有的人到一个部门走一趟,可能什么有价值的信息也得不到,而另一个人去了,却能得到许多重要信息,这就是观察能力的差别造成的。观察事物要全面、细致、深入,善于透过现象看到本质,要把观察到的现象与过去的或其他单位的情况比较,才能发现事物的特征和变化。

留心观察法的优点是方法简单、灵活,容易获得较为客观的第一手信息,它适用于对环境、人事、事件实际状况的了解。缺点是容易受表面现象蒙蔽,观察效果也会受秘书的观察能力影响。

相互交流法指各单位、各行业都有自己的信息刊物,如简报、内参等,这些信息属于内部信息,资料的适用性、指导性很强,一般不对外公开,可以通过相互交流方式获取有关信息,为我所用。相互交流可以在一个信息系统内各信息点或分支机构之间进行,也可以同信息系统外的某些单位建立经常的信息交换关系。交换信息要本着互利互惠的原则,处理好给与取的关系。

索取求购法指通过索取和求购获取信息。

当需要某一方面的信息资料时,可用文件、信函或电话向有关单位要求提供相关信息。索取信息的对象可以是上级信息部门,也可以是下级基层部门的有关人员,还可以是不相隶属的其他单位。

近年来,社会上产生了商业性信息服务公司,提供有偿信息服务。企业、单位需要时,可以向他们购买信息,或付给佣金,委托收集某方面信息。

二、信息的甄别和整理

(一) 信息的甄别

信息的甄别是指对获得的大量信息分析研究,剔除过时的、虚假的、重复的、意义不大的,选取内容新、情况真、事实准、针对性强、有价值的信息。这一过程就是对信息辨别真伪的过程,是对信息内容的初步鉴别,其目的是让领导用最少的时间获得最大量的优质信息。经过对信息的甄别,大部分信息被舍弃,剩下有价值的信息只占少数或很少数(有研究表明只占

5%—10%)，然后对这些信息进行核实。

甄别信息要谨慎从事，不妨把筛选的标准放宽些，范围放大些，以避免将有价值的信息筛选掉。

（二）信息的核实

核实信息是指对甄别后的信息，通过查找出处、咨询专家、实地考察等方式进一步查证，确保信息的准确、真实和完整。以保证输出的信息不存在错误和疑问。

有些信息内容基本真实，有一定价值，但其中某些具体数据、细节有疏漏或存疑之处，应向信息提供者进行查询，予以改正；对某些明显笔误、计算错误，涉外秘书可以直接进行改正；发现某些信息不完整，就得加以补充。补充的材料可以是以前掌握的，也可以通过向信息提供者索要或临时调查等收集。

（三）信息的分类

不同种类的信息有不同的用途。经过甄别和核实的信息需要再次分类，以便分门别类地传输利用和存储。

分类首先要依据时效性，分为立即处理和不需要立即处理的两部分；

其次根据接收者的需要，将信息分为不同门类，如在"三资"企业中可分为管理类、科技类、财务类和人事类。

这种分类既便于把不同内容的信息分别输送给不同的对象，也便于按类别、有条理地贮存，又便于对信息进一步加工整理。例如，把许多管理类的信息集中加以比较、分析，进行专题研究，就可能发现某些问题，而如果把这些信息和其他类别的信息混杂在一起，就很难作这样的研究了。

三、信息的深度加工

（一）信息深度加工的含义

信息的深度加工是指对经过甄别、核实、分类的信息，再作提炼、分析、归纳、综合和编制，使之成为完整、系统、可供利用的信息的过程。

信息的甄别、核实、分类偏重于对信息去伪存真、去粗取精，信息的深度加工则是对信息进行由此及彼、由表及里的开发、提升，使信息在数量上得以浓缩，在质量上得以提高的过程。

（二）信息深加工的方法

信息深加工的方法有：浓缩法、归纳综合法、纵深法、扩充法、对比法、转换法、图表法、剪接法等。其中最重要、最常用的是浓缩法和归纳综合法，兹作简介：

1. 浓缩法

浓缩法指对信息的浓缩提炼。经过甄别筛选保留下来的信息材料，有的篇幅冗长，有的菁芜夹杂，有的过于零碎肤浅，不能反映事物的本质。对这些信息材料需要浓缩和提炼。

浓缩是在不损失有用信息的前提下，把篇幅过长的信息压缩成简短的信息，这需要涉外秘书具有较强的概括能力。

提炼是通过对许多零碎、肤浅、杂乱的信息的分析，运用逻辑推理得到高质量的信息。

2. 分析综合法

分析综合法是紧密结合、不能割裂的两种方法，分析法指将信息分为各个部分、方面、因素和层次，并对这些部分、方面、因素和层次分别进行研究和认识的方法；综合法指将信息的各个部分、方面、因素和层次联结成一个整体加以考察的方法。采用分析综合法加工信息就是对信息既分解又综合来认识。

一般地说，通过浓缩法、分析综合法等方法，对信息深加工后，能提升出有高度、有重点、有规律、有对策的高层次信息，也就是能反映事物全貌、揭示事物本质和规律、预测事物发展趋势的信息。

四、信息的传输和存储

信息的传输是指把加工后的信息，通过不同的传输手段和途径提供给需要者，达到信息服务、沟通或利用的目的。信息传输的速度越快、范围越广，信息的利用、共享和增值的作用就越大。

（一）信息的传输

1. 信息传输的方向

对于“三资”企业和涉外单位而言，涉外秘书的信息传输大致分为两个方向：内部传输和外部传输。

内部传输又包括上行传输、下行传输，传输的首要对象是所服务的上司。所属职能部门、内部员工需要某一方面信息，可以通过内部公文、报刊、宣传栏、闭路电视、局域网等传输、发布。这样，有利于上情下达、下情上达。

外部传输属于一种平行传输。主动、及时或定期地向新闻媒体、同行单位、客户或外部其他社会公众等传输、发布本单位可以公开、共享的信息，有利于获得社会公众、客户的理解、支持和友好合作。

2. 信息传输的管理

涉外秘书对信息传输要予以管理，以保证合法、合理、经济有效地传递信息。

首先，要管理信息需求。因为，不同的对象需要的信息不一样。涉外秘书要据此按需传递，即根据对方的需要，传输不同的信息。

其次，要管理信息共享的程度。信息既具有共享性、公开性，同时也具有保密性、隐私性。涉外秘书掌握大量可共享、公开的信息，还接触大量机要性、保密性、隐私性信息。在信息传输中，要根据信息内容和接收对象的不同，区别对待，注意上下有别、内外有别，遵守保密守则。

再次，要管理信息传输的时机。信息提供得太早、超前，不到需要的时候，就难以引起对方的注意。信息呈送的时机，应在对方正需要之时，这时最容易被采用，最能发挥信息的作用。

至于信息传输的方法有很多，如口头传输、书面传输、电话报送、电报递送、传真递送、网络传递、音像制品传递、单位会议传输、新闻发布会传输，以及板报、墙报、宣传栏、公告板等传输方法，涉外秘书可按需要选用。

（二）信息的存储

信息存储指将信息保存在某种载体中，以备应用的工作。

信息存储的意义在于:有利于充分利用信息资源,有利于开发深层次的信息,有利于提高秘书工作效率。

信息存储贯穿于信息工作的全过程,不仅已加工的信息需要存储,信息工作最早阶段收集的信息也必须先存储,才能进行后续处理。

信息存储的载体,除传统的纸质载体外,还有录像带、胶片、缩微胶片、光盘、U盘、计算机、多媒体存储等许多种类。涉外秘书可按需要选用。

信息存储(主要指加工后的信息)的基本要求是:认真筛选,科学分类,系统完整,便于检索。具体做法类似于档案管理,可参见本书第十四章“文件处理和档案管理”中的有关内容。

第四节　网站的信息管理

网络是当代社会最便捷的信息传播工具。“三资”企业和涉外单位大多建有自己的网站(网页),网站最主要的功能是传播信息、介绍自身、沟通上下左右内外联系。因此,单位网站的信息管理就成为信息工作的重要部分,成为涉外秘书的一项新业务。

一、网站信息管理概说

(一)网站管理和网站信息管理

网站管理是指网站的运行管理,包括网站的日常维护和人员的管理。

网站信息管理只是指对网站信息工作的管理,即对信息的采集、审核、编辑、上传、发布、更新或撤销,以及信息安全等的管理。所以,它实际上主要是对网站信息的内容进行管理。网站信息管理不是网站管理,但又和网站管理关系密切,属于网站管理的一部分。

(二)涉外秘书和网站信息管理

按照政府关于网站管理的法规,单位的网站必须设有网站管理员或管理队伍,其任务和职责是:负责网站的信息收集汇总,网络版面设计、调整,栏目改换设置、内容更新,新闻发布以及其他信息材料的录入与发布,日常管理与维护等。

规模小、人数少的“三资”企业、涉外单位,尤其是一般外国驻华机构,大都由涉外秘书兼任网站管理员;规模大、人数多的“三资”企业、涉外单位,重要的外国驻华机构(如使领馆),虽然设有网站管理员或管理队伍,但由于涉外秘书在单位里处于信息集散中心的重要地位,他们势必参与和协助网站信息管理。

网站管理员按照政府关于网站管理的法规,在单位上司的领导下管理网站,但是,他们对链接的网站没有管理的义务,也不负管理的责任。单位下属的各职能部门也建有各自的网页,成为单位网站的组成部分。

(三)网站信息管理的法规

当代社会,互联网已经成为整个社会和广大公众不可或缺的联系纽带,整个社会都已意识到网站在传播信息、制造舆论、扩大影响等方面的重要作用。为了使网站能合法、合理、正常、顺利地发挥作用,政府制定和颁布了一系列法规性文件。这些文件是网站管理员,包括涉外秘书从事网站信息工作的依据，应当了解并遵照执行。这些文件主要有：

《计算机信息网络国际联网安全保护管理办法》

《中华人民共和国计算机信息网络国际联网管理暂行规定》

《中华人民共和国计算机信息系统安全保护条例》

《中华人民共和国电信条例》

《全国人大常委会关于维护互联网安全的决定》

《互联网信息服务管理办法》

《互联网电子公告服务管理规定》

《互联网站从事登载新闻业务管理暂行规定》

《互联网等信息网络传播视听节目管理办法》

《互联网文化管理暂行规定》。

(四)“三资”企业网站信息的主要内容

既然政府如此重视，制定和颁布了这么多的法规性文件，来规范单位网站的信息管理工作，那么，单位网站上一般展示、传播什么样的信息呢？

以“三资”企业官方网站为例，普遍都开辟有企业介绍、产品或服务、客户服务、网上业务、联系我们、人才招聘、论坛、微博等板块。这些板块展示的信息主要包括以下内容：

介绍企业历史、内部职能部门、企业文化；

发布产品消息，增加产品曝光率，扩大品牌影响；

从事电子商务，处理网上订单，提高产品销售量；

网上市场调查，及时了解客户需求，制定营销策略；

收集反馈意见，提供售后服务，满足客户需求；

网上客户服务，处理在线咨询，解答客户问题。

可见，“三资”企业网站展示、传播的信息，是围绕企业宗旨，为企业的生存、拓展而服务的。

二、网站信息管理的要点

网站信息管理包括信息的采集、加工、审批、创建、发布、审计、修订、转化、存档、销毁等一系列流程。其中的要点是：

(一)依法传播信息

网站信息管理，首先要遵守我国信息产业部颁布的《计算机信息网络国际互联网安全保护管理办法》的规定，即：任何单位和个人不得利用国际互联网制作、复制、查阅和传播下列信息：煽动、抗拒、破坏宪法、法律及行政法规实施的；煽动颠覆国家政权，推翻社会主义制度的；煽动分裂国家、破坏国家统一的；煽动民族仇恨、民族歧视，破坏民族团结的；捏造或者歪曲事实，散布谣言，扰乱社会秩序的；宣扬封建迷信、淫秽、色情、赌博、暴力、凶杀的；公然侮辱他人或者捏造事实诽谤他人的；损害国家机关信誉的；其他违反宪法和法律、行政法规的。

对此，网络管理员一方面必须遵照执行，依法传播正当的信息；另一方面要注意尊重网民的言论自由，不能动辄删帖，引起矛盾。只有确实违反宪法和法律的言论才能依法过滤。

（二）上司批准后才能刊登

网站管理员对各部门提供的信息，及时进行统一分类、整理，汇总成发布稿件后，须报主管上司（或上司授权的人员）审批后才能在网站上发布，尤其是有关本单位重大活动的新闻、主要上司的内部讲话、单位及上司的外事活动、重大访问、来访活动等重要信息，须经上司审核确认后发布，以免造成不良后果。如果网站页面需要改版，也由网站管理员预先设计出方案，报单位上司审核、批准后方能执行。

（三）按需编辑

"三资"企业网站的基本作用除了满足上司与内部员工的工作需要外，最重要的就是吸引用户和目标公众的关注，保持持续不断的信息交流与沟通，从而扩大单位知名度，提升单位外部形象，有利于企业的生存发展。所以，网站信息的制作与展示要满足访客对信息的需求，按需编辑。同时，要形成自己特色，千篇一律的网站信息是不能持久吸引访客的。如何使信息的制作与展示形成自己的特色呢？

1. 信息具有价值和原创性

网站上的内容应该具有价值和原创性。网站应该刊登有价值的信息，如"三资"企业将产品名称、主要成分、作用、适用范围、照片、商标、报价、售后服务等详细资料放在网站上，再将网上订购方法、联系方式也放上去。这些信息对用户来说就是有价值的信息。

网站上的内容具有原创性，才有可读性，才能吸引网民。网站管理员要留心收集原创性的内容，如论坛里的帖子就具有原创性。据研究，一个企业网站的内容只有20%是靠员工创作提供的，80%得靠用户创作提供。这些用户创作提供的内容，大都是原创的、鲜活的、能吸引人的。所以，网站管理员可以开辟客户调研、在线沟通、留言板、公众论坛、经理信箱等专用通道，鼓励网民积极创作，提供上传内容，并及时收集、汇总和利用。

这样，保持信息具有价值和原创性，网站才有生命力。反之，一个网站的内容如果大部分是复制来的，是别的网站的翻版，那么，这个网站就没有存在的必要了。

2. 方便下载和打印

网站信息要具备下载和打印功能，以让用户方便地获取信息。用户是网络信息的直接利用者和实践者，网络信息的价值要经过用户的利用才能得以实现，而用户总是希望检索那些易于操作、查寻、传递的信息。因而，信息的价值主要表现在传输与反馈速度快、网页界面友好、操作简单等方面。一个访问速度缓慢、信息查询下载繁琐的网站，即使其水平再高，对用户来说也是"没有价值"的信息。

对于企业来说，可公开的产品的照片、表单、说明书等资料，最好做到可以从网上直接下载和打印，便于访问者在网下研究企业产品及其服务。

（四）定期更新

网站的功能是为单位、社会服务，其基本作用之一是发布、交流信息，而信息的时效性决定了其内容必须及时更新。

网站信息更新是指网站版面、栏目信息更新和控制信息发布、更新频率，包括对信息的格式、内容和信息的显示效果的处理等。

一般情况下，网站主页面原则上每年进行一次审订或改版。改版内容包括：页面的动画、颜色、栏目组合；技术支持、客户服务、论坛等栏目每季度变化一次，应具备时效特色；产品简介、成功案例等栏目根据产品和客户情况半月报审修改，页面要适应产品特色和客户需求；新闻栏每个工作日都要更新；公司的网站新闻信息则应该每星期更新一到两次，而且应具备动感和多样形式。除主页的信息要及时更新外，还应该督促各下属部门的网页及时更新。

网站内容更新除了及时增加最新信息外，还得同步清除陈旧信息。如果要保存某些旧信息以供查询，则可将它们分门别类地放到“历史回顾”、“历年文件”之类的专门目录中。

三、网站信息的双向沟通

网站是信息双向沟通的渠道，它不但使上司可以通过网站向内外公众发布信息，内外公众也可以通过网站反馈信息，对上司提出许多具体要求、意见和建议。网站也可以主动开展网上调查，收集用户反馈信息，这些反馈信息对企业制定政策、改进工作有重要的参考价值。涉外秘书应该把它作为重要的信息资源，收集、研究。同时，对公众反馈的信息要及时处理。

为此，网站要开设交互功能或用户在线反馈互动功能，这不仅可以让访问者反馈建议，而且在与用户保持邮件往来的同时，可鼓励用户多访问自己的网站，了解本公司各方面的发展，浏览新发布的产品，发掘用户潜在需求。

交互时最重要的是要实事求是地注明响应时间，便于留言者有计划地访问网站，不会由于多次查看得不到答复而失去对网站的信任。如有可能，将前期的回复一并放到网站上，供后来者参考。

思考题

1. 信息有哪些主要特征？
2. 涉外秘书信息工作有哪些主要作用？
3. 涉外秘书信息工作有哪些基本要求？
4. 信息处理程序包括哪些主要环节？
5. 网站管理和网站信息管理有何区别？

第十七章　调 查 研 究

调查研究既是人们认识世界的最基本途径，也是科学决策和实施管理的基本前提。

调查研究是涉外秘书的一项重要的业务，也是一项有相当难度的业务。

调查研究是一个由系统的理论和方法组成的完整的知识体系，其主要内容包括调查研究的基本理论、基本类型、基本程序、基本方法和基本原则等。这些都贯穿于任何一个具体的调查研究全过程之中。

涉外秘书要能够承担调查研究业务，就需要学习和掌握这一知识体系。

第一节　调查研究概说

什么是调查研究？它有哪些种类？完成一次调查研究要经过哪几个环节？涉外秘书要从事调查研究，就得先了解这些调查研究的基本知识。

一、调查研究的含义

调查研究，习惯称调研，指人们有计划、有目的地运用一定的手段和方法，对有关社会事实进行资料收集整理和分析研究，进而作出描述、解释，提出对策的社会实践活动和认识活动。它是人们认识社会、改造社会的一种科学方法。

调查研究包括调查和研究两大环节。

调查是指通过各种途径，运用各种方式方法，有计划、有目的地了解事物的真实情况。

研究则是指对调查所获取的材料进行去粗取精、去伪存真、由此及彼、由表及里的思维加工，以获得对客观事物本质和规律的认识。

调查和研究两大环节既有明显区别又有紧密的联系，是互相贯通、不可分割的整体。调查是研究的前提和基础，研究是调查的发展和深化。没有调查，研究工作无从展开；没有研究，调查就失去了意义。

同时，在进行调查时，伴随着初步的分析和研究，这样才能使调查有的放矢，沿着正确的方向进行；在分析研究过程中，有时需要对一些问题进行局部、进一步的补充调查，以便更全面地弄清事情的真相和来龙去脉。所以，调查和研究两者又是相互渗透的。

调查研究有一些必须遵循的原则，概括起来主要有客观性原则、科学性原则、系统性原则、理论与实践相结合原则、伦理道德原则。

二、调查研究的分类

调查研究根据不同的要素(要求、时序、范围、性质等),可以分为不同的类型。如:

按要求,可分为描述型和解释型研究;

按时序,可分为横剖研究与纵贯研究;

按调查的性质,可分为定性研究和定量研究;

按调查对象的范围,可分为全面调查和非全面调查两大类。

不同类型的调查研究在调查方式、方法、适用范围上具有不同的特点。

就涉外秘书参与的调查研究而言,常见的种类有如下一些:

(一)按调研目的分类

1. 基础性调研

为了了解本公司、本单位的基本情况,掌握全面而系统的数据资料而进行的调查研究,如全公司员工学历调查、全单位职工健康调查等。

2. 辅助决策调研

上司作某项决策前,对情况进行深入了解,收集信息,予以分析,以作为上司决策依据的调查研究;或决策实施后,为了了解落实情况,听取反响,以便修正、完善政策的调查研究。

3. 突发事件调研

指对单位内突发性事件或事故的调查研究。这类调查,要求迅速查清事实真相及原因,分清责任,以便上司能及时妥善处理。调查时,可采用访问当事人和知情人、召开座谈会、察看现场、查阅技术资料和档案材料等方式。

4. 市场调查

指运用科学的方法,有目的地、有系统地搜集、记录、整理有关市场营销信息和资料,分析市场情况,了解市场的现状及其发展趋势,为市场预测和营销决策提供客观的、正确的资料。在大公司,这类调查研究由营销部等专门职能部门承担,在小公司,人员少,则常由涉外秘书参与此类调查研究。

(二)按调研内容分类

1. 专项调查

指针对专项工作、某一事件或某类问题进行的调查研究。其调查内容单一集中,例如关于“三资”企业文化建设情况的调查,为总结、推广某一先进经验而进行的调查研究等。

2. 综合调查

指全面了解调查对象各方面情况,以获得对它们的总体认识的调查研究。其调查的内容项目较多,常常同时运用各种不同的调查方法。

(三)按调研对象的范围分类

1. 普查

又叫全面调查,指对一定范围内所有对象逐一进行调查。如全国范围的人口普查、“三资”企业纳税普查、公司内对所有员工收入的调查等。普查的优点是调查资料具有全面性和准确性。缺点是工作量大、花费大、组织工作复杂，只能一般地了解概况，难以进行具体深入的了解。所以，它适用于调查对象面广、了解全局或重大项目的基本情况。

2. 抽样调查

抽样调查是在需要调查的总体内抽取一定数量对象（样本）加以调查，以其结果推算出调查总体的一般情况。抽选好样本是搞好抽样调查的保证。随机抽样是抽样调查的主要方法，即按随机原则抽取样本。抽样调查在企业经营管理中使用广泛，也是涉外秘书经常涉及的调查研究种类。

3. 典型调查

典型调查指从某类调查对象中选择最具有代表性的单位或个人，并通过对它们的调查来认识同类调查对象总体的本质及发展规律。保证其科学性的关键是选择出典型。它具有花费人力、财力、物力小，便于深入调查的优点，所以，是涉外秘书涉及较多的调查研究种类。

4. 个案调查

个案调查也称个别调查，是指为了解决某一问题，对特定的单位、个人或事件进行调查。它与典型调查类似，但有区别。一是它的调查对象是特定的，典型调查的对象却是从同类对象中选择出来的；二是它的主要目的是就事论事，解决该具体问题，典型调查则是为了揭示同类对象的共同本质及发展规律。对突发性事件或事故的调查，就属于个案调查。

三、调查研究的程序

完整的调查研究分为四个环节：准备、调查、研究、总结。四个环节首尾衔接，各有其具体工作内容。

实际工作中，涉外秘书为解决具体问题而调查研究时，并不需要明确地分为四个环节，但大体的程序仍然是相似的。对经常进行调查研究的他们来说，应当熟悉调查研究的全过程，了解这四个环节。

（一）准备环节

准备环节中的主要工作如下：

1. 拟定调研计划

一次完整的调查研究，首先得拟定调查研究计划。计划应该包括整个调查研究的指导思想、主要目的、具体任务、调查对象、调查内容、基本要求、组织领导、进度安排、调查方式和工作纪律等多项内容。比较大型的调查研究，应该制定比较完整的文字计划；小型调查研究，也应该有明确的调研提纲（类似于简明扼要的计划安排）。

调研计划和调研提纲是指导我们实施调查研究的向导，是任何调查研究都必须编制的，即使是一个人完成一项最简单的专题调查研究任务，也应该有一个调研提纲。

调研计划和调研提纲拟成后要向上司汇报审定，以确保上司的调研意图得到贯彻，调查研究能取得预期的实效。

2. 选定调查研究人员

调研计划拟定后，要组织人员并合理分工。

如果是正规的、重要的调研，需要若干人共同参加才能完成，由单位主要上司挂帅，组织各有关方面的骨干力量，组成调研组，成员有明确的分工，或编成若干个小组，分头进行调研；如果是专题调研，可由单位分工主管该项业务的上司挂帅，参与调研的人员则由有关业务部门抽调。在人员配备上，要注意专业合理搭配，合理分工，取长补短，以求得良好的整体效果。

有些专业性较强和技术要求较高的调查研究，开始前要对参加调查的人员进行知识和技术方面的培训。

3. 收集资料

正式开始调研前，要收集、准备有关资料，资料要尽可能详细。如准备关于调研对象的历史背景和现状的资料，以了解有关方面对同一问题已有的研究成果，作为本次调查的参考，可避免无效劳动，并在原有成果基础上把调查研究引向深入；了解掌握原来的政策规定，做到心中有数，调查中如发现文件规定与实际情况不相符，可以作为重要内容加以研究，提出新的意见。

（二）调查环节

调查环节是调研方案的实施、执行阶段，也是秘书调研能力的重要体现阶段。

涉外秘书在调查期间的主要工作是收集和整理调查到的材料，收集要及时、全面、完整。收集的调查材料主要有观察记录，调查会记录，访谈记录，下属部门和员工提供的材料，问卷调查答卷，各种登记表、统计表，录音录像的数字资料和图片资料等。

调查材料是下一步研究的基础，材料翔实丰富，研究才有坚实的基础。在调查过程中，对于收集到的调查材料，要及时进行初步整理，检查材料是否完整，有无前后矛盾，数据和计量单位是否有误，有无模棱两可不明确的地方。对有疑问的地方要及时核对，予以校正，必要时就地进行补充调查，务使调查材料完整、准确、可靠，避免将来返工。

（三）研究环节

研究环节指调查活动基本结束后对调查材料进行的综合研究。

实际工作中，对调查材料的初步研究贯穿于调查全过程，边调查边研究，从得到最初的调查材料起，就要对它们进行去粗取精、去伪存真的鉴别、核实、筛选、分类等“粗加工”，初步的研究有利于调查深入开展。

调查活动基本结束后，得到的调查材料比较丰富。涉外秘书首先要鉴别材料，去伪存真，确保材料的准确性。必要时补充调查，获取一些需要的材料，使材料完整。然后，按照一定的标准对材料分类整理，也就是对材料的粗加工。再进行全面系统的综合研究，通常运用归纳和演绎、分类和比较、分析与综合等方法，从质和量两方面对材料加工。综合研究的目的是揭示事物的本质和规律，了解事物之间的因果关系，预测事物的发展趋势，为上司的决策和管理提供依据。综合研究是一种创造性思维活动，往往需要发挥集体的智慧。因此，重要的调查研究项目，这一环节常邀请相关专家来“会诊”，论证调查材料。涉外秘书得负责专家论证会的组织和服务。

（四）总结环节

指集中体现调查研究成果的环节。这一环节的主要工作内容是总结调查研究工作，撰写调研报告、输出调研信息、对本次调研进行总结。

调研报告要着重说明调查结果或研究结论，并对调查过程、调查方法等进行系统的叙述和说明，同时可提出建议和意见。调研报告的写法请参见本系列教材之《秘书写作》。

调查研究得到的材料是丰富的，研究成果也是多方面的，而调研报告通常只根据需要选择其中某方面来写，无法反映全部。对于这些有用材料和研究成果，涉外秘书可以作为重要信息，及时传输给上司和有关部门，供他们参考利用。

最后，要对调研工作回顾和总结，包括整个调查研究工作的总结和参加者个人的总结。总结既要肯定成绩，归纳出成功的经验，又要认真找出不足之处，吸取失误的教训，以提高今后调查研究的水平。

（五）调研成果的利用

对于取得重要成果的调查研究，可以用多种途径将调研成果提供给更多的人利用。

比如通过制发文件将调研中发现的带有普遍意义的问题、经验、典型案例等向下属部门等通报；通过报告会或现场经验介绍会等形式推广调研成果；通过大众媒体或内部信息简报，让更多对象利用调研成果；将经过整理的调查材料及数据归档贮存，供上司、职能部门及涉外秘书本身今后利用。

第二节　涉外秘书和调查研究

调查研究是涉外秘书的一项重要的业务，也是一项有相当难度的业务。他们的调查研究与专职调研机构的调查研究有区别。本节主要论述涉外秘书调查研究工作的意义和特点。

一、多种情况下的调查研究

作为上司身边助手的涉外秘书，在多种情况下，需要参与调查研究。

第一种是随同上司参加调研活动。凡有责任心的上司，每年都要花大量时间、精力去调查研究，以掌握实际情况，便于从事管理。随行的涉外秘书要为上司的调查研究提供辅助性服务。

第二种是上司指令涉外秘书完成调查研究课题，这要根据上司意图来确定调查研究的具体目的。所以，涉外秘书在接受任务时应该询问清楚，把握上司意图。

第三种是根据上司决策的需要，涉外秘书受命或发挥助手作用，主动提出调查研究课题，这种调查研究的目的要紧紧围绕上司决策的需要来确定。

第四种是为收集落实决策的反馈信息而进行的调查研究，这属于涉外秘书的常规工作，调查研究的目的可根据需要哪一方面信息来确定。

第五种是涉外秘书为了解决自身工作中的问题而提出的调研课题，其调研的目的根据解决问题需要哪些方面材料来确定。

对涉外秘书来说，调查研究是涉足现场，深入实际，了解观察，获取信息，摸清情况，辅助上司决策和制定解决问题的对策，有效实施管理的必经之途。所以，无论哪种情况下参与调查研究，他们都应当认真负责地完成任务。

二、涉外秘书调查研究工作的意义

（一）调查研究是上司科学决策的前提

上司在管理工作中经常面临对大小问题的决策，而决策的正确与否直接关系到“三资”企业和涉外单位的兴衰成败。决策上的错误是全局性的错误，可能造成无法挽回的重大损失。而一项决策是否科学正确，主要取决于它是否符合客观实际，是否合乎事物本身的发展规律，调查研究正是了解客观实际、把握事物发展客观规律的主要方法。因此，上司在作出决策之前需要进行充分的调查研究。

上司由于时间、精力的限制，不可能事事都亲自调查研究，所以，常常委派涉外秘书前往调查研究；而在随同上司参加的调查研究中，涉外秘书不但要承担调查研究中大量的文字工作和事务性工作，为调查研究工作提供服务，而且要能在选择调研课题、确定调研范围、选用调研方法、制定调研方案等方面接受上司咨询，提供参考意见。涉外秘书的调查研究，提供事物的真相，是上司科学决策的前提。

（二）调查研究是解决具体问题的重要方法

上司在管理工作中，会遇到各种各样的具体问题，在分析和处理这些具体问题时，上司也习惯于要涉外秘书提供可靠情况，而这些情况，必须建立在调查研究的基础上；假如不作调查研究，秘书无法回答咨询，或只能凭大体印象笼统答复，这种答复无助于问题的解决，会引起上司的不满。

其中一些比较复杂的问题，则更加需要通过调查研究才能得到妥善解决。

上司作出决策后，涉外秘书的调查研究工作并未结束。在执行决策的过程中，经常会出现这样那样的具体问题，需要涉外秘书去调查研究，了解原因，及时把信息提供给上司，作为他们修正、完善决策的依据。而这些信息，也只能在调查研究的过程中获取。

遇到突发事件，更需要立即通过调查研究，了解清楚事件的起因、经过、造成的后果，才能采取措施，解决问题。

所以，无论是解决常规问题，还是处理突发事件，调查研究都是解决具体问题的重要方法。

（三）调查研究是获取直接信息的主要渠道

现代社会已经进入信息时代，信息在社会生活中的作用越来越重要。支持上司的决策、管理，支持各职能部门的运营，都需要涉外秘书提供大量准确的信息。尽管收集信息的渠道很多，但是获取第一手可靠信息，即直接信息的主要途径是调查研究。通过调查研究可以获取可靠的直接信息，同时，通过其他渠道获得的信息也需要通过调查研究加以核实。离开了调查研究，涉外秘书就不可能获取和提供高质量的信息。因此，调查研究是做好信息工作的必要前提。

（四）调查研究是秘书工作本身的需要

涉外秘书工作是综合性工作，内容繁多，其中大多数事务离不开调查研究，调查研究是涉外秘书的一项经常性工作。

例如，拟写文稿是涉外秘书的职责之一，涉外秘书只有占有大量可靠材料，才能写出高质量的文稿，而大量可靠材料只有通过调查研究才能得到；在协调工作中，必须通过调查研究搞清被协调各方的具体情况，把握问题的症结，才能有的放矢地协调，解决问题。

可以说，调查研究贯穿于秘书工作的全过程和各个环节，离开了调查研究，秘书工作寸步难行。涉外秘书也只有深入实际，调查研究，才能使秘书工作本身少走弯路，提高工作效率和质量，更好地为上司的管理工作服务。

总之，调查研究是做好各项秘书工作的必要条件，秘书在处理许多具体事务时都需要进行调查研究。

另一方面，通过调查研究，涉外秘书接触并了解了基层的实际情况，锻炼、提高了多种能力及综合素质。如在调查的过程中，要有较强的倾听能力、口头表达能力、交际能力、判断能力和处理人际关系的能力；在研究过程中，要有较强的逻辑概括能力、分析能力、综合能力；撰写调研报告，要有较强的写作能力等。涉外秘书多种能力及综合素质的提高，无疑会提高涉外秘书工作的质量和效率。

因此，调查研究是秘书工作本身的需要。

三、涉外秘书调查研究的特点

（一）围绕上司工作需要

涉外秘书工作是为上司的工作服务的，他们的调研活动或是为上司科学决策提供依据，或是为上司解决具体问题寻求答案。所以，涉外秘书的调研活动是紧紧围绕上司工作的需要，按照上司的指示、意图进行的。这种调查研究，着眼于解决实际问题。它的选题同上司的工作需求一致，调研成果以能否对上司工作产生作用而取舍，成果如被上司接受，就会进入决策和解决问题的进程，显示作用，产生效益。

这也要求涉外秘书在调研工作中，从上司工作需要上考虑问题，从解决实际问题出发，有针对性地进行调研。

（二）调研范围广泛

涉外秘书的调研与专职调研机构的调研不同，专职调研机构是把调查作为唯一职责或主业，而涉外秘书的调研是围绕上司工作需要和日常工作展开的，上司要决策，他们要进行调研；决策实施后为了解落实情况，他们要进行调研；上司要解决某个问题，他们要进行调研。只要涉及上司管理和决策范围的，都可能成为他们调研的内容。涉外秘书日常事务的综合性及上司管理工作的综合性，决定了涉外秘书的调研范围广泛。

（三）调研内容复杂

上司的管理工作是综合性的工作，涉及经营决策、计划制订、原料物资、生产调度、质量、能源、排污、环境保护、安全、科技、计量、标准化、基建、设备、营销、行政事务、治安保卫、审计工作、人事劳资、教育工作、后勤福利等等繁多的工作。

涉外秘书工作是综合性的工作，涉及公务接待、领导日程安排、时间管理、差旅服务、通信联络、印信管理、保密工作、文书处理、公文写作、档案管理、会议筹办、信访工作、谈判事务、公关工作、调查研究、沟通协调、信息工作等。

上述上司管理工作和涉外秘书工作中，许多问题都需要通过调查研究才能决策、解决，导致涉外秘书调研活动的内容也是五花八门、包罗万象，十分复杂。

涉外秘书所处的工作环境中，上司、同事、来宾、客户中有外国人，这些外国人和中方同事、员工在语言、文化背景、价值观念、管理思想、工作方法，直至风俗习惯、饮食起居、穿戴修饰上都明显不同，较容易产生磨擦、矛盾。这种中外文化背景造成的问题，也给涉外秘书调研活动带来复杂性。

（四）时效性强

涉外秘书的调研，大多数不是按事先制订的工作计划，按部就班地进行，而是遇到问题、难题、突发事件，为解决这些问题、难题、突发事件临时决定进行，具有临时性、突击性、急迫性。这种临时性、突击性、急迫性的调查研究，需要急事急办，在最短的时间内完成调研任务，并把调研结果报告上司，让上司及时采取相应措施。所以，它具有很强的时效性。

第三节　调 查 方 法

调查有许多方法，方法运用得当，事半功倍，效果显现；反之，事倍功半，乃至调研失败。所以，涉外秘书要根据调研的目的和对象，选用各种合适的调查方法，交错使用，以保证调查研究的顺利完成。本节介绍一些常用的调查方法。

一、观察法

观察法是指调查者深入事件现场进行有计划的、周密细致的考察，以便获得对事物的直观而具体的印象，并据此得出可靠的结论。现场观察可以获得第一手材料，可以检验通过其他方法得到的间接材料的可靠性，可以扩大调查线索，是一种广泛应用的调查方法，尤其适用于对环境、人事、事件实际状况的了解。

观察法又可细分为直接观察和间接观察两种。

直接观察指观察者通过眼、耳等直接感知被观察对象的情况。例如观察车间工人工作的状况，可以了解他们工作态度的认真与否。调查研究中大多数采用直接观察的方法。

间接观察指通过对某事物的观察来了解另一事物的情况。例如，可以通过观察车间工人工作态度的认真与否，来了解其生产产品的质量是否可靠。根据间接观察的资料推断出的结论不一定完全准确，但它可以作为进一步调查的参考资料。

观察法的优点是方法简单、灵活，能获得较为客观的第一手材料。缺点是容易被伪装和表面现象所蒙蔽；在分析的时候，容易受到主观的影响；观察效果也会受秘书的观察能力影响。

所以，观察时除了防止有人制造假象，欺骗调查人外，要坚持观察的原则，就是尽量站在第三方角度，客观地观察、记录，既要看到正面情况，也要注意反面情况；既要从全局着眼，通过粗略的观看，获得事物的总体印象，又要仔细观察事物的重点部位、关键环节。这样，通过观察才能获得接近真实的印象。

为了保证调查材料的完整性和可靠性，调查者应该及时记录观察结果。除了传统的文字记录外，还可以运用照相、录像、录音等手段。

二、访谈法

访谈法是指调查者通过对单个对象访问，直接交谈以了解或核实情况的调查方法。它类似于记者采访，除了能观察调查对象外，还可以询问。所以，比观察法更深入一步。访谈的形式有面谈、电信访问、书面访问。

访谈法又可细分为直接访谈和间接访谈，或选择性访谈和逐一访谈、引导式访谈和非引导式访谈。

直接访谈指调查者上门拜访或相约面见。其优点是显示调查者的诚意和对对方的尊重，易于沟通感情，互动性强，可以深入、具体地交谈，能够了解到一些深层次信息，也便于边谈边提出新问题，以扩大调查线索；并可以通过观察对方的语气神态，了解其态度意愿。

间接访谈指通过电话、互联网和书信等进行的访谈。电话访谈的优点是便捷，可以随时进行，但一般只能调查比较简单的问题。通过电子信箱和其他书面形式访谈，可以提前发给对方访问提纲，让对方有时间准备，但得到的书面回复通常简洁，难以了解到深层次情况。

选择性访谈指选择一个或数个有代表性的重点对象进行的访谈，被选择的对象应该是相关部门上司、当事人和知情人。大多数访谈都是选择性访谈。

逐一访谈指对所有调查对象一一访谈。如调查突发事件起因时，对在场的每个人一一访谈，以了解真相。逐一访谈一般适用于内容比较单一的调查。

引导式访谈指确定访谈的重点，由简单到复杂、由现象到本质，逐步深入地交谈，以扩大线索，获得更多信息。

非引导式访谈指在访谈前将所要了解的问题告知对方，由对方答复。

访谈法要取得效果的要点，一是要选对调查对象，主要选上司、当事人、知情人。因为上司了解全局，能提供情况并谈出自己的看法和态度；当事人和知情人则是弄清事情真相的主要对象。访谈前要了解他们的基本背景资料，以做到心中有数。二是要讲究谈话艺术，要迅速取得对方的信任、好感，使其愿意坦诚交谈。一般情况下不要使用录音机，也不要轻易要求对方签名，以解除对方的戒备心理和紧张情绪。这就需要调查者具有相当的交际能力和交谈技巧。

三、会议法

会议法就是把若干相关人员召集到一起开会，进行调查。常见的有调查会和专家论证会。

（一）调查会

调查会是就所调查的问题座谈，从而了解有关情况的调查方法。它是一种传统的调查方法。就“三资”企业和涉外单位而言，调查会根据具体目的，可以细分为真相调查会、经验调查会、民意调查会、建议调查会等。

真相调查会指为了解某事件的原因、过程、后果等召开的调查会。例如，为了解某次突发事故的真相，调查组召集当时在事故现场的人开会了解情况。

经验调查会指为总结经验、挖掘典型，予以推广的调查会。

民意调查会指为了解员工或外部公众的意见、要求而召开的座谈会。

建议调查会指上司就重大事项征询员工或外部公众建议的调查会。

开调查会要取得成效，首要的是选对与会对象。要选有代表性、了解情况、敢说真话、有较好表达能力的人，一般以邀请5至8人为宜。人多了，没有足够时间发言；人少了，场面冷清。事先要通知他们，让他们明确调查目的，作好准备。一般来说，调查会不宜请与调查课题相关的权威人士、专家出席，以免影响、左右大家的意见。

其次，调查会宜安排一个半小时到两个小时左右，时间太短或太长，效果都受影响。

再次，调查会主持者要善于引导，既使与会者畅所欲言，也要使他们能紧紧围绕主题来谈，避免不着边际的闲聊；主持者不宜过早表态，也不要随便打断别人的发言，以免误导、诱导发言者。

调查会后，应及时地对记录的内容进行整理，提取最有价值的信息。如果某些人发言中提供的信息不够完整，涉外秘书要及时通过个别访谈（包括电话）等方式加以补充。

（二）专家论证会

专家论证会也称头脑风暴法，召集有关专家学者对重大决策问题或专门问题进行分析、讨论和论证。现代社会分工细密，专门化程度越来越高，许多问题需要请专家来讨论研究。这是一种特殊的调查座谈会，它成功的关键是选准专家。涉及面广、影响很大的论题，选择的专家应多样化，既要有科学技术专家，也要有管理专家和人文社会科学专家，并应该在会前将论题发给专家，让他们事先作好准备。会议要求有畅所欲言、自由争论的气氛和充分的时间。

会议可以由主持人说明意图，让专家从各自专业的角度出发，自由畅谈，发言者只发表自己的看法，不得批驳他人意见，以利于新观点和创造性建议的提出；或由主持人先表达看法，再请专家发表见解，可批驳主持人和他人的看法，糅合、修正、完善他人的意见和设想，以将讨论引向深入。

四、问卷法

问卷法习惯称问卷调查，它是根据调查内容设计相应的调查表，由被调查者填写，收回后统计、分析，以获得所需要的数据和情况。

问卷调查的实施步骤是：问卷设计——问卷测试——选择方式——问卷发放——问卷回收——问卷分析。

（一）问卷调查的特点

问卷调查是现代普遍采用的一种调查方法，它的优点一是节省时间、经费和人力成本，可以同时向许多人调查同一问题，而且调查周期短；二是问卷得到的答案规范统一，便于统计和定量分析；三是有利于获得真实材料，因为它一般不是面对面进行的，也不要求在答卷上署名，被调查者可以无顾虑地表达意见。

问卷法也有它的局限性，一是问卷的设计有一定的难度，问卷调查能否取得高质量信息，关键在于问卷设计是否合理，而设计涉及一些专门化的知识，比较复杂的问卷通常由专业人士设计；二是被调查者也要具备一定的文化水准，如果一次调查的对象文化水平比较整齐（例如都是大学生），问卷的回收率就比较高，且信息比较可靠，如果调查对象文化水平较低或差别较大，就难以保证必要的回收率，这时调查者可以采用对被调查者逐项提问，代为填写答案的方法来完成问卷。

（二）问卷的设计

问卷调查的第一步是设计问卷，有种内行的说法：设计好一份科学合理的问卷，等于调查成功了一半。这说明了问卷的重要性。

1. 问卷的类型

问卷有如下三种类型：

（1）封闭式问卷

封闭式问卷是列出题目（大多数是选择题或是非题），每题后面列有备用答案。被调查人只需选择答案即可。其优点在于答案规范统一，便于计算机统计、分析；缺点是被调查人不能自由发挥、充分表达意见，无法调查特殊及深层情况。

封闭式问卷适宜于调查对象众多、调查面广、调查问题集中而且比较简单的调查研究项目。

（2）开放式问卷

开放式问卷是只列出题目（大多数是问答题和填充题），每题后面不列备用答案，不作限制，由被调查人自由发挥、充分表达、各抒己见。其优点是所得资料丰富、具体，既有共性，又有个性；缺点是答案五花八门，难以分类、归纳、概括和统计。

开放式问卷适宜于调查对象不多、调查面较窄、所调查问题比较复杂、希望获得深层次信息的调查研究项目。

（3）混合式问卷

混合式问卷汲取开放式问卷和封闭式问卷的优点，弥补了它们的不足，一部分内容是封闭的，即列出题目，每题后面列有备用答案，供被调查人选择；另一部分内容是开放的，即只列出题目，每题后面没有备用答案，由被调查人自由回答。混合式问卷被广泛使用。

2. 问卷设计的要点

第一，问卷要有适当的卷首语。因为问卷发出后，能不能填写好收回来，全凭调查对象的意愿，调查者无法强制他们。因此，要有卷首语，以吸引他们愿意填写、交还。卷首语说明调查者的身份，调查的目的和意义、内容，对被调查者的希望和要求，填写问卷的说明，回复问卷的方式和时间，调查的匿名和保密原则。卷首语的语气要谦虚、诚恳，文字要简明、通俗，以引起被调查者的重视和兴趣，争取他们的合作和支持。

第二，问卷中的问题要由简单到复杂，循序渐进地排列，使人能由浅入深地填写。不能开头就是难题，使人无兴趣填写。

第三，问题中不要涉及个人隐私，以免引起对方反感而不愿合作。

第四，用词要通俗易懂、简洁明快、肯定，忌复杂、有歧义、模棱两可的词句或艰深的专业词语。

3. 问卷的印制

问卷设计完毕后，要在小范围内测试，以发现问题，修改补正，保证准确无误后才能定稿、印制。

在较大规模的调查中，为了将问卷答案转换成数字，以便输入计算机进行处理，印制时要把问卷中询问的每一个问题和被调查者的每一种回答全部转变成为 1、2、3 或 a、b、c 等数字或代号。这种编码如果直接出现在问卷中，就成为问卷的一个组成部分。

有些调查问卷还需要在首页上印上调查员姓名、调查开始时间和结束时间、进行调查的地点和单位等资料。

（三）问卷的发放

问卷发放时，特别是当面直接发放时，一般要准备些小礼物、纪念品或奖品，作为占用征集对象时间和精力的补偿，以保证一定的问卷回收率。

问卷发放的方式有许多种，各有优缺点，调查者可选择运用：

报纸和刊物上公布问卷，有奖征答；

网上公布问卷，有奖征答；

通过邮局把问卷寄出，对方回答完后按指定地址寄回；

直接分发，调查对象立即填写，调查人员直接回收问卷；

电话询问，即通过电话询问对方的答案，调查者边听边填写。

收回的问卷如数量过少，还得再发放一次，以使回卷率达到一定程度，保证调查的科学性。问卷收回后，就可以进入分析研究阶段了。

五、文献法

文献法指通过查阅书籍、报刊、图表、影像、档案、网上资料、文献资料等进行调查，获取所需要的资料。此处的“文献”是指记录知识的资料。这种方法的优点是费用低、简便易行，文献资料的时间、空间跨度大，内容丰富。

某些问题用其他方法无法调查了解到情况，而用文献法则能轻而易举地解决。比如，一家外资企业准备在某市开设一家服装销售公司，目标消费者是该市的中青年女性，需要了解该市有多少数量的中青年女性，用其他调查方法不能奏效，只要查阅该市近年政府的人口调查报告，就能得到所需要的数据了。

在“三资”企业中，文献法调查常常表现为统计调查。

统计调查就是收集统计数据，通过分析研究来取得对事物情况的认识。统计调查的原始资料通常来源于其他调查方法，如问卷调查等。

涉外秘书的统计调查有两种类型：

一是常规性的统计调查，即在企业运营中建立的统计报表制度。各部门定期将各项业务进展情况的有关数据制成表格，传递给涉外秘书，涉外秘书再对这些统计数据进行汇总分析。

二是临时性的统计调查，即为了某项工作的需要临时组织的专项统计调查。

不管是常规性的统计调查还是临时性的统计调查，都必须保证数据真实、准确、完整，反对虚报、瞒报等弄虚作假行为。

统计调查是一种以数据为中心的调查，它的优点是使调查材料数量化，便于进行定量分析；它的局限性也就在于偏重定量分析，缺乏定性分析。统计调查常常和其他调查方法（例如专家论证会）结合在一起运用。

六、网络法

网络法也称网络调查，指通过互联网进行的调查。它有对原始资料的调查和对二手资料的调查两种方式。

目前，网络调查采用的主要方法有：E-mail 法、Web 站点法、Net-meeting 法、视讯会议法、焦点团体座谈法、Internetphone 法、在聊天室选择网民进行调查、在 BBS 电子公告牌上发布调查信息，或采取 IRC 网络实时交谈等。

网络调查具有许多优势，一是具有经济性。网络调查大大减少了调查的人力、财力、物力，节省了调查成本。二是具有便捷性。由于因特网不受地域、时间限制，使网络调查对象的分布面十分广泛，回答迅速，计算机软件整理资料也非常快捷。三是网络调查结果具有相当的准确性。因为调查者与被调查者无任何接触，不会受调查者观点的影响，答案自然、真实。当然，网络调查也存在缺点。如网络的安全性问题，同一个人多次重复填写答案等。

第四节　研 究 方 法

调查材料获取后，就得对之研究，即对这些材料进行整理、分类、核实、分析研究，找出事物的特点、实质、规律和解决问题的方法。

对调查材料研究的方法有很多，本节介绍些常用的研究方法。

一、逻辑推理方法

（一）归纳法

归纳法是一种由个别到一般的逻辑推理方法。它列举许多个别的事例或分论点，然后归纳出它们所共有的特性，从而得出一个一般性的结论。

归纳法可以先举事例再归纳结论，也可以先提出结论再举例加以证明。前者即我们通常所说之归纳法，后者我们称为例证法。例证法是一种用个别、典型的具体事例证明论点的论证方法。归纳法是从个别性知识，引出一般性知识的推理，是由已知真的前提，引出可能真的结论。

运用归纳法的时候，要避免以偏概全，即把个别现象当成普遍现象，把并不具有代表性的个案当作典型的有代表性的事例，并据以得出有关全体或整体的结论。例如不能根据比尔·盖茨的财富，就得出外国老板都是亿万富翁的结论。

（二）演绎法

演绎法是从普遍性结论或一般性事理推导出个别性结论的逻辑推理方法。

在演绎法中，普遍性结论是依据，而个别性结论是论点。演绎推理与归纳推理相反，它反映了论据与论点之间由一般到个别的逻辑关系。

演绎推理的主要形式是三段论，即大前提、小前提和结论。大前提是一般事理，小前提是论证的个别事物，结论就是论点。用演绎法进行论证，必须符合演绎推理的形式。但在写作时，根据文章表达生动简洁的要求，对三段论推理过程的表述可以灵活处理，有时省略大前提，有时省略小前提。

运用演绎推理，作者所依据的一般原理即大前提必须正确，而且要和结论有必然的联系，不能有丝毫的牵强或脱节，否则会使人对结论的正确性产生怀疑。

归纳推理与演绎推理，在人们的认识过程中是紧密相联的，两者互相依赖、互为补充。演绎推理的一般性知识（大前提），来自于归纳推理的概括和总结。所以说，没有归纳推理也就没有演绎推理。

归纳推理也离不开演绎推理。归纳过程的分析、综合过程所利用的工具（概念、范畴）来自于演绎推理。归纳推理的过程中，也常常需要运用演绎推理对某些归纳的前提或者结论加以论证。所以说，没有演绎推理也就不可能有归纳推理。为此，人们在对调查材料进行理论分析和深入思考的时候，常常将归纳和演绎两种逻辑推理结合在一起运用。

二、比较法和分类法

（一）比较法

比较法指将一个事物和其他事物进行对比观察、分析，或将事物不同阶段的情况进行对比研究，找出研究对象的相同点和不同点，从而对事物的性质和发展规律作出科学结论。它是认识事物的一种基本方法。

比较可分为横向比较和纵向比较两种类型。横向比较是将某一对象与同类对象比较。例如，将一家外资企业的经营状况与同类国营企业的经营状况进行比较。纵向比较是将调查对象目前的状况同它过去的状况进行比较。例如，将某一家外资企业目前的规模、产值同十年前比较。

（二）分类法

分类法是根据对象的相同点和不同点，将调查对象区分为不同种类的方法。合理的分类可以把复杂的事物条理化、系统化，揭示事物内部结构和比例关系，还可以为进一步的研究打下基础。

分类得按一定的标准进行，按事物的外部标志或联系分类称为现象分类法，按事物的本质特征或内部联系分类称为本质分类法。在研究调查材料时，初期常常运用现象分类法，后期作出结论的时候，一般运用本质分类法。

分类法和比较法是密切联系的，用比较法得到的事物之间的相同点和不同点，可以作为分类的根据；而对事物进行分类后，又便于对不同类事物进行更深入的比较研究，从而找出本质上的差别。

三、分析法和综合法

（一）分析法

分析法是把事物的整体分解为各个部分、各个方面、各个要素，再分别加以研究考察的方法。其分析过程是从整体到部分、从复杂到简单的过程。

事物都有自己的原因和结果。分析法能从结果找原因，或从原因推导结果，就是找出事物产生、发展的来龙去脉和规律。

分析法是人类最基本的思维方法之一，也是对调查材料进行研究时经常使用的方法。运用分析法可以使人们对错综复杂的事物的认识条理化、明晰化，透过现象认识其本质和规律，从而找到解决问题的正确方法。

（二）综合法

综合法是在分析的基础上，把对事物各个部分、各个方面的认识再组合为整体认识的方法。例如，我们考察一家外资企业，在获取其管理水平、员工素质、生产设施、产品质量、销售、赢利等方面材料后，会形成对各个方面的具体认知，但研究者还要把各方面的认知综合，了解各因素之间的相互关系，并把这家外资企业与其他外资企业比较，以形成对它的总体认识。

综合是从部分到整体、从简单到复杂的过程。综合不是简单的概括，而是要找出事物的主要矛盾和矛盾的主要方面，揭示事物各组成部分之间复杂的内在联系，从而得出对事物本质和规律的认识。

分析和综合是对立统一的关系。在实际研究过程中分析和综合是彼此衔接和相互渗透的，分析的终点往往是综合的起点，综合的终点往往又是进一步分析的起点；分析中有综合，综合中又有分析，分析和综合的反复运用，可以使研究不断深入。

四、系统研究方法

系统研究方法指通过对事物之间关系的考察，来解释其中的原因和结果，并得出科学结论的方法。

这一方法的理论基础来自于系统论，系统论认为世界上任何事物总是存在于一定的系统中，系统即相互作用和依赖的若干部分结合成的有机整体，而且这个系统从属于一个更大的母系统。

运用系统研究方法对调查材料进行研究，要注意把调查材料当作一个集合体来研究，要求材料全面反映客观情况，如果材料不全，就得进一步调查充实；要研究材料之间的内部联系，还要从整体与外部环境之间的相互联系去综合地考察调查对象。

五、定量研究和定性研究

（一）定量研究

定量研究也称量化研究，是指确定事物某方面量的规定性的科学研究，就是将问题与现象用数量来表示，进而去分析、考验、解释的研究方法和过程。定量研究是与定性研究相对的概念。定量，就是以数字化符号为基础去测量。定量研究通过将研究对象的特征按某种标准作量的比较，来测定对象特征数值，或求出某些因素间的量的变化规律。

定量研究具有逻辑的严密性和可靠性，它得出的结论往往具有较强的说服力。

（二）定性研究

定性研究也称质化研究，是指通过对事物质的规定性的研究来认识事物的方法。对调查材料进行定性研究，就是在对大量材料进行去粗取精、去伪存真、由此及彼、由表及里的分析综合的基础上，对调查对象作出性质上的判断。

定性研究是与定量研究相对的概念，但两者是紧密结合的。可靠的定性研究是建立在定量研究基础上的。由于事物的量变会引起质变，而性质的差别表现为数量的不同，因此，定量研究和定性研究是结合在一起进行的。在定量研究之前，研究者得借助定性研究，确定研究对象的性质，在定量研究过程中，也得借助定性研究，确定对象发生质变的原因和数量界限。

思考题

1. 涉外秘书的调查研究工作有何意义？
2. 调查研究分几个环节？各有哪些主要工作？
3. 常用的调查方法有哪些？
4. 常用的研究方法有哪些？
5. 请用问卷法调查“全年级对本专业的兴趣”。